跨太平洋伙伴关系协定：基于FTA战略视角的研究

The Trans-Pacific Partnership: A Close Examination from the Perspective of FTA Strategy

沈铭辉 著

经济管理出版社
ECONOMY & MANAGEMENT PUBLISHING HOUSE

图书在版编目（CIP）数据

跨太平洋伙伴关系协定：基于 FTA 战略视角的研究/沈铭辉著. —北京：经济管理出版社，2015.5

ISBN 978-7-5096-3708-1

Ⅰ. ①跨… Ⅱ. ①沈… Ⅲ. ①自由贸易—国际贸易—贸易协定—研究 Ⅳ. ①F744

中国版本图书馆 CIP 数据核字（2015）第 071493 号

组稿编辑：申桂萍
责任编辑：侯春霞
责任印制：黄章平
责任校对：王　淼

出版发行：经济管理出版社
（北京市海淀区北蜂窝 8 号中雅大厦 A 座 11 层　100038）
网　　址：www. E-mp. com. cn
电　　话：（010）51915602
印　　刷：三河市延风印装有限公司
经　　销：新华书店
开　　本：720mm×1000mm/16
印　　张：16.25
字　　数：266 千字
版　　次：2015 年 5 月第 1 版　　2015 年 5 月第 1 次印刷
书　　号：ISBN 978-7-5096-3708-1
定　　价：59.00 元

前 言

第二次世界大战以后，国际经贸规则主要是由发达国家制定的，其中美国发挥了主导作用。随着越来越多的发展中国家加入世界经济体系，这些国家也必然会参与国际规则的制定，乌拉圭回合谈判的结果就在一定程度上反映了发展中国家参与的成果。但是，本应更多反映世界经济结构变化和发展中国家参与成果的世界贸易组织（WTO）多哈回合谈判却因为以美国为首的发达国家反对而陷入停滞。当前，全球贸易体系已经进入新一轮重构，这次重构是在新兴经济体群体性崛起与美国等传统发达国家相对衰落背景下进行的，以美国为代表的发达国家希望通过跨太平洋伙伴关系协定（TPP）、跨大西洋贸易与投资伙伴关系协定（TTIP）以及服务贸易协定（TiSA）等区域经济合作机制来主导新规则的制定，在新的国际竞争中继续维护其优势地位。

区别于传统的自由贸易协定（FTA），美国主导的 TPP 中货物贸易议题仅占全部议题的小部分，相比之下 TPP 真正的竞争力源自其高标准的贸易规则，即所谓的“21 世纪条款”。TPP 不仅全面覆盖传统自由贸易协定货物贸易谈判领域，还包括服务贸易、投资条款、劳工条款、环境条款等领域；不仅削减关税，还涉及非关税壁垒、国内规制等边界内（Behind-the-Border）措施；并纳入了包括发展条款、中小企业、国有企业等横向条款。具体而言，约半数 TPP 谈判议题在亚太地区其他自由贸易协定中的出现频率低于 50%，其中，农业、劳工、环境、中小企业等条款的出现频率更低于 10%，而商业便利化、文化和科技更是全新的贸易议题。值得注意的是，绝大部分 TPP 谈判议题都是边界内议题，例如竞争政策、劳工条款、环境条款、知识产权等，这些议题占全部议题比重高达 70%，而这些议题无不涉及国内法规或政策的调整。从这个角度，TPP 已经远远超出了传统自由贸易协定的范畴，它要规制的问题也远远超出了传统的关税削减、海关措施、贸易救济、争端解决等边界议题（At-the-Border），对亚太地区多数经济体而言，TPP可以说是一套全新的贸易规则。

由于TPP选择性地吸纳了部分亚太经济体成为其成员，迫使亚洲特别是东亚经济体对各自的FTA战略和区域经济合作目标进行了大幅修正，导致区域内各经济体的FTA战略互动与博弈愈加激烈。更重要的是，美国试图通过TPP构建起一个全新的贸易谈判模板和平台，在此基础上通过区域经济合作增强发达国家贸易集团实力，增加美国在多边贸易谈判中的筹码，最终获得国际经贸规则制定过程中的主导权，将区域贸易规则推广为多边贸易规则，完成全球贸易体系新一轮的规则重构。未来一个时期，围绕货物贸易、服务贸易和投资新规则制定的角力将会成为国际经济关系的一个焦点。维护发展中国家对国际新规则制定的参与权，反映发展中国家的利益诉求，也将成为发展中国家争取有利的国际环境，实现经济持续发展的重要战略。

党的十八届三中全会提出构建开放型经济新体制，以开放促改革；坚持世界贸易体制规则，坚持双边、多边、区域次区域开放合作，以周边为基础加快实施自由贸易区战略，形成面向全球的高标准自由贸易区网络。2014年12月5日中共中央政治局就加快自由贸易区建设进行第十九次集体学习，中共中央总书记习近平在主持学习时强调必须适应经济全球化新趋势、准确判断国际形势新变化、深刻把握国内改革发展新要求，以更加积极有为的行动，推进更高水平的对外开放，加快实施自由贸易区战略，加快构建开放型经济新体制，以对外开放的主动赢得经济发展的主动、赢得国际竞争的主动。虽然目前中国没有加入TPP，但是在中国—韩国FTA和中美双边投资协定（BIT）谈判中，中国已经承诺基于准入前国民待遇和负面清单模式开展谈判；并在新的FTA谈判中，将进一步放开货物贸易市场准入，并逐步推进金融、文化、医疗等服务业的开放，加快环境保护、投资保护、政府采购、电子商务等新议题谈判。在新一轮的全球贸易体系重构期内，中国必须加快实施自由贸易区战略，积极参与制定国际经贸规则，争取全球经济治理制度性权力，通过区域经济合作增强中国的国际竞争力，维护和拓展中国的发展利益。

本书利用传统经济一体化理论以及新区域主义等非传统理论，将TPP相关国家纳入一个分析框架内，从多维视角特别是FTA战略博弈视角对TPP的出现及发展原因进行了理论分析；并借助定量研究结果对TPP相关各方的成本收益进行了对比分析，在此基础上，本书以经济一体化理论以及新区域主义等非传统理论为工具，从动态角度对TPP相关各方的FTA战略互动和策略选择进行了较为深入的分析，特别是在分析过程中区分了经济大国和经济小国的不同利益取向，使得相关分析更具客观性。另外，本书从国际经贸规则历史演进的角度，对美国推动TPP的逻辑和全球贸易体系新一轮重构等问题进行了比较深入的理论探讨和分析，令本书更具理论价值和现实意义。

本书包括六章内容，第一章为理论回顾，包括传统的经济一体化理论以及新区域主义等非传统理论，为本书提供了理论分析工具。第二章主要介绍亚洲区域经济合作进程和地区内主要经济体的FTA战略，为TPP相关国家行为逻辑分析提供政策依据。第三章回顾了美国的FTA战略，指出美国从未离开亚洲，并着重分析了美国推动TPP的政治经济动机。第四章为TPP的成本收益分析，以TPP谈判的条款分析和可计算一般均衡模型拟合结果为基础，以定性和定量相结合的方法对TPP相关国家的战略动机和行为逻辑进行了深入分析。第五章在总结全球FTA发展现状后，对美国借助TPP推动全球贸易体系新一轮重构的背景、内容、方式、可行性及未来全球贸易格局等进行了理论分析。第六章着重从福利和国际新规则两个角度分析了TPP对中国的影响，在此基础上提出了相应的政策建议。

在本书写作过程中，中国社会科学院亚洲研究中心张蕴岭教授，中国社会科学院亚太与全球战略研究院李向阳教授提供了很多理论指导和宝贵意见，使笔者受益匪浅。同时，也要感谢中国社会科学院亚太与全球战略研究院的领导和同事们的关心和支持，中国社会科学院亚洲研究中心对前期研究的支持，以及经济管理出版社申桂萍编辑的认真审阅和热情帮助。

本书的研究成果建立在众多前人研究基础之上，在此，对这些研究人员的辛勤工作致以崇高敬意！限于笔者个人的研究水平和工作深度，书中难免存在不妥与错漏之处，敬请读者批评指正。

目　录

第一章　区域经济合作理论的文献综述 …………………………………… 1

一、传统区域主义理论 …………………………………………………… 3

二、新区域主义理论 ……………………………………………………… 8

二、围绕着区域主义的相关论争 ………………………………………… 22

四、新区域主义视角下的亚太区域合作双架构 ………………………… 28

第二章　亚洲区域经济合作的新动向 …………………………………… 35

一、亚洲区域经济合作现状 ……………………………………………… 35

二、域内主要经济体的 FTA 战略博弈 ………………………………… 49

三、TPP 的出现与亚太区域合作双架构 ………………………………… 74

第三章　美国推动跨太平洋伙伴关系协定的逻辑 ……………………… 81

一、美国的 FTA 战略回顾 ……………………………………………… 81

二、美国影响亚洲区域经济合作的根源 ………………………………… 92

三、美国推动 TPP 的动机分析 ………………………………………… 97

第四章　跨太平洋伙伴关系协定的成本收益分析 ……………………… 108

一、TPP 的潜在成本分析 ……………………………………………… 109

二、TPP 的福利分析 …………………………………………………… 141

三、TPP 的政治经济分析 ……………………………………………… 150

第五章　未来区域及全球主要贸易安排展望 …… 164

一、全球区域经济合作的发展趋势 …… 164

二、新一轮全球贸易体系重构的背景 …… 171

三、美国全面打造“21 世纪贸易规则” …… 175

四、区域规则上升为多边贸易规则的可行性 …… 181

五、未来国际贸易机制展望 …… 188

第六章　中国面临的挑战及政策建议 …… 196

一、TPP 对中国经济影响的福利分析 …… 196

二、国际新规则对中国的潜在影响 …… 206

三、结论及政策建议 …… 214

参考文献 …… 229

第一章 区域经济合作理论的文献综述

尽管跨太平洋伙伴关系协定（Trans-Pacific Partnership Agreement，TPP）现在仍然处于谈判之中，但无论从亚太区域层面，还是从全球层面来看，它都是当前最受关注的一个巨型自由贸易协定（Mega-FTA）。根据统计，2000~2014年底，亚太地区的RTAs/FTAs总数量呈井喷式增长，从55个激增到278个。[①] 在此背景下，TPP为什么会从数量众多的FTA中脱颖而出，并受到如此超乎寻常的关注呢？特别是在亚太地区区域合作呈现"制度过剩"[②] 的态势下，为什么美国还要高调推出TPP这样一个从成员构成来看有很大重叠的区域贸易安排呢？进而，如何从区域合作理论来定位和分析TPP这样一个"全面、高质量的21世纪自由贸易协定"呢？[③] 等等。

对此，学术界众说纷纭，并没有一个明确的答案。[④] 从传统区域主义理论的角度看，TPP是美国为了规避因东亚合作所产生的贸易转移效应等负面影响。无疑，这是一个很重要的原因。亚太地区正在成为世界经济重心，从经济上来说，该地区对美国具有重大利益。2008年国际金融危机重创美国经济后，奥巴马总统签署了"国家出口行动计划"（National Export Initiative）行政令，提出在此后五年的时间内使美国出口额翻一番的目标，希望以此创造200万个就业机会，而亚太地区正是决定该计划能否实现的主要目标地区。

从新制度经济学的角度看，美国利用自身在FTA谈判中的不对称优势，不

---

① 亚洲开发银行FTA数据库。

② 李巍：《东亚经济地区主义的终结》，《当代亚太》，2011年第4期。

③ Office of the United State Trade Representative（USTR），"Outlines of the Trans-Pacific Partnership A-greement"，http://www.ustr.gov/about-us/press-office/fact-sheets/2011.

④ 参见 Ian Fergusson and Bruce Vaughn，"The Trans-Pacific Strategic Economic Partnership Agreement"，Congressional Research Service Report R40502，2009；盛斌：《美国视角下的亚太区域一体化新战略与中国的对策选择》，《南开学报（哲学社会科学版）》，2010年第4期；李向阳：《跨太平洋伙伴关系协定：中国崛起过程中的重大挑战》，《国际经济评论》，2012年第2期。

断在 FTA 中引入超 WTO 规则，以期建立贸易新规则，重构第二次世界大战后建立的以 WTO 为代表的多边贸易体系。这种解释也具有一定的合理性，因为在美国的不断推动下，随着加拿大、日本等发达国家相继加入谈判，甚至韩国等东亚经济体也表示出加入的兴趣，TPP 的规模从最初的 4 个国家增加到目前的 12 个国家，经济总规模和贸易总额分别占全球的 40%和 30%，TPP 的外溢效应急剧显现。其突出的表现是，美国可以利用区域贸易集团的谈判力量，将这些被引入 TPP 的规则推广到全球多边贸易规则中。

从现实主义角度看，美国的目的是在遏制中国崛起的同时继续维持在东亚乃至亚太地区的支配和霸主地位，这也不无道理。从经济实力上看，2010 年中国一举超过日本，在世界经济中排名第二位，经济总量接近美国的 41%。中国已成为亚洲大多数经济体最大的贸易伙伴或出口市场，尤其是国际金融危机后中国经济已成为亚洲经济增长的主要拉动者。[①] 对比美国，2000 年以来，其经济增长相对缓慢，特别是 2008 年国际金融危机的爆发，使其面临全面衰退的趋势。中美经济总量不对称的增长态势，以及中国对周边地区影响力的不断上升，尤其是中国积极参与并推动包括“东盟+1”、“东盟+3”在内的东亚合作，引起了美国被排除在外的强烈担忧，因此美国急于借助 TPP 重返亚洲。

尽管上述解释 TPP 的成因都有一定的合理性，但过于强调某一种理论视角难免有失偏颇，进而导致不能全面、深入地认识理解 TPP。如传统区域主义理论角度难以解释为什么相对于收益更高、成本更低的东亚合作，越南等经济体更青睐 TPP？现实主义角度难以解释为什么在国际金融危机爆发之后的 2009 年，虽然中国作为地区乃至世界经济复苏的动力，但美国高调宣布加入并全力加速推动不包括中国的 TPP 谈判？等等。

本书认为，TPP 作为 21 世纪“白金标准”的 FTA，属于在传统 FTA 上的创新，无论在成因和内容上都有着特殊的复杂性，为了能客观和整体地分析 TPP，有必要对区域经济合作理论的历史演进做较为全面的回顾和借鉴。为此，本书对传统区域主义、新区域主义等理论进行了回顾，以期借助理论工具更好地认识 TPP 及其引发的经济体之间的 FTA 战略博弈。

---

① Donghyun Park and Kwanho Shin, “Can Trade with the People’s Republic of China Be an Engine of Growth for Developing Asia?”, ADB Economics Working Paper Series No. 172, 2009.

一、传统区域主义理论

传统区域主义理论有助于从经济方面分析和理解 TPP 的合理性，同时传统区域主义的理论范式也为其他理论解释提供了必要概念和方法基础。

（一）定义和分类

可以说，传统区域主义理论是以欧洲区域经济合作为研究对象而逐步发展起来的一种一体化理论，因此，区域主义理论从诞生与形成阶段起就已表现出超出经济涉及政治的特征。在经济学中，“一体化”起初用于产业组织领域，主要含义是企业通过协定的方式来实现联合产业组织，形成卡特尔、托拉斯、康采恩等形式。经济一体化是由瑞典经济学家赫克歇尔（Heckscher）于 1931 年在其《重商主义》一书中首先使用的。随后，在 20 世纪 50 年代，欧洲成立煤钢共同体和欧洲经济共同体时，才真正地从现实的角度尝试经济一体化。

Balassa（1961）曾在其《经济一体化理论》中提出，区域经济一体化包括旨在消除各国经济单位之间差别待遇的种种措施，它表现为各国间各种形式差别待遇的消失，即它既是一个过程，也是一种状态。[①] 这种表述具有非常典型的意义，受到很多经济学家的认同。Curzon（1974）认为区域经济一体化是成员国之间生产要素的重新配置。[②] 进入 20 世纪 80 年代，学者们开始对区域经济一体化有了新的认识。Robson（1980）认为国际经济一体化是一种手段，而非目的。他认为国际经济一体化具有以下三个方面的特征：①在某种条件下，成员国之间歧视的消失；②保持对非成员国的歧视政策；③成员国之间在共同经济政策工具上取得共识。[③] 可见，这一时期对区域经济一体化的认识已经开始强调其工具属性。20 世纪 80 年代后，学者对它的表述有强调政策的倾向。丁伯根把区域经济一体化

① Bela Balassa, The Theory of Economic Integration, Homewood, Illinois: Richard D. Irwin, 1961.

② Victoria Curzon, The Essentials of Economic Integration: Lessons of EFTA Experience, London: Macmillan, 1974.

③ Peter Robson, The Economics of International Integration, London: Allen & Unwin, 1980.

划分为积极的一体化和消极的一体化。积极的一体化是指建立新的规章制度去纠正自由市场的错误信号，强化自由市场的正确信号，从而加强自由市场的经济一体化力量；而消极的一体化是指消除各成员国在一体化前就已经存在的各种限制产品自由贸易和生产要素自由流动的障碍。

Balassa（1961）根据区域整合的水平，将区域经济一体化划分为五个阶段，这五个阶段分别是自由贸易区、关税同盟、共同市场、经济联盟和完全经济一体化。第一个阶段是自由贸易区，自由贸易区以降低成员国的商品关税和非关税壁垒为主要内容，自由贸易区的成员国之间没有共同对外关税。由于成员国保留与其他非成员国之间的贸易歧视，在执行自由贸易政策时，很难区分某种产品的原产地，因此严格的海关措施和原产地规则就成了自由贸易区的重要内容。第二个阶段是关税同盟，关税同盟是在自由贸易区的基础上，所有成员国向非成员国征收统一的进口关税并采取其他贸易政策措施。共同对外关税的建立使得成员国之间的商品流动无须采用原产地证书，但是这也意味着各成员国失去了原本独立的对外关税制定权。关税同盟解决了成员国之间商品自由流动的问题，关税的征收和监管变得非常简便。第三个阶段是共同市场，共同市场是成员国实现关税同盟后，进一步采取人员、资本、服务自由流动的一种组织形式。由于在共同市场内生产要素可以自由流动，区域内的厂商可以按照区域内的生产要素情况和资源，进行最佳配置，让生产在区域内部达到经济效益最大化。当然，作为一体化的代价，成员国需要让渡更多的权力，而区域一体化组织的功能则更加强大。第四个阶段是经济联盟，经济联盟是指在共同市场的基础上，各成员国采取统一的经济政策，成员国需要协调它们之间的财政政策、货币政策以及汇率政策。如果区域内实现了统一货币，那么经济联盟就变成经济货币联盟。此时，成员国之间的交易成本极大地降低，成员之间的经济依赖会得到进一步强化。第五个阶段是完全经济一体化，完全经济一体化是指成员国在实现经济联盟的基础上，进一步协调经济制度、政治制度和法律制度，实现统一的经济一体化形式。作为区域经济一体化的最高形式，完全经济一体化意味着形成超国家的管理机构，各成员国的宏观政策制定权完全交给超国家机构，由超国家机构来行使经济、政治、社会等领域的立法、行政和司法权。按照丁伯根的观点，第一阶段到第三阶段是消极的经济一体化，第四阶段和第五阶段是积极的经济一体化。

经济一体化也可以根据一体化行为主体分为市场一体化和制度一体化。市场

一体化是指通过企业的经营活动达到实质性的经济一体化。东亚地区很早就已出现依靠企业生产经营活动的市场一体化行为，尤其是市场一体化进程远早于制度一体化进程。一般而言，市场一体化以企业的直接投资作为推动力，在产业间和产业内实现相互依存的经济交易。制度一体化虽然比市场一体化更加稳定，但有研究认为制度一体化并不必然提高成员国的经济效率和福利水平。也就是说，区域经济合作并不必然保证所有成员国都能获得满意的经济收益，南部非洲关税同盟就被认为是政治收益远大于经济收益的一个案例。

区域经济合作的发展经验表明，自由贸易协定在谈判速度、谈判范围和连续性等方面都具有一定的优势，与世界贸易组织多哈回合谈判经历多年仍未获得明显进展相比，自由贸易协定只要谈判国同意，则有望很快获得签署实施。另外，由于自由贸易协定不受 WTO 最惠国待遇约束，因此与新的谈判对象国家进行新的自由贸易谈判时，之前与其他国家签署的自由贸易协定均不受影响。

（二）静态和动态收益

具体而言，区域经济合作的传统收益包括：贸易创造（Trade Creation）和贸易转移（Trade Diversion），贸易条件的改善，规模收益递增，竞争程度提高导致资源在较大范围内得以更有效地配置所带来的财富效应，刺激区域内和区域外投资的增加等。

在区域经济一体化理论中，关税同盟理论作为区域经济一体化的重要理论依据得到学者们的广泛认同。Vinar（1950）的关税同盟理论通过贸易创造效应和贸易转移效应来说明区域经济一体化的收益。关税同盟的成员之间因取消关税而成本降低，扩大了成员国之间的贸易，形成了贸易创造效应。与此同时，关税同盟又促使关税同盟成员国由从非成员国进口商品转向从成员国进口商品，从而引发贸易转移效应。这样，关税同盟带来的净效应其实就是贸易创造效应减去贸易转移效应。Vinar 的关税静态效应理论的局部均衡分析方法推翻了之前的错误认识，表明了即使是完全自由贸易的渐进式优惠也不必然会增加整体福利水平。当经济系统存在扭曲时，歧视性贸易政策使得关税减让措施不会保证国家或者世界的福利增加。换句话说，区域经济一体化不一定会提高世界或者区域内部的整体福利，其根本原因在于由于区域经济合作的歧视性待遇，有时贸易会从效率较高的外部贸易转向效率较低的区域内部贸易。值得一提的是，该理论为后来的“多米诺骨牌”效应理论提供了最直接的理论准备和解释框架，这也是本书分析框架中的一个基本解释工具。

但是关税静态效应理论的 3×2 模型过于简单，模型中的一个国家只拥有两种商品，分别是出口商品和进口商品，贸易模式为非对称。由于这些假设与现实相比仍有较大差距，该模型不适用于分析更加复杂的现实经济。李普西和兰卡斯特（R. G. Lipsey 和 K. Lancaster，1956）创立的次优理论表明，当不能全部满足完全竞争模型的假设条件时，贸易政策可能无法保证帕累托最优状态。他们指出，关税同盟理论的缺陷在于该理论立足于古典贸易理论，只是强调贸易，而未考虑规模经济、贸易条件的改变以及国家生产效率和经济增长率的改变。

事实上，区域经济一体化确实可能会引发规模经济。如区域贸易安排提升了区域内成员国及其企业相对于区域外国家及其企业的竞争优势，特别是区域贸易安排相当于扩大了区域内成员国的国内市场范围，使得区域内的企业在寻求市场、资源、效率和战略资产时，可以更好地利用规模经济，实现资源配置的重组。尽管并不完美，Vinar 的关税同盟理论在之后的区域经济一体化实践中仍得到了实质性的应用，尤其是对欧洲经济一体化进程产生了深刻影响。

Melo 等（1993）认为区域贸易协定的经济效果取决于各种条件。首先，签订区域贸易协定之前的原始关税越高，区域贸易协定带来的收益越大；其次，签署协定后，越是降低对区域外国家的关税壁垒，贸易转移效果越小；最后，参与区域贸易协定的国家之间的经济依存度越高，区域贸易协定带来的收益也越高。[①]Frankel 等（1995）认为签署区域贸易协定之前，成员国之间的贸易规模越大，初始交易费用越高，区域贸易协定带来的福利效应越大。考虑到邻近国家之间交易费用低的因素，由于区域贸易协定采用歧视性关税政策来降低成员之间的贸易成本，如果贸易对象国属于初始交易费用低的国家，则贸易转移效应也会比较低。[②] 但是 Panagariya（1999）认为邻近国家并非天然的自由贸易协定国家。如墨西哥可以成为美国天然的贸易对象国，但美国不能被视为墨西哥天然的贸易对象国。[③] Krueger（1999）认为如果邻近国家拥有类似的要素禀赋的话，邻近的天然贸易对象之间反

① Jaime de Melo，Arvind Panagariya and Dani Rodrik，“The New Regionalism：A Country Perspective”，The World Bank Policy Research Working Paper Series 1094，1993.

② Jeffrey Frankel，Ernesto Stein and Wei Shang-jin，“Trading Blocs and the Americas：The Natural，the Unnatural，and the Super-Natural”，Journal of Development Economics，Vol. 47，No.1，1995，pp. 61-95.

③ Arvind Panagariya，“The Regionalism Debate：An Overview”，The World Economy，Vol.22，No. 4，1999，pp.477-512.

而不太可能发生净贸易创造效应。① Mistry（2003）对贸易转移效应做出了进一步的归纳和分析，认为当满足：①区域经济一体化前成员国之间关税率比较高；②成员国之间生产类似产品，并存在相对价格偏差；③从区域外进口的商品的对外关税比较低，成员国之间的经济发展水平相似；④成员国的企业和产业对区域外进口品具有竞争力等四项条件时，贸易转移效应会比较大。②

虽然关税同盟理论提供了福利分析的有效方法，但只停留在静态分析，忽视了可能存在的后续动态效应。在区域经济一体化进程中，由于生产和消费市场的扩大，最易出现的效应是规模经济效应，即给定技术的条件下，单位生产要素的产出率增加的现象。事实上，区域经济一体化后，区域内国家可以通过专业化分工来生产各自具有比较优势的产品，由于生产规模扩大使得平均成本下降，进而实现规模经济，优化资源配置。值得注意的是，规模经济效应往往是经济小国参加区域经济一体化的重要动因。

竞争刺激效应是关税同盟的另一个动态效应。在关税同盟区域内，成员国之间降低关税，减少了对各国内部企业或产业的保护，增强了区域内各国企业的竞争。为了在竞争中不被淘汰，各国企业只有更加努力降低生产成本、研发技术以提高产品竞争力。竞争的引入和加剧，客观上会推动产业的发展，也会促进资源在区域内重新配置，从而使经济效率得以提高。由于关税同盟具有排他性，区域外的国家也会加大对区域内的投资，以规避关税同盟的对外高关税。

尽管区域经济一体化可以产生正向动态效应，但这种动态效应并非没有穷尽。Bond 和 Syropoulos（1996）把区域贸易集团的规模和市场力量联系起来进行分析，根据模型中参数的变化，认为对称的贸易集团的绝对规模和市场力量之间的关系是不确定的，而区域贸易集团相对规模的扩大有助于提高市场力量和成员国的福利水平。相应地，该研究还得出了区域贸易集团的最优规模，也就是说区域贸易集团的规模存在阈值，超过一定的规模后，其净动态经济效应不一定是有益的。③ 而 Krugman（1991）在区域贸易协定模型的基础上，研究了贸易集团规模

① Anne Krueger, "Are Preferential Trading Arrangements Trade-Liberalizing or Protectionist?", Journal of Economic Perspectives, Vol.13, No.4, 1999, pp.105-124.

② Percy Mistry, "New Regionalism and Economic Development", in Fredrik Söderbaum and Timothy Shaw (eds.), Theories of New Regionalism, London: Palgrave, 2003, pp.117-139.

③ Eric W. Bond and Constantinos Syropoulos, "The Size of Trading Blocs Market Power and World Welfare Effects", Journal of International Economics, Vol.40, No.3-4, 1996, pp.411-437.

扩大带来的影响，指出由于市场力量的扩大，会导致对外关税增加并且降低世界总福利。①

另外，在对欧洲经济共同体进行研究后，西托夫斯基（T.Scitovsky）和德纽（F. Deniau）提出大市场理论，他们指出大市场会使得机器设备得以充分使用，使最新技术得到开发和应用，而这些都会降低生产成本和销售价格。如果考虑关税降低的效应，则消费需求会增加，这又会引发投资。区域经济一体化会出现大市场，大市场有助于规模生产和生产成本的降低，最终会导致消费和投资增加的良性循环。

二、新区域主义理论

20世纪90年代以来，全球区域经济合作出现第二次浪潮，不但有南—南、北—北型区域合作，还有南—北混合型的区域合作，这对传统区域主义理论的解释能力提出了挑战。在此背景下，新区域主义理念出现了。② 相比于传统区域主义，新区域主义理论更侧重非传统收益，更重视运用“理性人”和利益集团等概念分析一国参与区域经济合作的实践等。从成员和合作内容上看，TPP兼有北—北合作和南—北混合型合作特征，美国是其中的主导大国；合作内容不仅限于关税、非关税壁垒，而且大量涉及“边界内”制度性措施。因此，从这个意义上，TPP属于新区域主义范畴，而新区域主义理论的研究框架和研究方法也许能够更好地解释TPP的成因和影响。

（一）功能、特征及其研究领域

对于20世纪90年代兴起的新一轮区域主义浪潮，Krugman（1993）从四个方面给予了解释：第一，随着参与多边贸易体系的成员国数量增加，相互交流变得更加困难，无法避免“搭便车”现象。第二，贸易保护主义性质发生变化，反

① Paul Krugman，“The Move Toward Free Trade Zones”，Economic Review，Issue Nov.，1991，pp.5-25.

② 新区域主义概念由Palmer首次提出。可参见Norman D. Palmer，The New Regionalism in Asia and Pacific，Mass：Lexington Books，1991，pp.1-19.

倾销和出口限制扩大，多边贸易谈判变得更加困难。第三，随着美国主导权的弱化，使其无法有效运营多边贸易体系。第四，成员国之间经济体制的差异使得谈判变得更加复杂。① Baldwin（1993）则提出"多米诺骨牌"效应理论，说明了新区域主义的成因及其与多边主义的关系，较好地解释了20世纪末世界范围内区域经济合作浪潮出现的原因。② Freund（2000）认为多边关税减让和优惠贸易协定之间存在相辅相成的关系，WTO的关税削减推动了新区域主义的产生和发展。③ Ethier（1998）将新区域主义的发展归因于各国对更发达的多边贸易体系的诉求，即通过新区域主义来为各国获得更多的直接投资。④ 而 Gilpin（1987）则认为新区域主义的出现反映了美国霸权的衰弱与全球多极化的趋势。⑤

Sapir（1993）、Perroni 和 Whalley（1994）对国际贸易的发展趋势进行了梳理，并讨论了新区域主义的含义。⑥ 新区域主义通常被认为是大国与小国在区域贸易协定谈判中，小国比大国做出更多让步的现象。比约恩·赫特纳等（Bjorn Hettne）将这些现象进一步归纳为"新区域主义方法"（New Regionalism Approach），这种研究思路受到了理论界的关注。⑦ 事实上，新区域主义是随着国际环境的变化而产生的，与传统区域主义时期大量计划经济国家签订对抗多边贸易体系的区域贸易协定相比，新区域主义时期市场经济成为主流经济体制，各国为了更好地融入多边贸易体系而加速推动区域经济合作。在新区域主义环境下，成员国的合作内容已经不再局限于关税减让，而是超出经济范畴。发展中国家在与发达国家的区域经济合作中，希望通过贸易增长来促进生产效率的提升。

---

① Paul Krugman, "Regionalism Versus Multilateralism: Analytical Notes", in Jaime de Melo and A. Panagariya (eds.), New Dimensions in Regional Integration, Cambridge: Cambridge University Press, 1993.

② Richard Baldwin, "A Domino Theory of Regionalism", NBER Working Paper Series No.4465, 1993.

③ Caroline Freund, "Multilateralism and the Endogenous Formation of Preferential Trade Agreements", Journal of International Economics, Vol.52, No.2, 2000, pp.359-376.

④ Wilfred J. Ethier, "The New Regionalism", The Economic Journal, Vol.108, Issue. 449, 1998, pp. 1149-1161.

⑤ Robert Gilpin, The Political Economy of International Relations, Princeton: Princeton University Press, 1987.

⑥ Andre Sapir, "Regionalism and the New Theory of International Trade: Do the Bells Toll for the GATT?", The World Economy, Vol.16, No.4, 1993, pp.423-438.

Carlo Perroni and John Whalley, "The New Regionalism: Trade Liberalization or Insurance?", NBER Working Paper No.4626, 1994, pp.1-46.

⑦ Bjorn Hettne and Fredrik Söderbaum, "Theorizing the Rise of Regionness", New Political Economy, Vol.5, No.3, 2000, pp.457-473.

Lake（1996）试图用外部性理论解释新区域主义。地区主体的外部性将不同的相关主体连接为互动单元，有助于解决地区间的公共问题。为了降低交易成本，各成员国强化了区域之间的联合，区域主体以外部效应为基础，共同应对区域受到的各种挑战，尽量最大化区域的外部正效应，最小化区域的外部负效应。[①] 区域组织通常会形成由主导大国和小国构成的等级制度，并在大国的主导力量安排下运行，规避了区域组织内部不同国家间实力相当而发生内部冲突与矛盾。小国会依赖区域内主导国家，而主导大国则居于具有公共权力的核心地位，并向整个区域提供公共产品。由于这种外部效应的内部化强化了贸易保护主义，因此各区域相继签订各自的区域一体化协议，以维护自身利益。[②]

甚至有学者将全球社会理论和社会建构主义等理论紧密联系起来考虑区域问题，认为理解主体间的结构有助于探索利益和认同合作与共同体的新形式，[③] 试图从新角度来解释新区域主义。根据赫特纳的理论，新区域主义与传统区域主义的不同点除了产生的国际环境与时代以外，还在于前者代表了开放与独立，后者则代表内生和贸易保护。传统区域主义注重安全和经济因素，而新区域主义包含更加宽泛的主题，这里不仅包括经济一体化和安全，也包括社会各领域政策等。沿用这一思路，有研究通过与传统区域主义加以对比，将新区域主义的核心特征归纳为五个方面：[④]

一是综合性。“旧区域主义”表现的是单一维度特点，如欧洲共同体、经济互助委员会等区域政府间组织或美洲国家组织、东南亚国家联盟或非洲统一组织等，这些区域经济组织表现出在经济领域或在政治安全领域的单一性质和手段。而新区域主义带有明显的综合性特点，包含政治、经济、社会、文化等多维度议题，为解决区域综合性问题提供了重要手段。

二是区域性。新区域主义超越了既定的地理区域范围，包含了区域集团间的关系、跨区域的安排和区域集团与单个国家之间的混合安排。新区域主义已经打

① David Lake，“Anarchy，Hierarchy，and the Variety of International Relations”，International Organization，Vol.50，No.1，1996，pp.1-34.

② Walter Mattli，The Logic of Regional Integration：Europe and Beyond，New York：Cambridge University Press，1999.

③ Bjorn Hettne and Fredrik Söderbaum，“Towards Global Society Theory”，Journal of International Development，Special Issue：Rethinking Development Theory，Vol.1，No.4，1999.

④ 主要参见郑先武：《新区域主义的核心特征》，《国际观察》，2007 年第 5 期，第 58-64 页。

破南—南合作或北—北合作的模式，开创了发达国家与发展中国家之间的南—北合作模式。

三是开放性。新区域主义不再像欧洲共同体、关贸总协定（GATT）、华约或北约等组织那样采取对外封闭策略，而是强调了开放性特点。在安全领域更是形成了开放型的区域安全机制，强调包容和对话（Evans，1994）。①

四是主体化。新区域主义下，区域合作组织以“区域行为体”的身份出现在全球事务中，并对共同价值观和规则进行国际协调和决策。新区域主义将全球社会理论和社会建构主义等理论紧密联系起来考虑区域问题，认为理解主体间的结构有助于探索利益和认同合作与共同体的新形式。②根据赫特纳的理论，新区域主义打破了传统区域主义固守的主权国家范畴，涉及全球各种层次主体的活动。赫特纳提出“区域性”的概念，并把它定义成能够使地理区域转向积极主观并能连接该区域的跨国利益的进程。这种区域性代表了区域的依存与内聚力，是一种能够使区域成为具有自身权利的行为主体的属性。区域性根据内聚力分成区域空间、区域复合体、区域社会、区域共同体和区域国家五种不同层次。每种层次代表了不同的区域化状态，从没有组织化的原始地理和生态单元逐步向经济联系的社会体系和多维度互动进程，甚至超越国界的主体和新形式政治实体过渡。

五是趋同化。由于新区域主义不再局限于单一维度，因此与传统区域主义相比，多种区域组织具有共同的综合开放性特点，而自由贸易协定已经成为区域经济发展的核心支柱。

（二）引入政治经济分析范式

以经济收益为核心的传统区域主义理论对全球第二次区域合作浪潮出现原因的解释力有限，相比之下，新区域主义理论在传统区域主义理论以经济为中心进行分析的基础上，更多地将国际政治经济学的研究范式引入区域研究中。

1. 美国霸权的衰落

Gilpin（1987）认为新区域主义的出现反映了美国霸权的衰弱与全球多极化

① Paul M. Evans，Studying Asian Pacific Security：The Future of Research Training and Dialogue Activities，Ontario：University of Toronto-York University，1994，p.38.

② Bjorn Hettne and Fredrik Söderbaum，“Towards Global Society Theory”，Journal of International Development，Special Issue：Rethinking Development Theory，Vol.1，No.4，1999.

的趋势。[1]国际经济稳定是一种国际公共产品，霸权国家往往扮演着提供这种公共产品的角色。Krugman（1993）认为随着美国相对实力的弱化，该国越来越无法有效地运营多边贸易体制并推动新一轮的谈判，[2]使得各国在寻求稳定的国际经济秩序的过程中通过形成区域经济组织的方法来平衡国际经济关系。除此之外，霸权国家在衰落时，会为了维持自身地位而对其他国家采取强硬政策，面对这种局势，一些国家就会通过加入区域经济组织的方式来试图保护自身利益不受损害。

2. 国际关系与地区安全的政治目标

新区域主义盛行的政治层面的动因是为了强化国际关系和维护地区安全。尤其是曾经卷入战争或没有任何经济合作经验的国家会把安全因素放在构建区域组织的重要位置。例如，东盟成立的根本原因是为了解决东南亚国家共同面临的地区安全问题；1989 年越南从柬埔寨撤军，1999 年形成了以十国为成员的区域组织，其中的政治、安全因素对促成东盟的扩大和发展起到了重要作用；而众所周知的欧洲共同体的前身煤钢联营等也是为了防止欧洲再次发生战争而得以成立的。

3. 区域主义成为推动国内改革和制定经济战略的手段

区域贸易协定的签署意味着国内改革者能够以区域经济一体化的名义更加容易地推行国内经济改革。通过区域贸易协定，成员国之间形成相互信赖的关系。例如，新加坡虽然是一个城市国家，但是比其他经济发展水平类似的国家拥有更多的跨国公司的地区总部，这是因为 20 世纪 90 年代末新加坡就开始以区域贸易协定为手段，推动实施了将本国发展成为地区中心的战略。通过签署区域贸易协定，新加坡不仅为经济提供了新的动力，更重要的是新加坡试图构建成为“轮轴”国，以便在新加坡建立地区总部的跨国公司可以利用新加坡签署的区域贸易协定，便利地享受关税减让和自由贸易的政策，降低生产和运营成本，提升自身产品的国际竞争力，并进一步强化吸引外资的优势地位。又如，1985 年，加拿大考虑到与美国签订区域贸易协定有利于推动国内改革，特别是缩小政府功能和振兴私营部门，确保美国市场准入的稳定性，削减原产于加拿大产品的贸易障碍

① Robert Gilpin，The Political Economy of International Relations，Princeton：Princeton University Press，1987.

② Paul Krugman，“Regionalism Versus Multilateralism：Analytical Notes”，in Jaime de Melo and A. Panagariya（eds.），New Dimensions in Regional Integration，Cambridge：Cambridge University Press，1993.

并推动新兴产业的发展，[①] 加拿大政府接受了皇家委员会关于建议该国应该与美国签订双边贸易协定的报告，并向时任美国总统里根提出了建立美国—加拿大FTA的倡议。与此类似，墨西哥政府为了推动国内市场导向的改革，同时获得美国市场准入机会，并利用区域贸易协定吸引外国直接投资流入，墨西哥政府主动向美国提议希望与美国展开区域贸易协定谈判。

4.“多米诺骨牌”效应

Baldwin（1996）用多米诺理论来解释20世纪90年代中后期的区域经济合作趋势。区域贸易协定的签订会吸引更多非成员国的加入，其影响就像“多米诺骨牌”一样具有连锁反应。区域经济一体化降低了进口壁垒，使得成员国之间的贸易和投资不断增加，并对非成员国产生歧视效应，因而区域集团外的非成员国就有了寻求加入到区域集团的激励。与此同时，非成员国面临着来自国内生产者的压力，促使非成员国检讨自身的贸易政策，加快加入区域贸易集团。这样，各国纷纷建立新的区域贸易集团或加入到旧有的区域贸易集团中，就像被推倒的“多米诺骨牌”一样。其中，国内政治利益集团的内部动力和外国签署自由贸易协定形成的外部压力是引发“多米诺骨牌”效应的重要因素。[②] 事实上，美国与周边国家签订的自由贸易协定就是对“多米诺骨牌”效应很好的佐证，20世纪90年代末，美国签署的美国—加拿大FTA和北美自贸区协定引发了全球范围内的区域主义浪潮。而Egger和Larch（2008）通过实证方法考察了已有的区域贸易协定对新区域贸易协定的影响，研究发现“多米诺骨牌”效应也有可能是推动东亚地区贸易自由化进程的重要推动力。[③]

5. 非合作重复博弈和囚徒困境

Bhagwati等（1996）将优惠贸易协定与博弈论中的非合作博弈等原理联系起来。[④] 无论是世界贸易组织还是自由贸易协定，对成员国家而言都是属于谋取利益最大化的非合作博弈。任何成员国在多边贸易体系或自由贸易协定中都是按照

① Richard Feinberg，“The Political Economy of United States' Free Trade Arrangements”，The World Economy Vol.26，2003，p.1024.

② Richard Baldwin，“What Caused the Resurgence of Regionalism?”，Swiss Journal of Economics and Statistics，Vol. 131（Ⅲ），1995，pp.453-463.

③ Peter Egger and Mario Larch，“Interdependent preferential Trade Agreement Memberships：An Empirical analysis”，Journal of International Economics，Vol.76，No.2，2008，pp.384-399.

④ Jagdish Bhagwati and Arvind Panagariya，“The Theory of Preferential Trade Agreements：Historical Evolution and Current Trends”，American Economic Review，Vol. 86，No.2，1996，pp.82-87.

非强制性原则加入的，并且按照有限理性来做出选择。各成员国按照个体理性选择的策略是经过讨价还价博弈后的结果，往往是“囚徒困境”下的非合作均衡解。在重复博弈过程中，任何成员国的背叛都会遭到其他成员国的抵制。而这种抵制或报复行为使得成员国不愿意冒着自身利益受损的风险做出背叛或投机行为，也就导致一种合作均衡解。在无限次重复博弈的条件下，成员国会对未来的收益做出足够高的评价，所以不会愿意为了单次的利益损害未来的长期收益，从而成员国都积极采取合作策略，避开了非合作均衡解的产生。按照重复博弈的无名氏定理，成员国都可以通过耐心遵守规则来获得各自的理性收益。该研究用非合作博弈和信息不对称原理解释了双边自由贸易协定的稳定性以及双边自由贸易协定不断发展的原因。当然，研究也指出合作均衡的出现需要满足一些条件，即成员国采取合作的态度带来的收益必须大于不合作的收益，并且成员国认为的惩罚是可信的。

6. 公共选择理论的集体行动成本原理

公共选择理论以新古典经济学的基本原理来阐释政治家和政治利益集团的选择行为。经济个体通过民主决策的政治过程来决定公共产品的供给、需求和产量，并把个体的选择转化为集体选择。因此，它在本质上代表了一种政治过程，即用非市场决策的方式来进行资源配置的过程。经济人假设是公共选择理论不同于传统政治理论的重要特征。公共选择理论可以用追求个体国家利益最大化的行为动机来保持单个国家在经济和政治因素下的对称和逻辑上的一致性。按照公共选择理论的解释，区域经济组织的建立过程其实就是公共产品的形成过程。成员国个体收益和区域经济组织整体收益的差距决定了公共产品供应的短缺程度。成员数量多的区域经济组织的组建和管理成本更大，从而影响着区域经济组织能否顺利建立和运行。例如，世界贸易组织等包含全球范围内大多数国家的经济组织的成员规模大，因此集体行动成本也很大，无法避免成员国的“搭便车”行为，最终影响了该经济组织的运行。相反，双边或者小规模的区域贸易谈判则因成员国家数量少和集体行动成本较小，更容易获得成功。

（三）新区域主义的非传统收益

Fernandez 和 Portes（1998）强调了新区域主义的非传统利益，他们的研究认为区域经济一体化引发的贸易创造效应是有约束条件的，但是现实中，由于资源

并非无限供给，并且区域经济一体化过程会促进规模经济、技术效应和竞争效应等，因此现实中，区域经济一体化带来的贸易创造效应有时比较有限，但其他利益会促使各国推动区域经济一体化。[①] 按照他们的研究，新区域主义的非传统收益表现为：一些国家加入区域合作组织可以获得避免整体性贸易战损失的保险，[②] 营造对自身更为安全的国际环境[③] 或者增强其对外谈判的讨价还价能力；[④] 另一些国家则通过对外的区域合作来达到推进其国内改革的目的。除此之外，还包括约束政府政策行为的时间不协调性（Time Inconsistency），向外部世界发出的信号效应（Signaling），发挥协调机制的功能（Coordination Device），以及非经济收益，如输出民主观念、实施大国的全球和区域战略、化解纠纷等。和传统收益相比，这些非传统收益具有更多的公共产品特性：正（或负）外部性、“搭便车”效应、收益和成本分配的不确定性。[⑤]

1. 关于小国购买“保险”的解释

小国参加自由贸易协定的收益或效应是新区域主义理论研究的重要内容之一。一般而言，小国国内市场规模比较小，对外界的经济依赖度比较高，抗外部冲击的能力比较弱。小国可以通过与大国签订自由贸易协定以获得大国的消费市场，实现规模经济，为本国企业提供一个更有竞争的环境，而且也相应地开发边境地区的经济发展环境。由于小国获得的利益较多，因此该国愿意向大国提供各种便利条件并做出让步，而这在某种意义上相当于购买大国的“保险”。[⑥] 小国参与自由贸易协定的最根本目的是获得进入大国市场的保证，它们把这种自由贸易协定称作“保险安排”。一般而言，与大国相比，小国参与谈判的发言权较弱，因此小国宁愿额外单方面支付也希望能够进入大国市场。

相比之下，大国通过自由贸易协定获得的贸易收益比较有限，因为大国的平

---

① 张学良：《国外新区域主义研究综述》，《外国经济与管理》，2005 年第 5 期，第 16-21 页。

② Carlo Perroni and John Whalley，“The New Regionalism：Trade Liberalization or Insurance?”，NBER Working Papers 4626，1994.

③ Maurice Schiff and Alan Winters，“Regional Integration as Diplomacy”，World Bank Economic Review，Vol.12，1998，pp.271-296.

④ Raquel Fernandez and Jonathan Portes，“Returns to Regionalism：An Analysis of Nontraditional Gains from Regional Trade Agreements”，The World Bank Economic Review Vol.12，No.2，1998，pp.197-220.

⑤ 李向阳：《东北亚区域经济合作的非传统收益》，《国际经济评论》，2005 年第 5 期。

⑥ Carlo Perroni and John Whalley，“The New Regionalism：Trade Liberalization or Insurance?”，NBER Working Paper No.4626，1994.

均关税水平较低，国内市场需求相对大，对外界的依赖也相对低。大国国际议事能力比较强，可以通过参与国际事务，为本国争取更多经济贸易利益。在与小国达成自由贸易协定后，由于受自由贸易协定的限制，大国无法通过贸易手段报复小国，这其实就是小国因额外支付而得到的一种补偿。通过贸易协定，大国和小国加强了经济贸易联系，避免发生贸易战的风险。大国的主要收益反映在非传统收益上，即可以提高大国的贸易报复能力，有助于获得区域内的主导权。大国通过自由贸易协定扩大了对区域的影响力，进而可以影响多边贸易规则。这种非传统收益中也自然而然地包含了大国的政治利益，大国凭借其经济贸易地位，甚至可以向其他小国推行自身的“价值观”。因此，有些研究认为一些国家在开展区域经济合作时，经济收益并非是其首要考虑的因素，国际议价能力、提高国际话语权等非传统收益则显得更加重要。由于这些原因，当自由贸易协定中允许个别成员国家采取临时性的贸易救济政策时，自由贸易协定所发挥的保险作用就会受到影响。自由贸易协定的其他成员国也会相应地通过贸易协商来对享受例外条款的国家设置更多限制，使其不得不面对统一的内部贸易政策。保险理论也成为发展中国家加入由发达国家主导的自由贸易协定的一种解释。根据 Perroni 和 Whalley 采用的附加贸易报复的一般均衡模型的分析结果，加拿大和美国签订区域贸易协定就会产生保险效应。

2. 关于成员内部政策的一致性的解释

政府行为动态时间不一致是政府在推行政策时经常不可避免会发生的情况。政府在计划制定政策时与实际执行政策时的环境可能不同，导致政府存在改变原来计划的诱因。这种政策的改变有时是利益集团追逐利益最大化而造成的，也有时是为了维护国家经济发展与稳定而实施的。动态时间不一致的情形会影响一国政府政策的可信度，使得政府在持续推出政策时影响政策的实施效果。①

然而，区域贸易机制具有约束参与国政府政策的作用，有助于维护政府政策的一致性。签署自由贸易协定不仅意味着政府的当前政策选择，而且也表明了未来政策的偏好与趋势。当外国投资者不了解一国政府的未来政策方向时，则无法决定对该国的长期投资。特别是发展中国家的政策环境更容易变动，因此通过加入区域贸易机制来表明政策连贯性，可以增强外国投资者和贸易伙伴国的信心。

① Finn E. Kydland and Edward C. Prescott,“Rules Rather Than Discretion: The Inconsistency of Optimal Plans”, Journal of Political Economy, Vol.85, No.3, 1977, pp.473-491.

区域贸易机制对政府的约束是通过惩罚机制和激励机制两种方式实现的。按照区域贸易机制的规定，成员国必须履行已签署承诺的贸易规则，当成员国政府违背承诺，擅自改变政策时，就会受到区域贸易机制的惩罚，这使得成员国政府不会轻易为了一些利益而轻易违反规则。另外，当一国签署自由贸易协定时，等于向外界表明该国对外贸易政策的稳定性和连贯性，对吸引更多外国投资者以及贸易合作伙伴具有正面影响，这也客观上激励政府在政策方面保持连贯性。

3. 信号效应

Fernandez 和 Portes（1998）认为一个国家加入自由贸易协定重在加入事件本身。在信息不对称的国际环境中，外界对本国的政策走向和经济发展趋势并不能像本国那样掌握得非常详细，外界对本国的判断很多时候来自于这个国家采取的一些政策或行为方式。有时，政府决定签署自由贸易协定可能更多是考虑到有助于向外界表明该国政府的政策立场。①

签署自由贸易协定有助于反映一国政府贸易立场的信号，向外界传递该国政府的贸易政策走向。鉴于需要支付较高的成本，因此主张贸易保护主义国家的政府释放虚假信号的可能性较低。通过政府的自由贸易政策，潜在的投资者能够在不对称信息中甄别正确信号，并且有助于投资决策判断。另外，签署自由贸易协定意味着该国正在或者已经为更激烈的产业竞争做准备，可以向外界表明该国欢迎外国投资者的投资。而且自由贸易政策也表明该国将通过调整、规范外资政策、财税政策、外汇管理政策等来加强与外国投资者的经济联系。需要注意的是，签署自由贸易协定也可以向外界传递一国稳定的对外关系信号，有助于降低外交和贸易纠纷的可能性。

4. 国际经济事务中的议事能力

加入区域贸易组织的另一非传统收益是有助于提高国家在国际事务中的谈判能力。例如，加入关税同盟比成员国各自进行双边自由贸易谈判成本更低，前者所代表的整体谈判能力更强，而在国际事务中获得更强的谈判能力意味着参与制定和影响国际经贸规则的能力更强。加入区域贸易组织之后，区域贸易组织代替了单个国家在国际经济事务中发挥的作用，其代表的市场规模和经济规模更大，

① Raquel Fernandez and Jonathan Portes，“Returns to Regionalism：An Analysis of Nontraditional Gains from Regional Trade Agreements”，The World Bank Economic Review，Vol.12. No. 2，1998，pp.197-220.

发言和讨价还价的能力也更强。小国通过区域贸易组织扩大了自身的影响力，使得小国在国际经贸规则制定过程中可以为自身谋求更多的利益。对于大国而言，加入区域贸易组织不仅可以获得传统经济收益，也可以增强对外谈判实力，有助于掌握制定国际经贸规则的主导权。

5. 成员国之间的机制协调作用

区域贸易组织带来的协调作用可以分成国家内部集团之间的利益协调和国家间的利益协调两种。自由贸易协定虽然有助于增加一国的整体福利，但不可避免地会损害部分国内企业或部门的利益。有时签署自由贸易协定国家的经济收益并非是即时的或短期的，所以主张自由贸易的集团与反对自由贸易的集团进行协商时可能会出现分散性和无序性的特点。通过加入区域贸易组织，有助于把主张自由贸易的人群组织起来，协调一致地采取行动，可以更好地为自由贸易政策提供政治支持。由于自由贸易协定与多边贸易体系相比，不仅涉及范围相对更小，而且贸易自由化带来的不确定性风险也更小，因此区域贸易组织内部进行协商变得更加容易。区域经济合作有时可以淡化意识形态的差异，也可以更加有效地面对恐怖主义问题、环境保护问题、次区域开发问题、卫生防疫问题等。实际上，一旦成为区域贸易组织成员，区域的利益便成为该组织的核心价值，远在全球整体利益之上。

事实上，Onuf（1989）从区域身份认同的角度，对区域贸易组织的协调功能进行了论述。该研究提出的社会建构主义将国家视为国际体系的主要行为体，认为主体互动性是国际体系的主要特征，并且通过主体互动性来实现国家的身份和国家利益。社会建构主义在分析国际经济事务的逻辑过程中，避免纯粹按照物质的思维方法，而是强调心理和文化的重要性，观察国际现象背后复杂的互动关系。社会建构主义重视国际体系中存在的社会结构，强调规则在国家关系形成过程中的重要作用，认为国家主体和国际体系结构间存在双向建构关系。社会建构主义认为，区域化过程是区域集体利益认同的社会化过程。[①] 建构主义主张国家身份决定了国家利益，国家之间相互角色的认定决定了区域经济合作中的利益认知。国家通过国际机制来形成集体认同，并通过社会化过程来形成共同意识。在区域集体认同的情境下，区域内其他成员国的利益也被看作本国利益的一部分，

① 陈勇：《新区域主义与东亚经济一体化》，社会科学文献出版社，2006年版。

强化了成员国之间的合作可信度，并使区域集体组织不断发展和壮大。例如，欧洲一体化过程中，从欧盟机构和成员国政党乃至个人都面临欧盟身份认同的问题。欧洲历史、宗教和文化以及后来发展形成的自由主义、市场经济和福利国家等特征都可以被认为是欧盟身份认同形成的基础，并成为加快区域主义进程的推动力量。

6. 政治因素对区域贸易安排的影响

全球性或区域性问题，如劳工、知识产权和公共卫生等已经不单纯是经贸问题，而是承载着一些政治影响的议题，而自由贸易协定有时会成为一些国家谋求自身政治目标的手段和方式。有研究指出，政治因素成为区域贸易安排的前提条件，例如，美国在吸收南美国家到美洲自由贸易区（FTAA）时，就提出反对恐怖主义、发展民主制度、禁毒等目标作为加入条件。[①] 另外，自由贸易协定中出现的一些诸如国有企业、劳工标准等政治条款也是很好的例证。

7. 关于成员国安全环境的解释

为了保障一国政治、军事安全，一些国家会有意识地与军事强国或者盟国签署自由贸易协定，试图通过与军事强国或盟友国家加强经济往来，获得自身军事能力的提高或得到某种程度上的安全保障。不同国家通过签订重要贸易协定获得的收益可能会有所不同，但这种收益作为非传统收益的一部分，确实构成了一些国家加入区域贸易组织的理由。

（四）新区域主义中的国家利益分配

在区域经济合作中，由于参与区域一体化的程度不同，不同国家的利益分配也是不同的。Hutbauer 和 Schott（1994）通过“轮轴—辐条”效应解释了一国在参与区域经济合作时的不同角色和利益。根据“轮轴—辐条”理论，与其他多个国家分别签订自由贸易协定的国家扮演着“轮轴”的角色，而没有与多国签订自由贸易协定的其他国家则像“辐条”。通过签订自由贸易协定，“轮轴”国家可以进入所有“辐条”国家，而“辐条”国家却无法相互进入。在完全竞争环境下，“轮轴”国的利益大于“辐条”国的利益，“轮轴—辐条”理论实际上反映了“辐条”国经历的贸易转移现象。Krugman（1993）认为即使在不完全竞争的环境下，

① 李向阳：《新区域主义与大国战略》，《国际经济评论》，2003 年第 4 期。

由于“轮轴”国更易产生产业集聚，所以也可能获得较大收益，[①]“轮轴”国的这种特殊身份也同样适用于投资领域。大国之间的竞争有时会给小国很多机会，并受到大国的拉拢。因此，小国可以在大国之间的竞争中获得各种利益，变成“轮轴”国（Wonnacott，1996）。[②]大国凭借自身主导力量争取区域中的各种利益，因而区域内大国之间容易出现利益冲突与主导权的争夺。不同大国主导下形成的区域贸易组织之间，可能会出现相互排他与竞争。而小国缺乏主导区域合作的力量，不得不依靠大国加入区域贸易组织，为了将因不同区域贸易组织而出现的利益冲突降到最低，小国积极参与不同区域贸易组织以便获得最大利益。

关于“轮轴—辐条”结构的特点，有研究[③]将其归纳为三个方面：首先是不稳定性。由于“轮轴”国与“辐条”国的地理距离有时会很远，导致“轮轴”和“辐条”结构的离心力过大，运行不稳定。这会导致整个结构对抗风险的能力比较差。来自文化、产业结构以及国家身份定位等方面的差异导致区域贸易组织在制定步调一致的对外经济政策时，可能会增加利益协调成本。新加坡虽然是亚洲签订双边自由贸易协定最多的国家，但 16 个双边自由贸易协定中有 9 个不在亚洲，从而导致结构的不稳定。其次是不对称性。由于签署自由贸易协定的双方不仅仅局限在国家层面，有时是一个区域贸易组织或经济集团，因此“轮轴”国和“辐条”国之间的经济规模有时相差会很大。最后是动态性。由于“轮轴”国与“辐条”国的收益结构特点，“辐条”国的数量会不断增加，使得整个“轮轴—辐条”体系不断膨胀，导致新的“轮轴—辐条”结构不断从原有的“轮轴—辐条”结构中派生出来。

Kowalczyk 和 Wonnacott（1992）以北美自由贸易区为例，就自由贸易协定的贸易额、贸易成本和寻租行为对“轮轴—辐条”模式的效用进行了分析。他们提出，在该自由贸易协定中的美国、加拿大和墨西哥可能形成“轮轴—辐条”模式。在每一个双边自由贸易协定中，“轮轴”国和“辐条”国拥有互补性，短期

① Paul Krugman，“The Hub Effect：Or，Threeness in International Trade”，in Wilfred J. Ethier，Elhanan Helpman and James Peter Neary（eds.），Theory，Policy and Dynamics in International Trade：Essays in Honor of Ronald Jones，Cambridge：Cambridge University Press，1993，pp.29-37.

② Ronald Wonnacott，“Trade and Investment in a Hub-and-Spoke System Versus a Free Trade Area”，The World Economy，Vol.19，No.3，1996，pp.237-252.

③ 黄粤、周磊：《区域经济一体化过程中的轮轴—辐条结构研究》，《长春大学学报》，2009 年第 7 期，第 8-11 页。

内“辐条”国通过该模式获得利益的同时也会受到损失，而长远来看新的协定都会给“辐条”国带来利益。[①]墨西哥、智利和新加坡等国家因分别与全球大国和地区签署自由贸易协定而被认为是“轮轴”国（李向阳，2003），[②]这些小国从“轮轴”国地位中获得了相当的收益。由于“轮轴”国享有的特殊收益，当该国从“轮轴—辐条”模式转到多边自由贸易模式时，“轮轴”国地位就消失了，就会出现福利的下降（Deltas 等，2012）。[③]Furusawa 和 Konishi（2003）、Mukunoki 和 Tachi（2006）分别采用不同假设条件的模型，研究单个国家是否具有动机破坏原有的自由贸易协定网络，他们的研究结果表明各国都没有足够大的动机去单方面废除已经存在的双边贸易协定。当多个国家进行自由贸易谈判时，各国倾向于对各自原有的双边贸易协定采取默许的态度。[④]

由于不同国家在区域经济中扮演的角色不同，区域经济合作中的“轮轴—辐条”结构被认为会对区域贸易组织内部成员国的经济空间产生重要影响（Baldwin，2009）。[⑤]“辐条”国虽然利用与“轮轴”国的自由贸易协定获得了“轮轴”国的市场，但随着“辐条”国数量的增加，其收益不断减少。区域外的国家不断进入“轮轴—辐条”体系，使得利益日益向“轮轴”国转移，会造成世界整体福利的下降。有学者从产业区位效应角度分析了流动资本模型的“轮轴—辐条”模式。该研究认为“轮轴—辐条”型自由贸易协定具有双层区位效应，包括生产转移效应和轮轴效应。这种效应一方面使制造业从非成员国转移到成员国；另一方面使产业从“辐条”国转移到“轮轴”国。“轮轴—辐条”结构的贸易开放度和规模决定区位效应的大小。“轮轴—辐条”型自由贸易协定的区位效应可能使各国家的产业发展不均衡，加速贫富分化。[⑥]也有学者通过模型来分析“轮轴”国和

① Carsten Kowalczyk and Ronald J. Wonnacott，“Hubs and Spokes and Free Trade in the Americas”，NBER Working Paper No. 4198，1992.

② 李向阳：《新区域主义与大国战略》，《国际经济评论》，2003 年第 4 期，第 5-9 页。

③ Constantinos Deltas，Klaus Desmet and Giovanni Facchini，“Hub-and-Spoke Free Trade Areas：Theory and Evidence from Israel”，Canadian Journal of Economics，Vol.45，No.3，2012，pp.942-977.

④ 参见 Taiji Furusawa and Hideo Konishi，“A Welfare Decomposition in Quasi-Linear Economies”，Boston College Working Papers in Economics 569，2003；Hiroshi Mukunoki and Kentaro Tachi，“Multilateralism and Hub-and-Spoke Bilateralism”，Review of International Economics，Vol.14，No.4，2006，pp.658-674. 转引自邓慧慧、桑百川：《FTA 网络化发展中的“轮轴—辐条”模式：福利效应与中国的参与战略》，《财贸经济》，2012 年第 7 期，第 88-94 页。

⑤ Richard Baldwin，“The Spoke Trap：Hub and Spoke Bilateralism in East Asia”，NCCR Trade Working Paper No.2009/28，2009，pp.2-3.

⑥ 邓炜：《轮轴—辐条型自由贸易协定的产业区位效应——基于流动资本模型的分析》，《世界经济研究》，2008 年第 1 期，第 42-48 页。

“辐条”国的福利，并通过贸易侵蚀加以说明。该研究认为自由贸易协定向前发展的重要原因是“辐条”国不满足自身地位并争当“轮轴”国的结果。对新“辐条”国而言，与“轮轴”国缔结自由贸易协定时，需要分析本国与“轮轴”国的相对比较优势以及与原“辐条”国的比较优势。在满足特定要素禀赋的结构下，新“辐条”国的福利才有可能增加。[①]

由于“轮轴—辐条”模式下的利益分配存在不均衡现象，有些学者指出需要打破这种不平衡。Benedicits 等（2005）分析了欧盟东扩的影响，指出“辐条”国家间签订自由贸易协定可以打破旧有的“轮轴—辐条”模式。[②]其他研究以东亚经济一体化为例，表示东亚区域一体化中出现了“轮轴—辐条”结构，而这既加大了区域一体化的离心力，又使参加国的利益分配复杂化。该研究认为中国具有大国的优势，可以有较大的让步余地，以吸引这些国家尽快与中国建立一体化关系，进而有利于中国取得“轮轴”国的地位。同时，该研究认为充分发挥中国香港和中国澳门的作用，也是中国争取成为“轮轴”国的一条重要路径。中国香港和中国澳门可以仿照新加坡的模式，加速它们与不同国家和区域经济集团的双边自由贸易谈判，并且适时将对象扩展到原英联邦和葡萄牙语系国家，从而能够在战略上减缓中国内地目前的孤立地位。[③] 因此，对于中国而言，需要避免成为“辐条”国，并发展和巩固“轮轴”国地位。

三、围绕着区域主义的相关论争

围绕着区域主义的论争主要涉及区域主义与多边主义的关系，即所谓的区域主义是多边主义的“垫脚石”还是“绊脚石”的问题，尽管时至今日该问题仍没有确定的答案，但深入了解和分析相关的研究将有助于加强对区域经济合作的认

① 孙玉红：《比较优势与轮轴—辐条结构 FTA 成员的利益分配》，《世界经济研究》，2008 年第 7 期，第 47-53、86 页。

② 东艳：《区域经济一体化新模式——轮轴—辐条双边主义的理论与实证分析》，《财经研究》，2006 年第 9 期，第 4-18 页。

③ 殷勤、汪威毅：《东亚区域一体化的轮轴—辐条结构难题与中国的对策》，《国际贸易问题》，2006 年第 5 期，第 48-53 页。

识。特别是，TPP引发的影响不仅局限于区域层面，而且会对多边贸易体系带来深远影响，对未来国际经贸规则具有“模板”效应。从这个角度看，有必要详细了解围绕着区域主义的相关论争。

如果按照广义的定义，多边主义是指两个以上的国家进行合作，解决因国际关系中存在的无政府状态而引发的冲突。但是更多的时候，多边主义指的是全球多边主义，以关贸总协定或世界贸易组织等国际组织或机构为中心，多数国家参与并形成的国际贸易秩序。多边主义强调的是成员之间的普遍性和无差别性，因此贸易自由化、最惠国待遇、国民待遇等内容成为多边主义的重要内容。关贸总协定或世界贸易组织出现以来，各国和地区大幅降低了国际间关税壁垒并在一定程度上管控了非关税壁垒，将长期被贸易自由化排除在外的特定商品、服务、知识产权和投资等领域纳入到多边贸易规则中，并将原来依靠外交方式的争端解决机制转变为具有强约束力的法律形式的争端解决机制。但是伴随着多哈回合谈判长期停滞不前，各国纷纷转向区域主义，对外不断谈判签署自由贸易协定。长期以来，区域主义与多边主义两者之间到底存在哪些关系，是相互促进关系，还是相互制约关系，尤其是区域主义对多边主义会产生哪些影响成为学界争论的焦点。

巴格瓦蒂（1993）在其研究中指出区域主义更多地表现为多边主义的“绊脚石”,[①] 认为区域主义不利于多边贸易体系的发展，多边贸易规则必须对其进行严格的约束，两种机制并行发展将破坏贸易自由化的进程。然而以 Baldwin（1993）[②] 和 Summers（1999）[③] 为代表的学者认为区域主义和多边主义并非是此消彼长的关系，区域主义不仅不会阻碍多边贸易体系，而且会促进多边贸易谈判。

事实上，巴格瓦蒂（1993）认为区域主义对多边主义的影响是遵循动态时间路径的。根据区域主义和多边主义的不同时间路径，可能会相互影响，甚至会产生负面效应。他以墨西哥为例，认为墨西哥在加入北美自由贸易区后，提高了对

① Jagdish Bhagwati，“Regionalism and Multilateralism：An Overview”，in Jaime de Melo and Arvind Panagariya（eds.），New Dimensions in Regional Integration，Cambridge，Great Britain：Cambridge University Press，1993，pp.22–51.

② Richard Baldwin，“A Domino Theory of Regionalism”，NBER Working Paper No.4465，1993，pp.1–3.

③ Lawrence H. Summers，“Regionalism and the World Trading System”，in Jagdish Bhagwati，Pravin Krishna and Arvind Panagariya（eds.），Trading Blocs：Alternative Approaches to Analyzing Preferential Trade Agreements，Cambridge，Massachusetts：The MIT Press，1999，p.561.

非成员国的关税，这实际上阻碍了贸易自由化。因此，Bagwell 和 Staiger（1998）认为区域贸易组织对外实行高关税，将在某种程度上不利于多边贸易体系向前发展。[①] Frankel 等认为区域贸易安排可能不利于全球整体福利，因为相邻国家达成贸易自由化可能会分割世界贸易。由于区域贸易安排之间的争端长期存在，而多边贸易体系又无法及时有效地加以解决，因此区域贸易安排会对多边贸易体系的发展产生不利影响。

由于区域经济一体化有助于国内改革，减少了区域内国家之间的互不信任感，强化了地区安全（Schiff 和 Winters，1998），[②]而且多边贸易体系通常在一些敏感领域的自由化方面面临难题，因此不少国家在面对多边贸易谈判僵局时，更多地选择了区域贸易谈判。还有一些研究将区域经济一体化和多边贸易体系的政治游说及选民投票联系起来，认为区域贸易安排游说成本较低，更容易获得国内政治支持。[③] Limão（2007）认为大国之所以与小国签订优惠贸易协定，是为了获得与小国在劳工标准、人权、知识产权保护、移民控制和反恐等领域的合作。[④] Karacaovali 和 Limão 认为小国与欧盟等贸易集团或大国谈判签署优惠贸易协定时，该国可以凭借单方面支付换取关税减让的待遇并获得其他国家没有的竞争优势。但如果欧盟等贸易集团推动多边贸易自由化，该国则可能会失去因优惠贸易协定带来的优势，因此该国会对欧盟推动多边贸易自由化持反对态度，[⑤] 这在一定程度上解释了小国对区域主义更有偏好，而这一偏好是以多边主义为代价的。

Ornelas（2005）认为未加入自由贸易协定的外部国家也会成为反对多边贸易体系的因素。当自由贸易协定非成员国的关税低于成员国关税时，该非成员国可以不必降低自身关税而自由进入自由贸易协定成员国市场，不仅没有加入成本，还拥有了相对贸易优势。但多边贸易体系下却没有这种效应，每个国家都需要降

---

① Kyle Bagwell and Robert Staiger, "Will Preferential Agreements Undermine the Multilateral Trading System?", Economic Journal, Vol.108, No.449, 1998, pp.1162-1182.

② Maurice Schiff and Alan Winters, "Regional Integration as Diplomacy", World Bank Economic Review, Vol. 12, No.2, 1998, pp.271-295.

③ Jeffrey Frankel, Ernesto Stein and Wei Shang-jin, "Trading Blocs and the Americas: The Natural, the Unnatural, and the Super-Natural", Journal of Development Economics, 1995, Vol. 47, No.1, pp.61-95.

④ Nuno Limão, "Are Preferential Trade Agreements with Non-Trade Objectives a Stumbling Block for Multilateral Liberalization?", The Review of Economic Studies, Vol.74, No.3, 2007, pp.821-855.

⑤ Baybars Karacaovalia and Nuno Limão, "The Clash of Liberalizations: Preferential vs. Multilateral Trade Liberalization in the European Union", Journal of International Economics, Vol.74, No.2, 2008, pp.299-327.

低关税。当自由贸易协定成员国和非成员国都认识到这一点时，就会出现战略性博弈，这些国家可能通过延迟贸易自由化来更多地为本国争取利益，因此对多边贸易谈判进程产生了阻碍作用。[①] Stoyanov（2009）认为外国利益集团的游说也会对一国自由贸易政策产生影响，该研究认为外国利益集团会如同国内贸易保护势力一样对政府进行游说，由于不少国家都是区域贸易组织成员国，来自外国利益集团的游说活动会迫使成员国政府采用反倾销等手段，并强化区域贸易组织的贸易保护主义政策，这将阻碍多边贸易体系的发展。[②]

但也有不少学者持相反观点，他们认为区域经济一体化不仅不会阻碍多边贸易体系，反而会促进多边贸易谈判进程。20 世纪 90 年代以来，自由贸易协定获得了举世瞩目的发展，但是需要注意的是，自由贸易协定的盛行与多边主义的衰落并非同步进行，而是独立地发展起来的。因为无论是在世界贸易组织成立之初，还是在多哈回合谈判遇到困境之时，全球范围内的自由贸易协定一直都在快速增加。从这个意义上来看，简单地将区域主义的发展归因为多边主义发展受阻显然不妥。

部分学者认为国际贸易本来不可避免地需要首先考虑运输成本问题，与周边国家进行贸易并通过优惠贸易协定促进经济往来无可厚非。在世界贸易组织等多边机制不能有效降低各国关税的现实情况下，自由贸易协定等区域经济一体化机制恰好弥补了这一漏洞，它是多边贸易体系形成的必然过程。区域主义就像“多米诺骨牌”一样向全球各地区传播贸易自由化的风潮，实际上为多边贸易体系的发展奠定了坚实基础。[③] Baldwin（1995）以欧洲作为例子，认为除非有足够大的其他原因，否则大多数国家最终都有动力签署各种优惠贸易协定。但是他的分析也存在两个局限：首先，其研究使用传统的经济地理模型，将运输成本当作贸易壁垒来处理，因此签署优惠贸易协定就相当于降低运输成本，这意味着该研究无法分析贸易壁垒的关税收入，当运输成本被关税所取代，并且关税存在收入效应时，我们无法判断他的结论是否仍然有效。其次，该研究认为成员国没有理由阻

① Emanuel Ornelas，“Trade Creating Free Trade Areas and the Undermining of Multilateralism”，European Economic Review，Vol.49，No.7，2005，pp.1717–1735.

② Andrey Stoyanov，“Trade Policy of a Free Trade Agreement in the Presence of Foreign Lobbying”，Journal of International Economics，Vol.77，2009，pp.37–49.

③ Richard Baldwin，“What Caused the Resurgence of Regionalism?”，Swiss Journal of Economics and Statistics，Vol. 131（Ⅲ），1995，pp.453–463.

止其他国家签署优惠贸易协定。然而，当优惠贸易协定扩大到一定程度后，成员国为了维护自身的利益，有可能会产生阻止其他国家加入的动机。Egger 和 Larch（2008）利用面板数据检验了“多米诺骨牌”效应，结果发现特惠贸易协议具有一定的传播效应，只是有时该效应并不十分显著。[①] Bergsten（2001）和 Lamy（2002）则认为一国签署区域贸易协定会为该国未来参与多边贸易谈判提供宝贵经验，因此认为区域主义有助于推动多边主义的发展。[②③]

有研究宣称开放的区域主义是解决多边主义发展困境的重要路径（Bergsten，1997）。[④] 按照 Bergsten 的定义，开放的区域主义包括开放的会员资格、无条件和有条件的最惠国待遇、全球自由化和贸易便利化等内容。正如 Hanson 指出的那样，欧洲经济一体化并没有形成“欧洲堡垒”。随着内部一体化的发展，欧洲的对外政策也在出现明显的自由化现象。该研究认为，这种自由化趋势并非苛求的结果，而是区域经济一体化发展的必然趋势。[⑤] 另外，Campa 和 Sorenson 通过由一个大国和多个小国组成的模型，在允许无穷反复博弈的前提下，论证了区域贸易组织能够有效惩罚大国违背贸易机制的行为，保证了各国遵守规则，从而推动全球贸易自由化。[⑥]

事实上，区域主义的研究正在从区域之间的战略性相互博弈以及区域主义与多边主义的互动等领域向多边主义对区域主义的影响研究等方向拓展。Mansfield 和 Reinhardt（2003）认为各国虽然已经加入较为成熟的多边贸易体系，但仍然推动区域贸易协定的重要原因在于，签署区域贸易协定有助于在多边贸易谈判中提高自身的协商能力。政府可以通过谈判和缔结自由贸易协定，加强在多边贸易谈判中的发言权，研究谋求本国经济利益的方法，在多边贸易谈判中占据有利地

---

① Peter Egger and Mario Larch，“Interdependent Preferential Trade Agreement Memberships：An Empirical Analysis”，Journal of International Economics，Vol.76，No.2，2008，pp.384-399.

② C. Fred Bergsten，“Fifty Years of Trade Policy：The Policy Lessons，” The World Economy，Vol.24，No.1，2001，pp.1-13.

③ Pascal Lamy，“Stepping Stones or Stumbling Blocks? The EU's Approach Towards the Problem of Multilateralism vs. Regionalism in Trade Policy”，The World Economy，Vol.25，No.10，2002，pp.1399-1413.

④ C. Fred Bergsten，“Open Regionalism”，Peterson Institute for International Economics Working Paper 97-3，1997，http://www.iie.com/publications/wp/wp.cfm? ResearchID=152.

⑤ Eggerand Larch，“Interdependent Preferential Trade Agreement Memberships：An Empirical Analysis”，Journal of International Economics，Vol.76，No.2，2008，pp.384-399.

⑥ Jose Campa and Timothy L. Sorenson，“Are Trade Blocs Conducive to Free Trade?”，Scandinavian Journal of Economics，Vol.98，No.2，1996，pp.263-273.

位。实证研究结果表明，当多边主义包含的成员越多、多边贸易谈判回合越长，则贸易纠纷发生时国家签署区域贸易协定的可能性更高。[①]

另外，国际规则可以提供国家偏好和行为方面的信息，有助于促进国际合作。通过多边贸易体系的良好运转，参与国可以获取各国的偏好和核心利益、国内允许的贸易自由化程度、需要回避的敏感领域和产品等相关信息，并且将这些信息用作双边或区域贸易谈判时的依据。通过参与多边贸易体系，参与国可以获得国家之间相互利益的共享程度、对方国家贸易自由化的意愿和双边或区域贸易协定带来的各国损益等重要信息。不仅如此，多边贸易体系中达成的反倾销、争端解决机制等内容和规则也可以直接用于区域自由贸易协定。当国际合作中存在多种均衡解时，国际机制可以帮助提供找寻解决方案的步骤和方式，主导协商日程的设定，减少协商成本，促进国家间的合作，从这个意义上讲，多边主义为各国有效进行区域合作谈判提供了重要线索。

区域主义是否真正推动了多边贸易自由化的发展是区域主义与多边主义关系的一个衍生话题。Krugman 以一个新的研究范式分析了区域主义对贸易自由化的作用，该研究认为当世界只存在几个规模相当的大型区域贸易组织时，区域贸易组织都会试图提高对外关税来获得更有力的贸易地位。此时，这些区域贸易组织的行为会降低全球的整体福利，使得区域经济合作对多边贸易自由化带来负面影响。也有研究认为，上述研究关于不同区域贸易组织从不合作的假设是不现实的，不同区域贸易组织之间会涉及大量的商品贸易，因此彼此之间会存在合作和协调的动因。如果这些区域贸易组织之间总是坚持不合作状态，会提高发生贸易战的可能性，并导致交易成本上升（Bond 等，1996）。[②]根据 Forouitan（1998）的研究，与其他发展中国家相比，拉美地区区域贸易组织成员的关税最低，非关税壁垒涵盖范围最小，拉美地区的区域贸易组织在乌拉圭回合谈判中削减约束关税的幅度更大。也就是说，区域主义没有引发贸易保护主义，但也无法断定区域主义对多边贸易自由化产生积极影响。[③] 因此，区域主义究竟与自由贸易之间存在怎样的关系尚无定论。

---

① Edward D. Mansfield and Eric Reinhardt, "Multilateral Determinants of Regionalism: The Effects of GATT/WTO on the Formation of Preferential Trading Arrangements", International Organization, Vol.57, No. 4, 2003, pp.829-862.

② Eric W. Bond and Constantinos Syropoulos, "The Size of Trading Blocs Market Power and World Welfare Effects", Journal of International Economics, Vol.40, No.3 4, 1996, pp.411-437.

③ Faezel Forouitan, "Does Membership in a Regional Preferential Trade Arrangement Make a Country More or Less Protectionist?", The World Bank Policy Research Working Paper 1998, 1998, pp.1-20.

四、新区域主义视角下的亚太区域合作双架构

东亚合作为人们所熟知是1997年亚洲金融危机爆发之后，区域内的经济体认识到区域经济合作对经济增长至关重要，由此各经济体开始主动参与和推动一系列区域经济合作活动。考察东亚合作，从时间、模式和行为主体上采用新区域主义理论更为合适，但传统区域主义理论也不可偏废。与此同时，TPP并非凭空出现，它是美国对东亚一贯的地缘政治经济战略、东亚地区各经济体政治力量博弈和经济力量结构基础性变化合力的结果。因此，以新区域主义视角为主总结现有东亚合作研究成果对深刻理解和研究TPP具有重要意义。

关于东亚合作的很多研究是从不同学科领域角度进行论述的。在经济学领域，不少研究主要着眼于区域主义对贸易模式的影响和影响东亚合作的决定因素等问题。一般认为，如下因素推动了东亚合作进程的发展：首先，亚洲金融危机的发生是推动东亚合作的最直接原因。其次，东亚合作是亚洲地区应对来自欧盟和北美地区区域主义浪潮的防御性战略。最后，世界贸易组织多哈回合谈判停滞不前，亚太经合组织（APEC）"茂物目标"未能按时实现以及相较于全球范围，亚洲地区较小范围的谈判更容易取得成功是促成亚洲经济体纷纷加强区域经济合作的动力之一。

不少关于东亚合作的实证研究讨论区域贸易协定对东亚各国经济产生的影响（Edmonds和Verbiest，2002；Lloyd，2002；Barrell和Choy，2003）。Lee和Shin（2006）认为，如果不考虑东亚成员国的特点，缔结自由贸易协定后，成员国之间的贸易会大幅增加，成员国和非成员国之间的贸易也会因贸易自由化而有所增长。该研究认为，东亚各国无论采用何种贸易协定，都会产生帕累托改进效应。与中、日、韩三国各自与东盟签订自由贸易协定相比，中国、日本、韩国、东盟等国家和地区先与各自邻近国家签订自由贸易协定后，再逐渐吸收地理上更远的国家则更为有利。[①] Choi等（2013）分析了东亚区域内自由贸易协定的预期效果。

① Jong-Wha Lee and Kwanho Shin, "Does Regionalism Lead to More Global Trade Integration in East Asia?", MPRA Paper No.706, November 2006, pp.25-26.

分析结果表明，东亚合作中，宏观经济效应由大到小排列时，分别是中国—韩国FTA、中日韩FTA、区域全面经济伙伴关系协定（RCEP）、韩国—日本FTA的顺序。其中，中国—韩国FTA带来的经济效应最大，原因是自由贸易协定带来中长期市场的扩大。而中日韩FTA和RCEP的经济效应并没有中国—韩国FTA那么大，主要原因在于中国市场可能会被分割，而且已经存在多个“东盟+1”FTA，导致追加的经济效应有限。因此为了更加有效地运用全球价值链，需要不断推动东亚区域内的经济整合。①

一些研究（Calder和Ye，2004；Baldwin，2006）认为东亚区域主义与其他地区的区域主义具有明显不同的特点。在东亚地区，首先开始形成的区域经济组织是东盟，在中国和日本等国由于各种原因无法推动贸易自由化的时候，东南亚国家率先组建区域经济一体化组织，为东亚合作的发展起到重要的基础性作用。而且东盟不同于其他大国和小国共同组建的区域经济组织，所有东盟成员不论经济实力和规模都拥有同等的权利。但是由于东亚各经济体经济文化的差异，导致各经济体相当长时期内在区域主义认识上未能达成共识，导致东亚区域主义的区域范围总是在重复扩大或缩小，没有发展成区域经济一体化更高层次的形态。东亚的自由贸易协定与欧盟或其他区域的贸易协定相比仍然比较松散，东亚合作的制度化建设仍然比欧盟或北美等地区的区域经济一体化落后。

事实上，相关的经验研究表明，东亚合作长期以来进展缓慢的根源在于区域生产网络早已从东亚延伸至亚太地区。Haddad（2007）认为，近年来东亚生产网络主要依靠最终产品区域外贸易，并分析了东亚区域内贸易和中国对东亚贸易和投资产生的影响，说明了分割东亚区域生产的因素。② Chung等（2013）分析了亚太地区生产网络和区域经济一体化之间的相互联系，并验证了1998~2010年全球生产网络是推动区域贸易协定的重要决定因素的假说。研究结果表明，国家之间生产网络越强，相关国家签署区域贸易协定的可能性越高。在亚太地区，生产网络对区域经济一体化的促进作用比全球其他任何地区都要大。这表明在亚太地区已经形成由市场主导的区域经济一体化环境，并可以适时通过制度一体化来进一

① Nakgyoon Choi and Young Gui Kim, “East Asian Value Chains and Economic Effects of Free Trade Agreements”, KIEP Policy Analysis 13-01, 2013.

② Mona Haddad, “Trade Integration in East Asia: The Role of China and Production Networks”, World Bank Policy Research Working Paper 4160, March 2007.

步推动区域经济一体化。[①] Baldwin 和 Kawai（2013）认为，在推动亚洲区域经济一体化过程中，应该重点考虑亚洲供应链的开发和完善，并通过 RCEP、TPP 等自由贸易协定来加强区域外生产联系，[②] 以便更好地推动经济发展。

从国际政治学角度来看，主张美国需要积极插手东亚事务的建议并不少见，这些研究认为东亚区域合作机制不仅会给多边贸易体系带来负面影响，而且更重要的是影响到美国的经济利益，而且东亚区域合作机制会对亚太区域经济合作进程产生阻碍作用，造成美国和亚洲国家的利益冲突。[③] 面对中国的崛起，美国需要制定适应新环境和新格局的战略，甚至需要改革国际货币基金组织以及 APEC 等全球或区域治理体系。[④] 一些研究甚至把东亚合作视为围绕区域权力的国际间合作问题，尤其是从现实主义角度来看，分析东亚区域主义的研究把“美国霸权”和“中国崛起”作为核心议题来讨论。[⑤] 这些研究把美国、日本以及中国实力的较量与区域主义联系起来。另外一些研究重点围绕东亚合作制度化议题，认为东亚经济体之间相对实力差异、美国的牵制等因素，导致东亚区域经济合作无法向高水平发展。[⑥] 但是无论从经济学角度还是从政治学角度来看，以东亚合作为代表的亚洲区域经济合作进程从其诞生的第一天起，就与美国存在着不可分割的紧密联系，与此同时美国也一直试图利用亚太区域经济合作加以“对冲”。正如 Hemmer 和 Katzenstein（2002）的研究，美国从一开始就不平等地对待亚洲和欧洲，导致亚洲区域经济合作机制有着不平衡的特点，美国不可能在亚洲地区与他国均衡地分享利益，而是推行由美国主导的合作进程。[⑦]

尽管 Curtis（2004）在分析了亚洲政治合作环境的基础上，认为美国需要坚

---

① Chul Chung et al.，“Production Networks and Economic Cooperation in the Asia Pacific Region”，KIEP Policy Analysis 13-12，2013.

② Richard Baldwin and Masahiro Kawai，“Multilateralizing Asian Regionalism”，ADBI Working Paper No. 431，2013.

③ C. Fred Bergsten，“Embedding Pacific Asia in the Asia Pacific：The Global Impact of an East Asian Community”，Speech at the Japan National Press Club，Tokyo，September 2，2005.

④ Edward Gresser，“The Emerging Asian Union? China Trade，Asian Investment，and A New Competitive Challenge”，Progressive Policy Institute Policy Report，May 13，2004.

⑤ Joseph Grieco，“Systemic Sources of Variation in Regional Institutionalization in Western Europe，East Asia，and the Americas”，in Edward D. Mansfield and Helen V. Miner（eds.），The Political Economy of Regionalism，New York：Columbia University Press，1997.

⑥ Gerald Segal，“How Insecure is Pacific Asia?”，International Affairs，Vol.72，No.2，1997.

⑦ Christopher Hemmer and Peter J. Katzenstein，“Why is There No NATO in Asia? Collective Identity，Regionalism，and the Origin of Multilateralism”，International Organization，Vol.56，No.3，2002，pp.583-596.

持与韩国和日本的同盟身份，确保地区权力的平衡，并且不应对东亚地区合作机制的建立过度反应。美国需要做到不去过多干涉东亚合作机制，但要让东亚安全领域合作符合美国的利益。① 但是面对经济上越来越重要的亚洲，美国不得不格外关注。正如美国对外关系委员会的研究报告所说，如果美国不采取积极行动，其在亚洲的影响力将面临被边缘化的风险。该报告建议，美国必须在改变亚洲多边机构方面发挥更强的战略性作用，美国应该把包含美国的 APEC 和不包括美国的东亚峰会合并。② 1996 年美国国家利益委员会发表的《美国国家利益》报告强调，美国必须确保在亚洲不会出现一个敌对的超级大国对美国的领导地位构成挑战，这是美国亚太安全战略的首要任务。③ 1995 年美国国防部的《东亚及太平洋地区安全战略》报告也指出，"防止竞争性、敌对性的大国或者国家联盟在政治上和经济上控制亚太地区"是美国的核心利益。④ 因此，美国最终以 TPP 为载体重返亚洲，TPP 不仅有助于美国扩大亚太地区的贸易，推动国内经济增长，而更重要的是有助于维持美国在东亚地区的经济主导权。美国希望以自身的标准和价值体系来主导 TPP 的进程；在 TPP 条款中，知识产权、国有企业、劳工标准等都是美国所推崇的标准和价值取向。甚至有研究认为，理想的亚洲地区治理结构是以日本、印度、澳大利亚、新加坡等国家为主导，以美国的协助和共享的民主价值为基础的模式，认为这是可以实现法制、民主、自由市场和持续繁荣亚洲的最有效的方式。⑤

有研究认为，东亚区域合作无法取得较大进展的因素除了东亚各经济体自身经济发展程度、经济体制、历史遗留问题、中日两强、东盟权力结构的竞争和博弈关系等以外，美国因素是一个关键因素。该研究认为，东亚对美国出口和美元体制等方面非对称依赖性很强，从而不利于东亚经济一体化建设。而且美国又积

---

① Gerald L. Curtis, "East Asia, Regionalism, and U.S. National Interests: How Much Change?", American Foreign Policy Interests, Vol.26, No.3, 2004.

② 于旭明：《美智库警告美国在亚洲被边缘化，建议合并 APEC 与东亚峰会》，《东方早报》，2009 年 11 月 6 日。

③ Graham T. Allison, Dimitri K. Simes and James Thomson, "America's National Interests: A Report from The Commission on America's National Interests", 2000, http://belfercenter.ksg.harvard.edu/files/amernat-inter.pdf.

④ U.S. Department of Defense, "United States Security Strategy for the East Asia-Pacific Region", Feb 27, 1995.

⑤ Richard L. Armitage and Joseph S. Nye Jr., "The U.S.-Japan Alliance: Getting Asia Right through 2020", CSIS Report, Washington DC: Center for Strategic and International Studies, 2007, p.14.

极谋求如亚太自贸区（FTAAP）和 TPP 等跨太平洋的合作关系，降低了东亚区域合作的吸引力。[①] 美国不希望在东亚出现类似欧盟的强大区域集团与其抗衡，反对任何将其排斥在外的东亚区域组织。[②] 有研究更直白地指出，在亚太地区出现的 RCEP 与 TPP 并行存在的新型双框架模式的背后，逐渐形成着隐性的双中心，即中国与美国的力量对抗。[③]

事实上，自从美国通过 TPP 重返亚洲以来，亚洲区域经济合作进程已经在相当程度上受到了 TPP 的影响，可以认为 TPP 改变了亚洲区域经济合作进程的路径。尽管 TPP 的战略重点指向东北亚地区，但是中日韩 FTA 受到 TPP 的影响有限。中日韩 FTA 并不是一个心血来潮的事物，历经超过 10 年的可行性研究，各方对于中日韩 FTA 所能带来的经济收益是有共识的。例如，韩国方面测算，中日韩 FTA 最保守估计会拉动中国 GDP 0.89%，日本 1.05%，韩国 3.27%。[④] 而 Petri 等（2011）严格约束了初始条件后，仍发现中日韩 FTA 可以分别推动中国、日本、韩国经济增长 0.2%、0.4%和 1%。[⑤] 因此，尽管美国为了在东亚安全秩序和地区主导权上获得实质性掌控，强化美日同盟，触碰了中日和韩日之间的历史问题，使东北亚局势陷入紧张，[⑥] 但不少学者仍然乐观地认为中日韩 FTA 在可见的将来能够缔结成功。[⑦] 虽然目前日本国内的经济改革构成了阻碍中日韩 FTA 的短期障碍，[⑧] 但是日本在 TPP 与中日韩 FTA 之间两面下注，取得了有力的谈判地

① 全毅、方颖：《美国与东亚经济失衡及东亚区域合作构想》，《和平与发展》，2011 年第 4 期，第 48-54 页。

② 马荣升：《美国在东亚一体化中的角色——以区域主义为视角》，《国际论坛》，2007 年第 5 期，第 20-25 页。

③ 王玉主：《显性的双框架与隐性的双中心——冷和平时期的亚太区域合作》，《世界经济与政治》，2014 年第 10 期，第 36 页。

④ Lee Chang Jae，ed.，Rationale for Korea-China-Japan FTA and Its Effects on Korean Economy，Seoul：KIEP，2005.

⑤ Peter A. Petri，Michael G. Plummer and Fan Zhai，“The Trans-Pacific Partnership and Asia-Pacific Integration：A Quantitative Assessment”，East-West Center Working Papers，Economics Series，No. 119，October 24，2011，p.39.

⑥ 谭红梅、李军：《美国东亚政策评估与展望——亚太在平衡战略与东亚秩序的重构》，《辽东学院学报》，2014 年第 4 期。

⑦ Amy King，“Japan and China：Warm Trade Ties Temper Political Tensions”，East Asia Forum，October 22，2012. http：//www.eastasiaforum.org/2012/10/22/japan-and-china-warm-trade-ties-temper-political-tensions/.

⑧ Claude Barfield，“CJK Economic Trilateralism：The Prospects and Perils of a New FTA：The U.S. Perspective”，in Gilbert Rozman（ed.），Asia's Uncertain Future：Korea，China's Aggressiveness，and New Leadership，Joint US-Korea Academic Studies，Vol.24，2013，p.192.

位，一旦 TPP 谈判得以突破，日本有可能大幅度进行国内经济改革，这样反而能够推动中日韩 FTA 的谈判。[①]

另外，东南亚地区的区域经济合作受到 TPP 较大的冲击，短期内“东盟+X”合作机制可能会陷入停滞。对于东盟而言，维护其自身利益的最佳策略是构建“东盟+1”FTA，因此东盟对于深化东亚合作（更大范围的地区一体化）的积极性并不大，这也是相当长一段时间内东亚合作进展缓慢的原因之一。在东盟整体性受到 TPP 冲击后，东盟不再作为一个整体参与区域经济合作进程，东盟的“中心地位”受到了严重的挑战，而且 TPP 客观上也使得东盟内部政治经济利益协调难度加大，[②] 这只会让原本就进展有限的以“东盟+X”为特征的东亚合作机制雪上加霜。目前，东盟主导的“轮轴—辐条”式的对话伙伴机制与美国主导的联盟体系形成博弈态势，尽管这些机制起到防范中国主导东亚合作的作用，但是也限制了美国在区域经济合作的主导地位。[③] 相应地，RCEP 正是在 TPP 出现后亚太地区合作格局变动的背景下，东盟为维护自身的“中心地位”而构造的合作框架。[④] 但是也正因为部分 RCEP 成员同时参加了 TPP 谈判，导致在 RCEP 谈判中，可能会出现部分国家要求提高经济开放水平的“要价”与地区内经济发展水平多样性发生冲突的困境，进而导致 RCEP 进展可能会慢于预期。[⑤] 事实上，尽管 RCEP 面临着诸多挑战，但是 RCEP 的前景未必渺茫，这是因为：一方面，东亚地区各国普遍能够从 RCEP 中获得显著的经济收益，因此东亚各国没有理由不推动 RCEP 谈判；另一方面，研究表明，目前包括投资条款在内的不少 RCEP 谈判障碍基本都集中于中国方面，可以说 RCEP 谈判进程很大程度上取决于中国的决心。[⑥] 因此，如果在 TPP 的压力下，中国加大对 RCEP 谈判的投入，那么 RCEP 将会成为

① 李向阳：《跨太平洋伙伴关系协定：中国崛起过程中的重大挑战》，《国际经济评论》，2012 年第 2 期，第 26-27 页。

② 李文韬：《东盟参与“TPP 轨道”合作面临的机遇、挑战及战略选择》，《亚太经济》，2012 年第 4 期，第 30-31 页。

③ 刘学成：《东亚共同体构想与美国的东亚战略》，《亚非纵横》，2009 年第 6 期，第 7-11、23 页。

④ 王玉主：《RCEP 倡议与东盟“中心地位”》，《国际问题研究》，2013 年第 5 期。

⑤ Claude Barfield, “CJK Economic Trilateralism: The Prospects and Perils of a New FTA: The U.S. Perspective”, in Gilbert Rozman (ed.), Asia's Uncertain Future: Korea, China's aggressiveness, and New Leadership, Joint US-Korea Academic Studies, Vol.24, 2013, p.193.

⑥ 沈铭辉：《构造区域全面经济伙伴关系协定——走向统一的地区架构》，《东北亚论坛》，2013 年第 4 期。

亚洲区域经济合作的重要支柱。

可见，在传统收益和非传统收益等多重因素影响下，亚太区域经济合作越来越呈现出双框架模式，而东亚合作与跨太平洋经济合作的博弈互动，可能将长期存在下去。

第二章　亚洲区域经济合作的新动向

从第二次世界大战后直至冷战结束，全球范围内的区域经济合作（或自由贸易协定）发展进程一直比较缓慢，直到1990年全球仅有约70个自由贸易协定处于实施阶段。但是从1991年以来，全球范围内自由贸易协定数量增长明显，截至2014年6月，在全部通知WTO的585个自由贸易协定中，有379个协定已经处于实施阶段。[①]目前，除蒙古国以外，全部WTO成员至少参加了一个或一个以上的自由贸易协定。从影响范围上来看，区域经济合作越来越有可能成为与WTO并驾齐驱的国际贸易机制。

一、亚洲区域经济合作现状

尽管亚洲地区各经济体启动FTA的进程较晚，但自20世纪90年代末以来，本地区经济体已经纷纷参与到区域经济合作进程中，目前亚洲经济体累计参与的FTA高达278个。截至2014年，全部亚洲国家和地区已实施119个FTA，已签署待实施25个，有69个已签署框架协议或正在进行谈判，还有65个正在进行可行性研究。相比2000年全部仅55个FTA（签署并实施了30个），亚洲地区的FTA正在以年均约15个的速度增长，可见该地区的区域经济合作进程发展迅速（见表2-1）。

① http://www.wto.org/english/tratop_e/region_e/region_e.htm.

表 2-1 亚洲区域 FTA 发展情况（累积）

年份	研究中	谈判中		签署尚未实施	已实施	合计
		已签署框架协议	启动谈判			
1975	0	0	0	1	0	1
1976	0	0	0	0	1	1
1980	0	0	0	1	1	2
1981	0	0	0	0	2	2
1982	0	0	0	1	2	3
1983	0	0	0	1	3	4
1989	1	0	0	1	3	5
1991	1	0	0	2	5	8
1992	1	0	0	6	5	12
1993	1	0	0	2	14	17
1994	1	0	0	5	16	22
1995	1	0	0	12	19	32
1996	1	0	0	15	24	40
1997	2	0	0	17	25	44
1998	2	0	0	16	28	46
1999	4	0	1	16	29	50
2000	3	0	6	16	30	55
2001	2	0	8	15	33	58
2002	8	2	8	16	36	70
2003	17	4	9	22	41	93
2004	29	14	15	24	48	130
2005	41	18	28	24	56	167
2006	46	18	37	20	69	190
2007	44	18	42	23	75	202
2008	45	16	42	22	85	210
2009	51	16	45	22	91	225
2010	55	17	47	23	97	239
2011	59	17	47	23	104	250
2012	50	15	58	21	110	254
2013	53	14	60	21	116	264
2014	65	13	56	25	119	278

资料来源：根据亚洲开发银行数据整理。

目前，亚洲经济合作进程出现了以双边 FTA 为主，而诸边 FTA 大幅落后的局面。以 2001 年亚洲区域经济合作开始加速发展为例，当年全部 58 个 FTA 中，双边 FTA 51 个，诸边 FTA 只有 7 个；而 2014 年，全部 278 个 FTA 中，双边

FTA 203 个，诸边 FTA 仅 75 个，以双边 FTA 为主的亚洲区域经济合作格局并未发生任何改变（见图 2-1）。

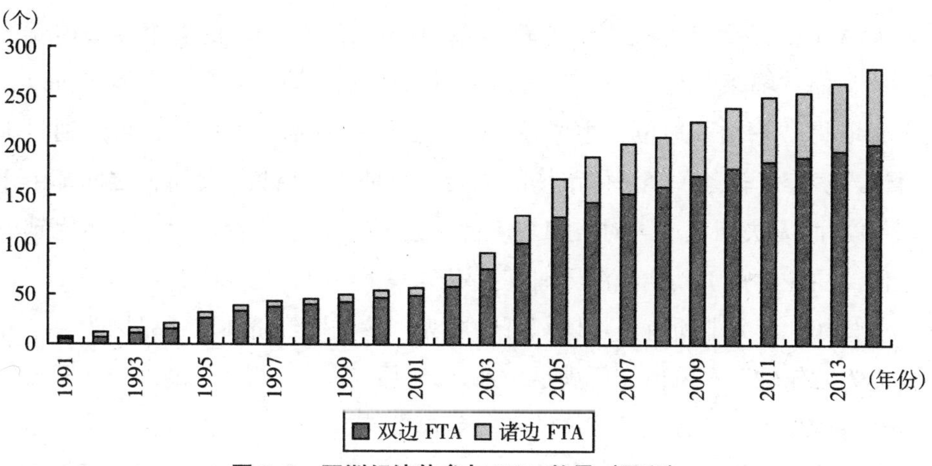

图 2-1 亚洲经济体参与 FTA 数量（累积）

注：数据截至 2014 年 7 月。
资料来源：根据亚洲开发银行数据整理。

亚洲地区双边 FTA 盛行，与 WTO 多哈回合停滞不前，APEC“茂物目标”未能按时实现以及相较于全球范围，亚洲地区较小范围的谈判更容易取得成功等原因有关。由于 WTO 多哈发展议程（DDA）谈判停滞不前，导致 WTO 各成员开始寻求其他方式推动国际贸易以及经济发展，而 FTA 方式也可以视为对多边贸易体系的一种替代和新的探索方式。在亚太地区内，由于 APEC 预期不能实现其“茂物目标”，其成员纷纷开始寻求缔结 FTA 以保持经济增长。除此之外，由于各经济体利益分歧，小范围的谈判更容易获得成功，[①] 从这种意义上说，区域经济合作是多边贸易体系的实验场，许多贸易自由化措施都是首先在区域合作内部实施的。[②] 另外，诸如服务贸易、投资以及其他“边界内”条款，可以根据需要灵活地出现于自由贸易协定中。[③] 这也成为推动亚洲经济体加强 FTA 的原因之一。

① Zhang Yunling, Designing East Asian FTA: Rationale and Feasibility, Beijing: Social Sciences Academic Press, 2006, pp.1-2.

② 李向阳：《全球化时代的区域经济合作》，《世界经济》，2002 年第 5 期，第 4 页。

③ Tubagus Feridhanusetyawan, “Preferential Trade Agreements in the Asia-Pacific Region”, IMF Working Paper 05149, 2005, p.14.

但不可否认的是，亚洲地区双边 FTA 盛行的现象，与区域内经济体希望通过谈判签署双边 FTA 来构建“轮轴”地位的 FTA 战略之间存在着相当程度上的因果关系。所谓“轮轴—辐条”理论是指，当一个经济体与多个经济体分别谈判签署 FTA 时，该经济体就类似“轮轴”，而与其签署 FTA 的多个经济体就成为“辐条”，而“辐条”与“辐条”之间是不存在 FTA 的。一个经济体之所以如此热衷于取得“轮轴”地位，主要在于一旦获得“轮轴”地位后，可以通过 FTA 获得进入多个“辐条”经济体市场的机会，但是各“辐条”经济体之间却由于未签署 FTA 而无法相互进入对方市场。除此之外，由于“轮轴”经济体优越的贸易地位，往往会吸引其他经济体向其投资。

尽管如此，并非所有经济体都可以成为“轮轴”经济体，这是因为一个经济体要成为“轮轴”经济体需要满足一系列条件：第一，相对较高的经济开放度是一个经济体成为“轮轴”经济体的重要前提条件。只有一个经济体经济自由化意愿较强，才有可能与其他经济体达成一系列的 FTA，同时该经济体才可能成为其他大型经济体或者贸易集团争夺的对象。第二，大型经济体或者贸易集团的竞争是“轮轴—辐条”结构形成的重要外部条件。如果没有大型经济体或贸易集团之间的竞争，那么开放经济体既缺少了对外签署 FTA 的市场动力，又丧失了得天独厚的“被争夺”的优势地位，这种环境下即使该经济体愿意开放，也难以迅速发展成为“轮轴”经济体。

表 2-2　亚太各经济体参与 FTA 进程（累积）

经济体	研究中	谈判中		签署尚未实施	已实施	合计
		已签署框架协议	启动谈判			
阿富汗	1	1	0	1	2	5
亚美尼亚	0	0	0	1	8	9
澳大利亚	4	1	7	2	9	23
阿塞拜疆	0	1	0	4	5	10
孟加拉国	0	2	1	1	2	6
不丹	0	1	0	0	2	3
文莱	6	2	2	0	8	18
柬埔寨	4	0	2	0	6	12
中国	8	0	7	0	14	29
库克群岛	0	0	2	0	2	4
斐济	0	0	2	0	3	5

续表

经济体	研究中	谈判中		签署尚未实施	已实施	合计
		已签署框架协议	启动谈判			
格鲁吉亚	0	0	0	2	9	11
中国香港	1	0	0	1	3	5
印度	9	4	11	0	13	37
印度尼西亚	9	1	6	1	8	25
日本	5	1	7	1	13	27
哈萨克斯坦	2	2	4	3	7	18
基里巴斯	0	0	2	0	2	4
韩国	12	0	8	3	10	33
吉尔吉斯共和国	1	1	0	1	8	11
老挝	4	0	2	0	8	14
马来西亚	7	1	5	2	12	27
马尔代夫	0	1	1	0	1	3
马绍尔群岛	0	0	2	0	2	4
密克罗尼西亚联邦	0	0	2	0	2	4
蒙古	2	0	1	0	0	3
缅甸	4	2	2	0	6	14
瑙鲁	0	0	2	0	2	4
尼泊尔	1	1	0	0	2	4
新西兰	4	1	6	0	10	21
巴基斯坦	12	4	3	2	7	28
帕劳	0	0	2	0	2	4
巴布亚新几内亚	0	0	2	0	4	6
菲律宾	10	0	2	0	7	19
萨摩亚	0	0	2	0	2	4
新加坡	7	1	9	2	21	40
所罗门群岛	0	0	2	0	3	5
斯里兰卡	3	1	0	1	4	9
中国台北	4	1	1	0	7	13
塔吉克斯坦	2	1	0	5	4	12
泰国	9	3	5	1	12	30
汤加	0	0	2	0	2	4
土库曼斯坦	0	1	0	1	3	5
图瓦卢	0	0	2	0	2	4
乌兹别克斯坦	1	1	0	5	5	12
瓦努阿图	0	0	2	0	3	5
越南	5	1	6	0	8	20

资料来源：根据亚洲开发银行数据整理。

如表 2-2 所示，在亚洲地区，新加坡已经成为毫无争议的“轮轴”经济体。截至 2014 年，该国签署并实施了 21 个 FTA，已签署 2 个 FTA 但是尚未实施，10 个 FTA 处于谈判阶段，另有 7 个 FTA 处于研究阶段，共计 40 个 FTA。在亚洲地区，新加坡是一个高度开放的经济体，自 20 世纪 90 年代以来，主要经济体如美国和欧盟的贸易战略开始转向，从多边贸易体系转向区域经济一体化，导致美国和欧盟甚至当时的经济强国日本在包括关贸总协定在内的多个平台上竞争激烈。在亚洲地区，新加坡就受益于这种竞争，不断对外谈判并签署了多个 FTA。进入 21 世纪，中国经济实力不断增强，美国和中国在亚洲地区的经济竞争也变得明显起来，在此背景下，韩国改变了对待区域经济合作的态度，开始积极对外谈判签署 FTA，继而成为本地区内又一个“轮轴”经济体。具体而言，截至 2014 年，韩国签署实施了 10 个 FTA，已签署 3 个 FTA 但是尚未实施，8 个 FTA 处于谈判阶段，另有 12 个 FTA 处于研究阶段。在新加坡和韩国的带动下，本地区不少经济体都在努力成为“轮轴”经济体，如澳大利亚（23）、新西兰（21）、马来西亚（27）、泰国（30）等。

不可忽视的是，区域内 FTA 具有“多米诺骨牌”效应，会对未参与区域经济合作的经济体造成“排挤作用”，[①] 即无论何种形式的区域贸易安排都会对非成员经济体构成一定程度的歧视。对非成员经济体而言，为克服这种负面影响有三种选择：一是加强多边贸易谈判；二是组建新的一体化组织；三是加入到业已存在的一体化组织中去。[②] 特别是欧盟通过统一大市场以及欧元的使用，极大地深化了一体化水平，而接受中、东欧的做法则继续推动了其区域经济一体化的步伐。美国在完成北美自贸区之后，也没有停止过区域一体化的进程。在这一背景下，一旦有亚洲经济体“点燃”了 FTA 的“导火索”，那么贸易转移效应会更强烈地令其他亚洲经济体感受到缔结 FTA 的外部压力。[③] 如果这些亚洲经济体不能顺利缔结自己的 FTA 的话，它们将会在全球竞争和多边谈判中处于不利地位。而且，缔结 FTA 还能在应对欧盟、美国等强大贸易集团时增强自身的谈判能力。[④]

① 贺平：《美日 FTA/EPA：进程、焦点、前景》，《东北亚论坛》，2009 年第 5 期，第 43 页。

② 李向阳：《全球化时代的区域经济合作》，《世界经济》，2002 年第 5 期，第 4–5 页。

③ Asian Development Bank, Emerging Asian Regionalism: A Partnership for Shared Prosperity, Mandaluyong City, Phil.: Asian Development Bank, 2008, p.85.

④ Masahiro Kawai, “East Asian Economic Regionalism: Progress and Challenges”, Journal of Asian Economics, Vol.16, 2005, p.16.

因此，亚洲经济体在一种类似于FTA竞争的环境下，纷纷对外谈判签署FTA，越来越多的双边FTA构成了亚洲区域经济合作的特征之一。

亚洲区域经济合作既区别于欧盟，即区域经济合作的核心是数个经济规模相似的国家；又不同于北美自贸区（NAFTA），即美国一家独大，美国有能力为区域内其他国家提供足够的公共产品。以东亚为代表的亚洲，不仅面临着小国林立、核心经济大国日本与中国缺乏互信的问题，还面临着美国这一域外影响因素。客观地说，亚洲经济体长期以来在区域主义认知上存在着差异，这导致东亚区域范围总是在重复扩大或缩小。这种认知同时与域外国家美国的影响紧密相关，长期以来美国担心不仅会对多边贸易体系造成负面影响，影响美国的经济利益，而且东亚合作会对亚太区域经济合作进程产生阻碍作用，引发美国和亚洲国家的利益冲突。[①] 因此，美国国务卿鲍威尔接受日本媒体采访时指出，亚太地区已经存在了有美国参与的东盟地区论坛（ARF）和亚太经合组织（APEC）等地区合作组织，因此"难以认同寻求其他框架的必要性"，此外他还强调，反对"任何削弱美国同其亚洲盟友之间牢固关系的进程"。[②]

尽管上述这些问题在长时期内一直困扰并影响了亚洲区域经济合作的进程，但是1997~1998年亚洲金融危机带来了一些新变化。亚洲金融危机增强了亚洲经济体的亚洲身份认同，原因在于它们相信是西方国家创造了这次危机，但是西方国家却在危机时刻抽离资金并对处于危机中的亚洲国家袖手旁观。[③] 由于短期内改革国际经济体系或者国内经济结构的想法均不现实，亚洲经济体不得不通过加强区域内合作以抵御外部危机。"ASEAN+3"机制的出现以及亚洲货币基金的构想，[④] 都可以被视为亚洲经济体加强合作的表现。事实上，虽然危机最初推动亚洲经济体加强金融合作和经济协调，但是后期却引发了在贸易和投资领域内的区域合作。[⑤]

---

① C. Fred Bergsten，"Embedding Pacific Asia in the Asia Pacific：The Global Impact of an East Asian Community"，Speech at the Japan National Press Club，Tokyo，September 2，2005.

② 鲍威尔：《东亚一体化不可削弱美国》，http://mil.news.sina.com.cn/2004-08-13/1736217226.html，2004年。

③ C. Fred Bergsten，"Towards a Tripartite World"，The Economist，July 15，2000，pp.23-25；C. Fred Bergsten，"America's Two-Front Economic Conflict"，Foreign Affairs，March/April，2001，pp.16-28.

④ Masahiro Kawai and Ganeshan Wignaraja，"Asian FTAs：Trends and Challenges"，ADBI Working Paper Series No. 144，August 2009，pp.5-6.

⑤ Tubagus Feridhanusetyawan，"Preferential Trade Agreements in the Asia-Pacific Region"，IMF Working Paper 05149，2005，p.13.

与此同时，借助东盟这一载体形成了具有共同话语的10个小国，在1997~1998年亚洲金融危机后加强了区域内合作的努力，借助“大国平衡”战略成功地引导区域内大国如中国、日本、韩国、澳大利亚、印度等国与其缔结了以东盟为“轮轴”的“东盟+1”FTA网络，亚洲区域经济合作出现了小国主导、大国参与的“小马拉大车”的奇怪现象。在此“轮轴—辐条”结构下，区域内主要经济体——中国与日本却相继又提出了各自的东亚合作方案（即“东盟+3”FTA与“东盟+6”FTA），不同贸易集团的竞争或者说两个大型经济体的博弈，无疑会更加“固化”东盟的“轮轴”地位。然而，由于东盟内部市场狭小，各国差异较大，难以为其他亚洲经济体提供足够大的市场准入机会或其他公共产品，较小的经济体量在很大程度上限制了东盟在深化亚洲区域经济合作进程中的能力。与此同时，不可否认的是“东盟+1”FTA网络结构是维护东盟经济利益的最佳安排，通过这样的网络，东盟获得了梦寐以求的“轮轴”地位，进而在国际贸易和国际投资方面都获得了更好的优势地位，从这个角度而言，东盟是无意改变亚洲区域经济合作进程中的“东盟+1”FTA结构的。因此，无论从能力还是从意愿来看，亚洲金融危机以来一直处于亚洲区域经济合作中心地位的东盟对深化本地区的区域经济合作进程态度淡漠，这也促成了相当长时间内亚洲区域经济合作在水平化方向（FTA数量）发展迅速，但是深化区域经济合作（构建区域范围的FTA）的进程明显落后。

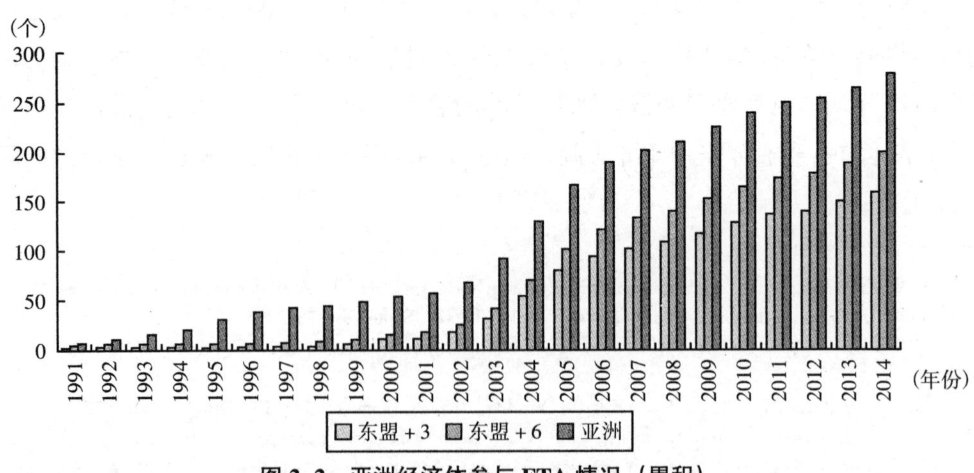

图2–2 亚洲经济体参与FTA情况（累积）

如图 2-2 所示，东亚地区作为亚洲地区内 FTA 增长的先锋，2001 年以来 FTA 出现了井喷式的增长，在由东盟十国与中国、日本、韩国、印度、澳大利亚和新西兰组成的“东盟+6”的东亚地区内，FTA 数量已经从 2000 年的 17 个激增至 2014 年的 200 个，整个“东盟+6”地区涉及的 FTA 总数占亚洲全部的 72%。如果以“东盟+3”来衡量，该地区的 FTA 数量也已超过了 150 个，可以说“东盟+”已经成为亚洲区域经济合作的一个标志性符号。从 FTA 的地区集中程度来看，东盟这匹“小马”确实可能对“拉动”亚洲区域经济合作进程起到了一定作用。然而，从区域内贸易比重角度来看，东盟似乎并未对亚洲区域经济一体化起到推动作用。长期以来，以“东盟+3”为代表的东亚地区的内部贸易比重基本徘徊在 38%左右，例如，2000 年该地区的内部贸易比重约为 37.4%，而 2012 年约为 38.0%。亚洲地区内部贸易比重也面临着同样的问题，2000 年该比重约为 53.2%，2012 年为 54.9%，地区内部贸易比重几乎没有发生变动（见图 2-3）。也就是说，过去十多年亚洲地区迅速增加的 FTA 并未有效地推动亚洲内部贸易的发展，亚洲区域经济合作进程与本地区区域经济一体化出现了一定程度上的不对称发展或“割裂”。

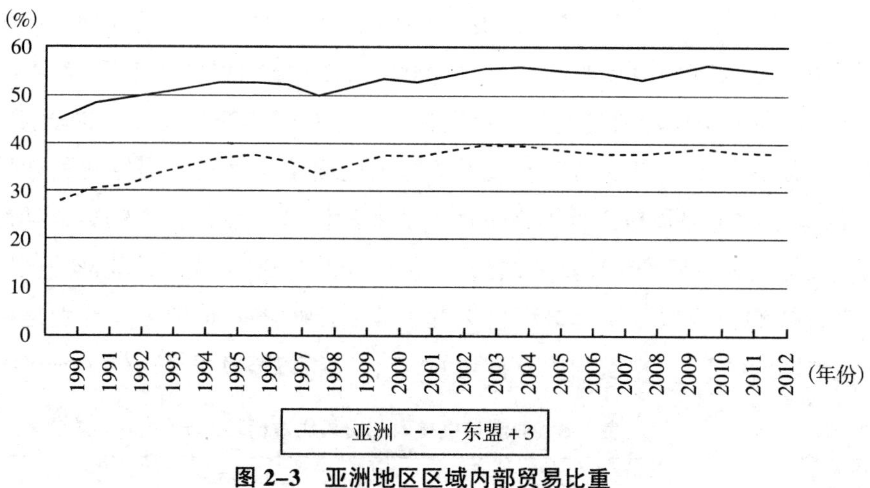

图 2-3 亚洲地区区域内部贸易比重

事实上，亚洲区域经济一体化更多地受到了市场推动（Market-Driven），而非契约（区域经济合作）推动。这种情况也许与世界其他主要地区发生的区域经济一体化不太一样，如北美地区，美国—加拿大 FTA 和北美自贸区的实施有效地推动了该地区内部贸易的发展，使得该地区在 1990~2000 年的十年间，内部贸易比重提高了约 10 个百分点。而欧盟地区各经济体通过欧盟这一制度框架，使得地区内商品、服务和各种生产要素自由流动，区域内部贸易比重不断上升并长期维持在 60%强的高位水平上。但是亚洲地区发生的区域经济一体化却表现出不一样的特征，尽管 2000 年以来亚洲地区 FTA 发展十分迅速，但是这一时间段内，该地区的区域内部贸易比重却未出现显著提高（见图 2-4）。

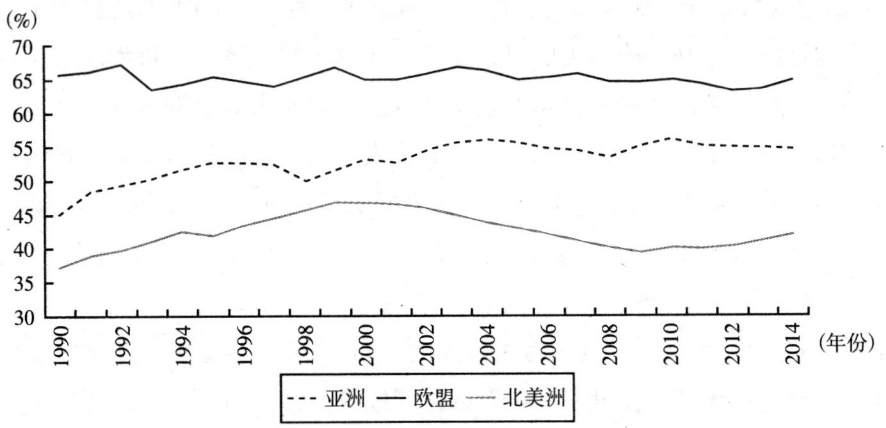

图 2-4 不同地区区域内部贸易比重比较

即使与同为发展中经济体的拉美国家相比，以东亚为代表的亚洲区域经济一体化仍更多地表现为市场驱动，虽然 2000 年之前亚洲地区尚未签署多少 FTA，但是区域内各经济体却通过削减国内规制，实行友好的外资政策，加强港口、交通等基础设施建设，以及简化通关手续等国内政策，为贸易提供便利并吸引外资，① 以至于以内部贸易比重等指标衡量的亚洲区域一体化程度较高，且远高于同期的拉美地区。但是需要注意的是，直至 20 世纪 90 年代末，亚洲地区以签署 FTA 为特征的契约型一体化进程仍然远远滞后于世界其他地区，特别是拉美地区，该地区的经济一体化早在 20 世纪 60 年代就得以蓬勃发展。

表 2-3 亚洲与拉美内部贸易比重比较

年份	亚洲地区内部贸易比重（%）			拉美地区内部贸易比重（%）		
	东盟	新兴亚洲	东亚	ANDEAN	MERCOSUR	LAIA
1985	18.7	23.3	34.2	2.6	5.5	10.0

① Nathalie Aminian，K.C. Fung and Francis Ng，"Integration of Markets vs. Integration by Agreements"，The World Bank Policy Research Working Paper 4546，March 2008，pp.2-3.

续表

年份	亚洲地区内部贸易比重（%）			拉美地区内部贸易比重（%）		
	东盟	新兴亚洲	东亚	ANDEAN	MERCOSUR	LAIA
1990	19.0	27.8	39.8	4.2	8.9	10.9
1995	24.9	34.5	48.7	12.1	20.5	17.2
2000	23.0	34.5	47.3	9.1	20.9	13.1
2005	25.2	39.2	50.5	8.2	12.9	13.2

注：新兴亚洲包括：中国、中国香港地区、日本、中国澳门地区、韩国以及中国台湾地区。

东亚包括：东盟以及新兴亚洲经济体。

ANDEAN：安第斯共同体，原称安第斯集团，成立于 1969 年，是拉美地区历史最久的地区经济一体化组织之一，成员国为安第斯山麓国家，包括玻利维亚、哥伦比亚、厄瓜多尔、秘鲁和委内瑞拉。

LAIA：拉丁美洲一体化协会，是拉美地区部分国家的政府间一体化组织，前身是 1960 年 2 月 18 日在乌拉圭首都蒙得维的亚成立的拉丁美洲自由贸易协会（ALALC）。目前包括 12 个成员国：阿根廷、玻利维亚、巴西、哥伦比亚、智利、厄瓜多尔、墨西哥、巴拉圭、秘鲁、乌拉圭、委内瑞拉和古巴。

资料来源：Nathalie Aminian，K.C. Fung and Francis Ng（2008）.

究其原因，以东亚生产网络以及垂直分工为代表的国际生产分工体系对于市场推动型亚洲区域经济一体化的形成，起到了至关重要的作用。事实上，早在亚洲区域内 FTA 网络形成前（即契约型的亚洲区域经济一体化进程形成前），基于自主开放吸引外资，并实施出口导向的东亚地区内部初级产品和中间品贸易发展迅速，而削减相应的零部件、电子产品等产品的关税也变得十分必要。因此，东亚地区各经济体优先对上述零部件等中间产品的关税实施削减，甚至实现了零关税。

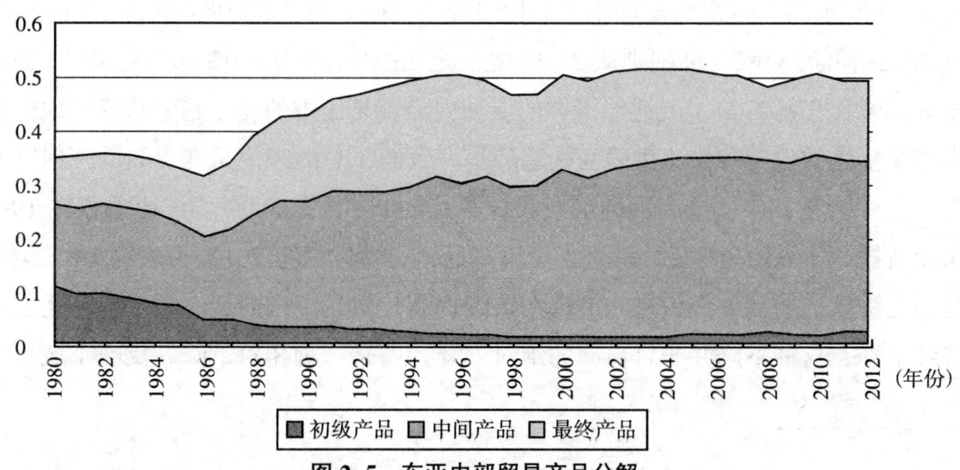

图 2-5 东亚内部贸易产品分解

注：东亚包括中国、日本、韩国、中国香港地区、中国台湾地区以及东盟。

早在 1980 年，东亚地区的内部贸易比重就已经达到 35%，进入 21 世纪以来，该比重更长期维持在 50%左右。如图 2–5 所示，如果对东亚地区的内部贸易进行产品分解，不难发现中间产品内部贸易比重越来越高，从 1980 年的 15.6%上升至 2012 年的 31.7%；而初级产品内部贸易比重却逐渐降低，从 1980 年的 10.9%逐渐下滑至 2012 年的 2.7%；最终产品内部贸易比重则稳中有升，从 1980 年的 8.9%逐渐提高至 2012 年的 15.1%。毫无疑问，以中间产品为主的东亚地区内部贸易受益于本地区的“开放地区主义”，长期以来各经济体的自主降税行为令本地区的内部贸易比重在 1995 年左右就稳定提高至 50%左右，这样看来 FTA 对该地区内部贸易的影响显然相当有限。事实上，基于东亚生产网络的国际投资和国际分工，早已成功地推动了亚洲市场型区域经济一体化的形成和发展。

有研究利用近 50 年来签订的全球贸易协定数据，以主成分分析法测定了协定的自由化程度，阐明了区域经济一体化与生产网络对国际贸易的影响。研究表明，区域贸易协定的自由化水平越高，区域贸易协定成员国之间的生产网络交易增长越多。例如，区域贸易协定的深度一体化程度增加 1%时，汽车零部件的生产网络增长 81%，信息通信产业部门的产品增长 56%，纤维交易增长 20%。需要注意的是，研究表明地区高水平的生产网络交易会提高区域贸易协定签署的可能性。①

从国别角度来看，亚洲经济体内部贸易比重的变化方向和趋势是不太一致的。多数经济体的亚洲内部贸易比重是在提高的，例如，东盟的亚洲内部贸易比重从 1990 年的 55.4%持续提高至 2012 年的 67.9%，日本从 1990 年的 34.4%提高至 2012 年的 53.9%，韩国则从 38.2%提高至 53.5%，中国台湾地区从 42.8%提高至 64.4%（见表 2–4）。上述经济体的亚洲内部贸易比重的变化趋势与亚洲地区作为一个整体的内部贸易比重的变化趋势是一致的，总的来说是在提高的。但是非常有意思的是，中国的亚洲内部贸易比重在 1990 年是 59.9%，该比重仅在 1991 年短暂提高至 63.1%之后，就进入了下降通道，持续跌至 2012 年的 44.5%。虽然其他经济体的亚洲内部贸易比重都在持续提高，但是中国的亚洲内部贸易比重却持续下降，这种下降并非贸易额的绝对下降，而是一种相对下降，反映了域外市

---

① Gianluca Orefice and Nadia Rocha, “Deep Integration and Production Networks: An Empirical Analysis,” WTO Staff Working Papers ERSD–2011–11, 2011.

场对中国的进出口贸易更为重要，进而导致中国的跨区域贸易比重持续上升。

表 2-4　各经济体亚洲内部贸易比重

单位：%

年份	东盟	澳大利亚	中国	印度	日本	韩国	中国台湾地区
1990	55.4	50.5	59.9	22.0	34.4	38.2	42.8
1991	57.2	54.7	63.1	22.3	36.6	43.4	45.3
1992	56.6	56.2	61.6	23.5	37.6	44.3	46.6
1993	57.8	57.5	50.6	25.4	40.2	45.7	48.4
1994	58.9	57.3	53.0	27.9	42.1	46.2	50.5
1995	58.5	56.6	54.1	27.2	44.1	46.8	52.7
1996	58.7	55.6	53.7	27.7	44.5	46.1	51.8
1997	58.3	56.8	54.3	27.5	43.4	46.2	50.8
1998	56.0	53.6	50.7	27.5	39.4	45.1	49.7
1999	58.2	55.3	50.6	26.9	41.8	47.4	53.4
2000	60.9	56.3	50.5	25.1	44.8	48.4	55.3
2001	60.0	56.9	49.2	25.6	44.6	48.5	55.2
2002	61.6	56.6	50.2	26.8	46.7	50.5	58.5
2003	63.6	57.1	50.4	29.6	49.0	52.8	60.5
2004	64.2	59.5	50.2	29.7	50.5	52.9	62.0
2005	64.8	62.0	48.8	29.7	50.5	52.8	63.1
2006	64.8	62.3	47.2	31.2	49.4	52.3	62.9
2007	65.5	62.7	46.4	32.0	49.5	51.9	62.7
2008	65.6	64.2	44.9	31.5	49.5	51.0	61.2
2009	66.1	66.6	45.4	33.1	53.7	52.5	64.5
2010	67.7	69.1	45.3	33.4	55.2	54.2	65.0
2011	67.5	68.8	44.8	32.6	54.9	53.7	64.7
2012	67.9	68.5	44.5	31.1	53.9	53.5	64.4

事实上，自从进入 21 世纪以来，中国越来越成为多数东亚经济体的贸易顺差来源地（见图 2-6），例如，韩国对中国的贸易顺差已经增至 2012 年的 798 亿美元，东盟对中国的贸易顺差也已提高至 235 亿美元，这些顺差并不表明中国已经成为该地区的消费大国。恰恰相反，中国对上述经济体的逆差主要来自于中间产品，这可以理解为中国已经成为整个东亚生产网络的中心，周边经济体将原材料、半成品、零部件等出口至中国，中国对其加工和组装并出口至域外市场，进而形成了所谓"三角贸易"的循环。事实上，亚洲作为一个整体还没有实现经济

自我循环，即亚洲地区对最终产品消费不足，东亚生产网络更多反映的是一种生产型的合作机制。也就是说，亚洲的机制化合作进程落后于市场化合作进程，亚洲经济体尽管签署实施了不少 FTA，但是这些 FTA 在拓展最终产品消费上的贡献有限，东亚甚至亚洲作为一个整体，其贸易和经济发展仍脱离不开传统的域外市场。

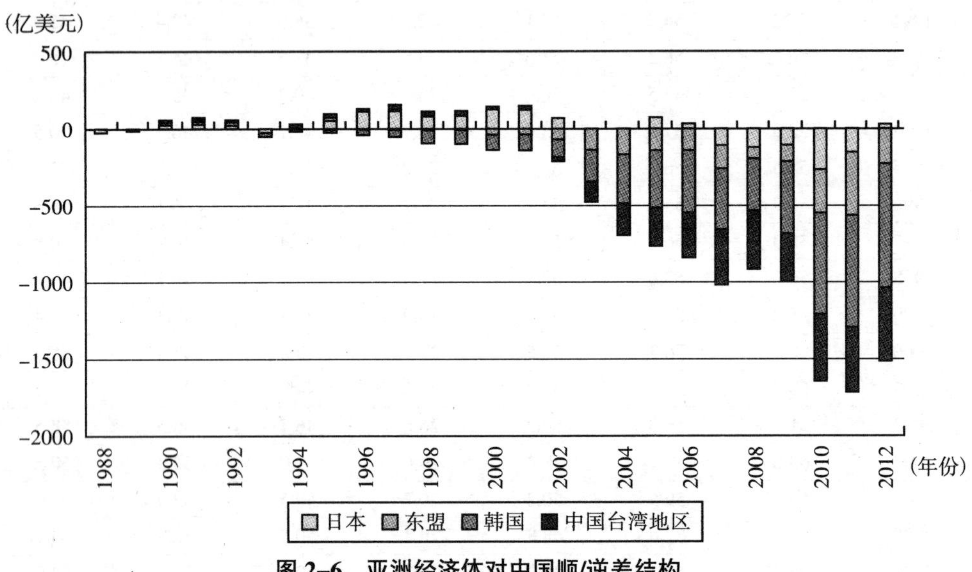

图 2-6　亚洲经济体对中国顺/逆差结构

从地区角度看，越来越多的域外经济体成为亚洲经济体的 FTA 谈判对象，亚洲区域经济合作进程与亚洲经济一体化的不对称发展有可能会进一步恶化。具体而言，21 世纪初亚洲区域经济合作开始加速时，亚洲地区内部的 FTA 与跨区域的 FTA 在数量上平分秋色，以 2000 年为例，当时全部 33 个亚洲 FTA 中，亚洲内部 FTA 有 16 个，跨区域 FTA 有 17 个。而截至 2014 年，亚洲全部 278 个 FTA 中，亚洲内部 FTA 有 92 个，跨区域 FTA 却已高达 129 个。再来看东亚生产网络所在的东亚地区，“东盟+6”范围内的全部 200 个 FTA 中，141 个是双边 FTA，其中 43 个双边 FTA 是“东盟+6”范围内相互缔结的，25 个双边 FTA 是“东盟+6”经济体与其他亚洲经济体缔结的，73 个双边 FTA 则是“东盟+6”经济体与非亚洲经济体缔结的。[①] 可见，亚洲经济体在缔结 FTA 时显然并不满足于局限在亚洲地区内

① Asian Development Bank, Asian Economic Integration Monitor－November 2014, Mandaluyong City, Philippines: Asian Development Bank, 2014, pp.20-21.

部，越来越多的FTA谈判对象发展到域外经济体，未来亚洲区域经济合作有可能会导致亚洲区域内部贸易比重进一步降低。因此，无论是从机制化合作对象还是从市场化合作动力的角度来看，外部经济体或者说外部市场始终是亚洲区域经济合作的重心，这也是至今亚洲区域经济一体化水平有限的根本原因。

二、域内主要经济体的FTA战略博弈

亚洲经济体之间的经济联系日益加深，加速了亚洲区域经济合作的步伐。由于经济互动的加深，一国经济不稳定或者危机会快速传播至同一地区其他经济体，因此在地区内经济体数目不多的情况之下，采取联合行动较为容易，即进行区域经济合作的交易成本较小。[①] 从这个角度，正是亚洲地区经济体之间的经济联系日益加深，构成了该地区区域经济合作发展的最重要物质基础。Bhattacharyay（2006）沿用了非传统收益的分析框架，指出WTO多哈回合久拖不决、亚洲金融危机、北美和欧洲的区域主义发展引发的竞争、FTA比多边贸易谈判更容易取得成果、复杂的政治经济利益以及外交竞争、美国作为国际规则制定者的影响力、亚洲主要经济体对双边FTA的强烈追捧、领导人任期内对短期政治平衡或收益的考虑等，都构成了影响亚洲区域经济合作进程的重要因素。[②] 事实上，正是由于以中、日、韩等主要经济体为代表的亚洲各经济体根据各自不同的政治经济利益，实施了不同取向的区域经济合作战略（或FTA战略），使得亚洲区域经济合作与该地区的经济区域一体化出现了不对称发展。可以说，这些充满博弈色彩而又缺乏相互协调的“竞争性合作”FTA战略，虽以本国福利最大化为目标，却很难使得亚洲整体福利实现最大化。

① Masahiro Kawai, “East Asian Economic Regionalism: Progress and Challenges”, Journal of Asian Economics, Vol.16, 2005.

② Biswa N. Bhattacharyay, “Understanding the Latest Wave and Future Shape of Regional Trade and Cooperation Agreements in Asia,” CESifo Working Paper Series 1856, 2006, p.7.

（一）日本的EPA战略

自从20世纪50年代提出“贸易立国”战略以来，日本就一直是全球自由贸易的主要受益国之一。多年来，日本始终是多边贸易体系的积极拥护者和推动者。1956年以来，日本始终通过GATT参与多边贸易谈判，即使20世纪80年代末和90年代初北美自贸区和欧盟相继成立，日本的贸易战略仍未转向区域主义。直至1998年10月，日本通产省内部非正式研究小组向时任通产大臣与谢野馨提交了一份题为《战略性贸易政策的促进：区域经济协定的定位》的内部报告，论及双边和区域FTA的可能性。有日本学者指出，“这可被视为通产省政策发生了从根本的多边主义向选择性双边主义的大转变”。[①] 随后，在1999年和2000年日本经济产业省发布的《贸易白皮书》中，经济产业省不仅开始认可FTA的重要性，而且指出了区域经济合作是多边贸易体系的有益补充。更重要的是，日本外务省于2002年发布了《日本的FTA战略》，并于2004年又发布了《关于今后推进EPA的基本方针》，[②] 上述官方政策文件的公布标志着日本的贸易政策发生了重大调整，日本开始从“WTO一边倒”的多边主义转向并行推进WTO与EPA的贸易战略。

事实上，尽管日本对外经济政策变化的动力往往被视为是由外部压力提供的，甚至日本因此被称为“反应型国家”，[③] 但是仅仅用北美自贸区和欧盟作为日本改变其贸易政策的原因显然解释力有限。更准确地说，日本对其贸易政策进行调整应该是外部压力和内部压力共同作用的结果。[④] 一方面，WTO多哈回合谈判进展非常缓慢，而日本的传统竞争对手美国和欧盟都在积极地对外进行FTA谈判，日本在国际市场上受到了较大的竞争压力。与此同时，东亚地区内的重要经济体如中国和韩国的对外经济战略对日本的相关政策产生了影响。中国经济的快速增长与中国区域经济合作战略的转向，在一定程度上影响了日本的贸易战略，

---

① Tatsushi Ogita, “Japan as a Late-Coming FTA Holder: Trade Policy Change for the Asian Orientation?”, in Jiro Okamoto (ed.) Whither Free Trade Agreements?, IDE/JETRO, 2003, p.221. 转引自李俊久：《日本FTA战略论析》，《当代亚太》，2009年第2期，第111-113页。

② http://www.mofa.go.jp/policy/economy/fta/related_information.html.

③ Kent Calder, “Japanese Foreign Economic Policy Formation: Explaining the Reactive State”, World Politics, Vol.40, No.4, 1988, pp.517-541.

④ Hidetaka Yoshimatsu, “Japan's Keidanren and Political Influence on Market Liberalization”, Asian Survey, Vol.38, No.3, 1998, pp. 328-345.

最明显的例子就是2001年中国提出构建中国—东盟FTA后，日本对东盟的态度迅速发生变化，马上启动了日本与东盟的EPA相关谈判。而韩国作为日本在国际制成品市场上的直接竞争者，其积极的FTA战略对日本产生了直接的竞争压力，特别是韩国在缔结韩国—东盟FTA后，加速与世界大型经济体如美国、欧盟、中国等进行FTA谈判，对日本的经济利益产生了较大威胁，迫使日本调整其区域经济合作战略。

另一方面，日本经济自从20世纪90年代初泡沫经济破灭后就一蹶不振，进入了所谓的“失去的十年”，期间，日本经济平均增长率仅达到约1%的水平，较之前出现了较大幅度的下降。为了应对经济下滑，日本需要实施结构改革，调整其经济结构。然而长期以来日本内部已经形成了各种利益集团，各产业都有相关的利益代言人或“族议员”，如代表农业部门的“农业协同组合”（JA，简称农协）和代表工商界的“经济团体联合会”（Keidanren，简称经团联）等，日本的结构改革往往会受到国内利益集团的影响和制约。过去，来自GATT的开放压力对日本经济改革起到了很好的推动作用，但是伴随着WTO多哈回合谈判停滞，来自外部的开放压力开始减弱。与此同时，由于东亚生产网络的存在，过去日本和美国之间的贸易顺逆差问题和争端逐渐转化成为中国与美国之间的贸易问题，进而来自美国的双边开放压力相应也有所减弱。[①] 因此，日本不得不以EPA为手段，推动国内结构改革。

2002年日本外务省发布的《日本的FTA战略》是日本政府首个关于区域经济合作的指导性文件，该文件指出了通过缔结EPA，日本可以获得拓展进出口市场、改革产业结构、改善竞争环境、降低经济问题政治化以及协调现有的贸易规则等经济收益。除此之外，通过EPA日本还可以获取政治外交等非传统收益，如提高了日本在WTO中的谈判实力、通过FTA谈判促进WTO谈判、有利于增进EPA谈判伙伴间的政治互信以及提高日本的全球影响力和利益等。《日本的FTA战略》不仅指出了日本缔结EPA的原则，而且指出了EPA应该是全面的，不仅包括货物贸易自由化的内容，还应该包括投资自由化、贸易便利化、经济合作等更广泛的内容。2004年发布的《关于今后推进EPA的基本方针》则进一步

① Shujiro Urata，“Japan's New Trade Policy：From GATT and the WTO to FTAs”，GIARI Working Paper Vol. 2010-E-8，2010，pp.5-6.

指出，EPA不仅有利于增强日本的外部经济联系、补充多边贸易体系的不足，而且有利于推动日本及其贸易伙伴的结构改革；与此同时，通过EPA构建东亚共同体将为日本创造有益的政治外交环境。更为重要的是，该文件从国际环境、经济利益和谈判可行性三个方面明确了EPA谈判伙伴的选择标准，进一步明确了日本的区域经济合作战略。

具体而言，支持日本企业开拓海外市场，推动日本的经济发展是日本推动EPA的重要目的之一。进入21世纪，WTO多哈回合谈判长期没有进展，美、欧等国家和地区纷纷建立FTA，日本不仅可能会遭受贸易转移效应等负面影响，而且日本企业在国际市场上将遭受歧视性的待遇。为了提高日本企业的国际竞争力并带动长期停滞的经济发展，日本迫切需要探索WTO机制之外的方式保证日本同贸易伙伴的经济联系以及其整体经济利益。建立EPA有助于扩宽日本的进出口市场，获得更加公平的竞争环境；更为重要的是，EPA可以突破WTO的内在束缚，达成涉及服务贸易、投资、知识产权、竞争政策、政府采购等超WTO（WTO Plus）的广泛的、高质量的协定，将有助于帮助日本企业开拓服务贸易、政府采购等非传统市场。以日本—墨西哥EPA为例，在签署实施该EPA前，北美自贸区和欧盟—墨西哥FTA已经削减了不少产品的关税，而2001年日本企业则需要面对高达16.2%的墨西哥进口平均关税，日本企业在墨西哥市场上面临着来自美国企业和欧洲企业的不公平竞争。更重要的是，由于墨西哥并未参加WTO政府采购协定，该国的政府采购市场仅向其FTA伙伴开放，日本企业则无缘墨西哥政府采购市场，[①] 因此日本采取了积极的态度谈判签署了日本—墨西哥EPA。

长期以来，东亚地区不仅是东亚生产网络的所在地，更是世界经济增长的引擎之一，日本对在东亚地区构建EPA高度重视。为了更好地拓展国际市场，同时规避一些敏感产品可能引发的争议，日本在与东盟缔结EPA时，采取了双边谈判的形式，最终与7个相对发达的东盟经济体签署了双边EPA。与此同时，为了在地区内有效地深化供应链管理，日本也采取了"一揽子"协定的方式，将东盟作为一个整体与之签署EPA，这样便将老挝、缅甸和柬埔寨等相对落后的经济

① Shujiro Urata, "Japan's New Trade Policy: From GATT and the WTO to FTAs", GIARI Working Paper Vol. 2010-E-8, 2010, p.4.

体纳入了日本企业的国际分工网络。事实上，根据各经济体经济发展水平不同的特点，签署开放水平各不相同的EPA，可以最大限度地拓展日本在东南亚的进出口市场，为日本经济增长提供了外部需求动力。21世纪初，从各国对日本制品进口的单纯平均关税税率看，美国为3.6%，欧盟为4.1%，马来西亚为14.5%，韩国为16.1%，菲律宾为25.6%，印度尼西亚为37.5%，理论上，日本与东盟经济体缔结FTA/EPA的贸易扩大效果应该是比较显著的。①

需要注意的是，非传统收益日益成为日本缔结EPA的重要考量。不少研究日本的学者都认为，在对外经济政策方面，日本是一个典型的被动反应的国家。例如，日本签署实施的第一个EPA，即日本—新加坡EPA，就是在新加坡的倡议之下启动谈判的。作为第二个EPA，同时也是具有重要经济意义的日本—墨西哥EPA，同样是在墨西哥政府的倡议之下才启动谈判的。而在已签署实施的EPA中占有重要地位的日本—东盟EPA以及日本与东盟各国签署的双边EPA，也是日本政府对中国启动中国—东盟FTA做出的反应。其他诸如日本—秘鲁EPA等，也都是日本政府应对方国家的倡议而启动谈判的。

然而不可忽视的是，日本的"被动"反应中还包含了"主动"的价值观外交，即通过日本的EPA构筑"自由、安全与繁荣之弧"，这不仅体现在日本对中国启动中国—东盟FTA谈判迅速做出了反应，谈判签署了与东盟国家的双边EPA，同时与作为一个整体的东盟也谈判签署了日本—东盟EPA，保证了日本在东亚地区的经济和政治影响力不受侵蚀。而且体现在为了防范中国的地区影响力，日本于2006年提出了与中国积极推动的东亚自贸区（EAFTA，或"东盟+3"FTA）针锋相对的东亚更紧密经济伙伴关系协定（CEPEA，或"东盟+6"FTA），2008年又与东亚自贸区同时提出了各自的二期可行性研究报告，同年在印度尼西亚首都雅加达设立了东盟东亚经济研究所（ERIA）作为"东盟+6"区域合作的智力支持机构。日本对其在"东盟+3"之外推动"东盟+6"给出的深层理由就是印度、澳大利亚、新西兰等国家代表了自由民主，有利于保证区域内政治、社会稳定，同时有利于增强日本在东亚地区区域经济合作中的谈判地位和实力。②事实上，日本在东亚合作和TPP之间徘徊很久之后，最终选择参加美国主导的

① 刘昌黎：《东亚双边自由贸易研究》，东北财经大学出版社，2007年版。
② 姜文学：《国际经济一体化的新特征与大国战略》，东北财经大学出版社，2009年版，第157-158页。

TPP也是基于上述考虑。不少研究均表明，对日本而言，东亚合作的经济收益远高于TPP，但是日本却甘愿放弃农业部门利益，冒着较大的政治压力参与TPP谈判，这不仅是因为TPP有利于日本的结构改革，更重要的是日本可以通过TPP与美国和亚太周边经济体实现更紧密的经济政治联系，有利于减缓日本在亚太地区政治、经济影响力的衰落速度。

另外，构建EPA有利于稳定日本矿产资源和能源的供给安全。作为自然资源贫乏的国家，日本对矿产资源和能源的外部依赖性很强，长期以来日本不仅通过企业层面的长期协议合同、参股控股或者海外直接投资行为保障资源、能源进口安全，而且希望借助EPA实现国家层面的合作，以政府间协定的形式为矿产资源和能源的进口提供法律保障。2002年《日本的FTA战略》以及2004年《关于今后推进EPA的基本方针》均强调了能源进口稳定的重要性。澳大利亚、蒙古、印度、部分东盟国家、智利、秘鲁、海湾合作理事会等都是资源或能源丰裕的经济体，日本与这些经济体缔结EPA显然有助于确保能源和资源供给的稳定，这对资源贫乏的日本来说至关重要。需要注意的是，日本在TPP框架内与美国进行能源合作，特别是液化天然气、页岩气等方面的合作，也可以说是日本参与TPP的重要考量。

长期以来，日本试图以日本—新加坡EPA和日本—韩国EPA为契机，构筑以日本为核心的“东亚经济圈”，[①] 以此保障日本在亚太地区的经济和政治影响力，因此日本—新加坡EPA（2002年）、日本—马来西亚EPA（2005年）、日本—菲律宾EPA（2006年）、日本—泰国EPA（2007年）、日本—文莱EPA（2007年）、日本—印度尼西亚EPA（2007年）、日本—东盟EPA（2008年）、日本—越南EPA（2008年）、日本—印度EPA（2011年）、日本—澳大利亚EPA（2014年）、日本—蒙古EPA（2015年）等在日本已签署实施的EPA中占绝大多数。其他诸如与墨西哥、智利、秘鲁等国的EPA更多地体现了经济考量，如日本—智利EPA（2006年）和日本—秘鲁EPA（2011年）更多地体现了资源导向；而伴随着WTO多哈回合谈判的停滞，日本开始借助同墨西哥（2005年）和瑞士（2009年）的EPA“楔入”北美自贸区和欧盟，从而绕开两大经济区域筑起的贸易

---

① 北原淳、西口清胜等：《东南亚的经济》，厦门大学出版社，2004年版，第5页。

壁垒,[①] 进入北美和欧盟地区。日本 FTA/EPA 的现状如表 2-5 所示。

表 2-5 日本 FTA/EPA 的现状

谈判对象		名称	现状
已生效	新加坡	日新 EPA	2002 年 1 月签署，2002 年 11 月 30 日生效
	墨西哥	日墨 EPA	2004 年 9 月签署，2005 年 4 月 1 日生效
	马来西亚	日马 EPA	2005 年 12 月签署，2006 年 7 月 13 日生效
	智利	日智 EPA	2006 年签署 EPA，2007 年 3 月 27 日签署 SEP，2007 年 9 月 3 日生效
	泰国	日泰 EPA	2007 年 4 月 3 日签署，2007 年 11 月 1 日生效
	印度尼西亚	日印（尼）EPA	2007 年 8 月 20 日签署，2008 年 7 月 1 日生效
	文莱	日文 EPA	2007 年 6 月 18 日签署，2008 年 7 月 31 日生效
	菲律宾	日菲 EPA	2006 年 9 月签署，2008 年 12 月 11 日生效
	东盟	日本—东盟全面经济伙伴关系协定（AJCEP）	2008 年 4 月 14 日日本同东盟在京都签署了 AJCEP，2008 年 12 月 1 日生效
	越南	日越 EPA	2008 年 12 月 25 日签署，2009 年 10 月生效
	瑞士	日瑞 EPA	2009 年 2 月 17 日签署，2009 年 9 月生效
	印度	日印 EPA	2011 年 2 月签署，2011 年 8 月 1 日生效
	印度	日印 EPA	2011 年 2 月签署，2011 年 8 月 1 日生效
	秘鲁	日秘 EPA	2011 年 5 月签署，2012 年 3 月 1 日生效
	澳大利亚	日澳 EPA	2014 年 6 月签署，2015 年 1 月 15 日生效
	蒙古	日蒙 EPA	2015 年 2 月 10 日签署
谈判中	海湾合作理事会（GCC）	日本—GCC EPA	2007 年 1 月 21-22 日开始第 2 回合谈判
	韩国	日韩 EPA	2003 年 12 月谈判开始；2004 年 11 月以来谈判中断；2009 年 7 月开始第 3 回合工作级咨询
	中韩澳新印与东盟	RCEP	2012 年 11 月 20 日宣布启动谈判，2014 年 12 月 1 日开始第 6 回合谈判
	欧盟	日本—EUEPA	2014 年 12 月 3 日开始第 8 回合谈判
	中日韩	CJKFTA	2010 年 5 月开始官、产、学可行性研究，2015 年 1 月 16 日开始第 6 回合谈判
	哥伦比亚	日哥 EPA	2014 年 12 月 8 日开始第 9 回合谈判
	加拿大	日加 EPA	2014 年 7 月 28~31 日开始第 6 回合谈判
	土耳其	日土 EPA	2014 年 12 月 2 日开始第 1 回合谈判
	亚太经济体	跨太平洋伙伴关系协议（TPP）	2015 年 1 月底召开贸易部长和领导人会议

注：海湾合作理事会是一个由阿联酋、阿曼、巴林、科威特、卡塔尔以及沙特六国组成的关税同盟。
资料来源：日本外务省网站，http://www.mofa.go.jp/policy/economy/fta/index.html。

① 李俊久：《日本 FTA 战略论析》，《当代亚太》，2009 年第 2 期，第 120 页。

（二）韩国的FTA战略

自从2003年9月韩国政府宣布"FTA战略路线图"以来，韩国已经与智利、新加坡、欧洲自由贸易联盟、东盟、印度、欧盟、美国、土耳其、秘鲁、哥伦比亚、新西兰、澳大利亚和加拿大13个经济体完成FTA谈判并签署协议。与越南和中国的FTA也于2014年底结束实质性谈判，并有望尽快签署协议。韩国在10年左右的时间内，从一个FTA后发者发展成为与新加坡、墨西哥、智利等国并驾齐驱的FTA"轮轴"国，其变化之大在亚太地区主要经济体中是比较罕见的。毫无疑问，2003年韩国政府推行的"FTA战略路线图"可以被视为韩国政府贸易政策（或通商政策）的转折点。

类似于日本，韩国同样是出口导向发展模式和"贸易立国"战略的受益者，自从1967年加入GATT以来，韩国就不断从多边贸易体系中受益。作为一个自身经济体量较小的经济体，韩国选择多边主义并融入世界经济的发展路径绝非偶然的选择。事实上只有通过外向型经济才能打破国内市场容量狭小的局限，通过吸收外部投资并实现生产的规模经济，韩国经济才能在20世纪70年代开始实现起飞，而且这一成功发展路径一直伴随着韩国直至1997~1998年亚洲金融危机。可以说，在1998年以前，韩国自始至终都非常重视多边主义，与亚洲地区的中国和日本等国成为地区内为数不多的对区域经济合作表现冷淡的经济体。

然而1997年亚洲金融危机重创了韩国经济，韩国接受了IMF的救助但是被迫实施经济改革和贸易自由化。作为拓展外部市场并开放自身国内市场以增强竞争力的手段，FTA开始成为韩国政府实施改革的政策工具之一。1998年11月，韩国政府宣布启动与智利的FTA谈判，同时启动与美国、日本、新西兰和泰国的FTA可行性研究。但是必须承认的是，金大中执政时期韩国对FTA的理解仍然比较保守，尽管韩国开始将FTA视为WTO的有益补充，但是并未将其提升至同等地位，此时韩国的FTA战略仍然属于防御性的，是对其他经济体实施的区域经济合作行为的应对。例如，在韩国—智利FTA和韩国—新加坡FTA等谈判中，韩国始终坚持FTA谈判成本最小化的防御性原则，即尽量排除敏感产业（农业、水产等）或控制市场准入以保护国内市场。

2003年卢武铉执政后，韩国的FTA路线图以及多轨FTA战略等具体行动计划开始明晰起来。相对于金大中时期的FTA战略仅在其经济政策中处于外围地

位，卢武铉时期的 FTA 战略已经完全成为韩国经济改革政策和通商政策的核心内容。[①] 2003 年 9 月，韩国政府宣布将“FTA 战略路线图”作为其国家经济发展计划，开始强调利益最大化的积极 FTA 原则，指出“没有费用支出就没有利益收入”，标志着韩国的 FTA 战略正式从被动防御走向主动推进。“FTA 战略路线图”指出，韩国应该尽快签署尽可能多的 FTA，以便在全球市场上降低韩国企业的机会成本并提高韩国的竞争力，挽回韩国 FTA 落后局面引发的不利影响。因此，韩国应该采取多轨谈判方式，即可以同时与多个大型经济体进行谈判；同时为了保证利益最大化，韩国的 FTA 应该坚持开放部门和承诺上的全面性和高标准。[②] 可见，2003 年的“FTA 战略路线图”奠定了韩国 FTA 战略的“同时多轨道”和“全面高标准”两大基本原则。

2005 年，韩国外交通商部 FTA 局发布了《2005 年度 FTA 促进情况及计划》，对韩国的“FTA 战略路线图”和积极 FTA 战略进行了比较详细的阐述。该文件指出，韩国应首先与大型发达经济体或前景看好的新兴经济体进行 FTA 谈判。作为开放型的先进通商国家，韩国如果想继续保持其经济的先进性，那么与大型发达经济体缔结 FTA 就应该作为一个首要目标。为实现这一目标，韩国政府需要在周边寻求战略目标国，在此基础上加强和调整与大型经济体进行 FTA 谈判的国内外环境条件。另外，该文件再次强调了“同时多轨道”和“全面高标准”原则，把推进比 WTO 的自由化程度更高的超 WTO 内容作为其 FTA 战略目标之一。韩国政府所推进的 FTA 强调全面性，不仅涉及货物贸易领域，而且还包括服务贸易、投资、政府采购、知识产权和技术标准等超 WTO（WTO Plus）领域。与过去相比，韩国政府在 FTA 谈判中更加强调高标准，即推动 FTA 谈判取得比 WTO 更为自由化的成果。另外，为了在短时间内挽回过去 FTA 落后局面所造成的损失，韩国需要与多个经济体同时推进 FTA 谈判。[③] 需要注意的是，上述表述基本构成了韩国 FTA 战略的核心内容，韩国外交通商部 2008 年发布的《韩国

---

① Min Gyo Koo, “South Korea's FTAs: Moving from an Emulative to a Competitive Strategy”, Paper Presented at the International Symposium “Competitive Regionalism”, Ibuka International Conference Hall, Waseda University, Tokyo, Japan, May 30 to 31, 2008, p.15.

② Lee Junkyu, “Korea's Trade Structure and Its Policy Challenges”, Part II: the Future of Korean Trade Policy, KEI Korea's Economy, 2012, pp.25-26.

③ 参见韩国外交通商部自由贸易协定局：《2005 年度 FTA 促进情况及计划》，2005 年 8 月，转引自崔兑旭：《韩国自由贸易协定（FTA）的推进战略》，《当代韩国》，2006 年春季号，第 27-28 页。

FTA政策》也基本沿用了上述表述。

事实上，亚洲金融危机以来，韩国政府对韩国经济可持续发展问题高度重视。伴随着韩国人口老龄化、国内需求有限、韩国经济增长率下降等结构性问题，韩国政府不得不高度重视国际市场和自身的产业竞争力。在多边贸易体系长期没有进展的情况下，转向FTA以保证“经济稳定增长”并“解决就业”，是韩国政府实施主动FTA战略的经济考虑。当然，韩国作为一个亚洲中等强国，在面临着传统强国日本和新兴大国中国竞争的背景下，韩国通过实施FTA战略也可以增强国际影响力，避免被边缘化，并有利于保障地区安全。事实上，遭遇了亚洲金融危机的韩国，对21世纪初中国和日本的区域经济合作行为高度关注，为了应对正在逐步扩大的区域主义，并改善通商制度以提高国际竞争力，韩国加入了本地区的FTA竞争中。鉴于自身的经济体量和国际竞争力，韩国采取了比日本和中国更为激进的FTA战略，以便先行进入未开放市场，更好地在国际市场上取得先机。

韩国最初将日本视为FTA优先考虑对象，但是由于农业和东北亚的政治互信等问题，韩国—日本FTA谈判进展始终异常缓慢。虽然韩国希望充当东北亚合作“桥梁”,[①] 为维护东北亚政治稳定和朝鲜半岛核问题做准备,[②] 但是东北亚复杂的现实和韩国—日本FTA谈判陷入僵局，使韩国不得不放弃成为东北亚合作的“桥梁”，转而在全球范围内展开迅速而积极的FTA谈判，试图成为区域经济合作的“轮轴”。2006年，韩国政府指出，在日本和中国的国际竞争压力下，韩国只有通过签署韩国—美国FTA获取优于中日的市场地位和竞争优势，才能更好地保障韩国的利益。更重要的是，韩国—美国FTA在加强两国经济联系的同时，也有助于改善和加强两国的双边外交安全关系，可以更好地应对中国崛起和朝鲜半岛核问题。[③] 事实上，韩国随后与欧盟启动FTA谈判，也是为了学习其先进的贸易制度，实现贸易制度的先进化，增加国内竞争，促进经济增长，提高韩

① 韩国之所以愿意充当东北亚合作的“桥梁”角色，是因为一旦达成中日韩FTA，韩国获得的经济福利收益最大。参见张小济：《符合三国长远利益——中日韩构筑经济合作制度框架的选择》，《国际贸易》，2003年第12期，第19-20页。

② 廖小健、廖新年：《韩国的FTA战略》，《外交评论》，2005年第5期，第81页。

③ Min Gyo Koo, “South Korea's FTAs: Moving from an Emulative to a Competitive Strategy”, Paper Presented at the International Symposium “Competitive Regionalism”, Ibuka International Conference Hall, Waseda University, Tokyo, Japan, May 30 to 31, 2008, pp.19-20.

国企业的生产效率，摆脱对中日贸易的严重依赖，吸引外国投资，改善其国内的经济环境。① 可以说，韩国—美国 FTA 和韩国—欧盟 FTA 已经成为韩国对外签署 FTA 的基石，这不仅是因为上述两个 FTA 是涉及服务贸易、投资等全面的 FTA，而且因为在韩国—美国 FTA 中，韩国货物贸易自由化率达到了 99.9%，美国则实现了 100%；韩国—欧盟 FTA 中，韩国自由化率为 97.2%，欧盟则高达 98.1%。② 在上述两个 FTA 的基础上，韩国对外加速推进 FTA 谈判，截至 2014 年底，韩国已经与 60 多个经济体实现了自由贸易，这些经济体约占全球经济总量的 60%。如果韩国在谈的 FTA 全部签署实施的话，那么韩国的自由贸易占全部贸易的比重将有望达到 90%。③ 韩国 FTA 的现状如表 2-6 所示。

表 2-6 韩国 FTA 的现状

谈判对象		名称	现状
已签署	新加坡	韩新 FTA	2005 年 8 月 4 日签署，2006 年 3 月 2 日生效
	智利	韩智 FTA	2004 年 4 月 1 日生效
	欧自联	韩国—欧自联 FTA	2005 年 12 月 15 日签署，2006 年 9 月 1 日生效
	东盟	韩国—东盟 FTA	2006 年 8 月 24 日签署，2007 年 7 月 1 日生效
	印度	韩印 CEPA	2009 年 8 月 7 日签署，2010 年 1 月 1 日生效
	欧盟	韩欧 FTA	2010 年 10 月签署，2011 年 7 月 1 日生效
	美国	韩美 FTA	2007 年 6 月 30 日签署，2012 年 3 月 15 日生效
	土耳其	韩土 FTA	2010 年 4 月 26 日启动谈判，2012 年 8 月签署货物贸易协议
	秘鲁	韩秘 FTA	2011 年 2 月签署，2011 年 8 月 1 日生效
	哥伦比亚	韩哥 FTA	2013 年 2 月签署
	越南	韩越 FTA	2012 年 9 月开始谈判，2014 年 12 月 8 日开始第 9 回合谈判，12 月 10 日宣布完成实质性谈判
	中国	韩中 FTA	2010 年 5 月 28 日完成官、产、学联合研究，2012 年 5 月开始谈判，2015 年 2 月完成谈判
	新西兰	韩新（西兰）FTA	2014 年 11 月完成谈判
	澳大利亚	韩澳 FTA	2014 年 4 月 8 日签署协议，2014 年 12 月 12 日生效
	加拿大	韩加 FTA	2014 年 9 月签署协议，2015 年 1 月 1 日生效

① 刘重力、盛玮：《中日韩 FTA 战略比较研究》，《东北亚论坛》，2008 年第 1 期，第 55-56 页。

② Inkyo Cheong, "Korea's Policy Package for Enhancing Its FTA Utilization and Implications for Korea's Policy", ERIA Discussion Paper Series ERIA-DP-2014-11, 2014, p.25.

③ Inkyo Cheong, "South Korea's Recent FTA Policy", in Tang Guoqiang and Peter A. Petri (eds.), New Directions in Asia-Pacific Economic Integration, Honolulu: East-West Center, 2014, pp.138-139.

续表

谈判对象		名称	现状
谈判中	海湾合作理事会	韩国—GCC FTA	2009年7月8-10日开始第3回合谈判
	墨西哥	韩墨FTA	2008年6月9-11日开始第2回合谈判，暂停
	日本	韩日FTA	2003年12月开始谈判，2011年5月开始第2回合司局长级咨询，中止
	印度尼西亚	韩印尼FTA	2012年7月开始谈判，2013年6月开始第6回合谈判
	中国、日本	中日韩FTA	2013年3月启动谈判，2015年1月16日开始第6回合谈判
	中韩澳新印与东盟	RCEP	2012年11月20日宣布启动谈判，2014年12月1日开始第6回合谈判
研究中	南方共同市场MERCOSUR	韩国—南方共同市场FTA	2007年10月31日完成联合研究，2009年7月23日签署备忘录
	蒙古	韩蒙FTA	2008年同意启动联合研究
	俄罗斯	韩俄BEPT	2008年，举行第2次联合研究会议
	南部非洲关税同盟SACU	韩—SACU FTA	2008年12月，同意启动联合可行性研究
	以色列	韩以FTA	2009年8月17日启动联合可行性研究，2010年8月完成可行性研究
	马来西亚	韩马FTA	2011年5月启动可行性研究报告
	中美洲（巴拿马、哥斯达黎加、危地马拉、洪都拉斯和萨尔瓦多）	韩国—中美洲FTA	2011年5月完成联合可行性研究
	巴基斯坦	韩巴FTA	2013年6月启动可行性研究

注：南方共同市场（MERCOSUR），简称“南共市”。是由阿根廷、巴西、巴拉圭和乌拉圭四国于1991年3月26日建立的地区性经济一体化组织，并于1995年1月1日正式启动。

资料来源：韩国产业通商资源部网站，http：//www.motie.go.kr/language/eng/index.jsp。

（三）印度的FTA战略

与东亚国家类似，印度在实施FTA战略上起步较晚。20世纪80年代前，印度在长时期内实施了进口替代战略，对国内产业实施保护，从80年代开始才逐步转向出口导向战略，然而整个国民经济中仍然受到计划管理和进口替代的影响。1991年发生的汇率危机促成了印度贸易政策的变化，作为接受援助的条件，印度按照IMF的要求对国内经济进行了全面改革，例如实施进出口贸易改革、产业部门改革、取消外汇管制、外资政策调整、经常项目自由化、开放金融市场

等。与此同时，印度实施了“东向政策”（Look East Policy）[①]以发展与东盟国家（后来扩展至整个东亚以及澳大利亚、新西兰）的关系，希望借助经济起飞的东亚、东南亚国家为印度争取更多的资金、技术和贸易机会，为印度的经济改革和对外开放服务。此后，以1998年签署的印度—斯里兰卡FTA为标志，印度开始逐步重视FTA的作用。以东向地区为重点，印度与亚太地区的重要经济体启动了FTA谈判，同时对与南亚和东南亚经济体签署的贸易安排进行升级，逐步替代为货物贸易协定。[②]

对于转向出口导向的印度经济，FTA正在成为印度政府调整其经济结构的重要政策工具。长期以来受益于多边贸易体系的印度经济，在WTO多哈回合谈判陷入僵局后，亟须开拓新的市场准入机会。尤其是印度政府颁布的《2004~2009年对外贸易政策》和《2009~2014年对外贸易政策》中都强调了发展出口贸易。在多边贸易谈判受阻的背景下，印度通过构建FTA进而获得市场准入就不难理解了。特别是2001年中国加入WTO后，作为发展中大国的印度感到了较大的竞争压力，印度需要以FTA额外获得竞争优势来平衡中国引发的压力。另外，通过构建FTA有利于印度吸收外资。长期以来，印度经济发展缺乏投资，这种资金匮乏时常成为制约其经济增长的“瓶颈”。由于人均收入限制，印度国内资金有限，因此印度与韩国、日本、欧盟、欧自联等发达经济体构建FTA，将有助于吸引外资并缓解国民经济中投资不足的问题。需要注意的是，作为新兴大国，印度的能源需求与日俱增，尽管该国的煤炭储量丰富，但是其油气资源有限。根据美国能源信息署统计，2013年印度石油需求约370万桶/天，但是该国全部产量还不足100万桶/天；2012年，印度消费了2.1万亿立方英尺天然气，而该国年产量仅1.5万亿立方英尺。[③]严峻的能源供需不平衡成为制约其国民经济的重大挑战，因此，印度将东南亚、中东、非洲、拉丁美洲等地区的能源丰裕经济体作为

① 印度“东向政策”是冷战结束以来印度推行全方位、务实外交政策的一种具体体现，而它的目的就是要通过发展与东北亚、东南亚各国在政治、经济及军事领域的全面合作，促进本国经济发展，增强综合国力，主动参与亚太事务，扩大自身影响，提高印度在国际舞台上的地位，从而实现“争做世界大国”的国家战略目标。参见王传剑：《从“东进战略”的实施看印度的东亚合作政策》，《南洋问题研究》，2007年第1期，第37页。

② Suparna Karmakar, “Political Economy of India's Trade Negotiations Economic Significance of FTAs”, 2013, p.5, http://www.etsg.org/ETSG2013/Papers/406.pdf.

③ http://paper.people.com.cn/zgnyb/html/2014-07/21/content_1456145.htm.

其发展 FTA 的重点对象。例如，印度不仅与海湾合作理事会（GCC）、印度尼西亚、俄白哈关税同盟等展开了 FTA 谈判，还与俄罗斯、委内瑞拉等经济体展开了可行性研究。可见，保障能源供给和维护能源安全是印度 FTA 战略的重要考量。

作为一个地区性大国，印度实施 FTA 战略既有经济原因也有非经济诉求，客观来说，上述两种诉求处于同等重要的地位。长期以来，印度作为南亚地区大国，一直将南亚地区视为其势力范围。伴随着冷战结束，印度开始改变对外政策手段，试图以经济合作手段实现印度主导南亚地区的战略目标。[①] 因此，尽管经济效应微乎其微，但印度仍然在 1998 年与斯里兰卡签署了该国第一个双边 FTA。随后，印度于 2002 年与尼泊尔签署了印度—尼泊尔贸易协定、印度—阿富汗特惠贸易协定（2003 年）、南亚自由贸易区协定（2004 年）、印度—不丹贸易协定（2006 年）等。客观来看，上述贸易安排不仅贸易开放水平较低，经济效应有限，而且在实际运行中利用率也并不高；这些贸易安排更多的是为了加强双边联系，保持印度对南亚地区的影响力。

不仅如此，印度还渴望成为世界大国，为此印度希望通过 FTA 拓展战略空间，扩大国际影响并谋求大国地位。长期以来，印度政府都以“称霸南亚、控制印度洋、争做世界大国”为国家战略目标。伴随着国际政治经济形势的变化，印度周边安全环境得到较大改善，印度希望能够走出南亚战略局限，通过与东盟、韩国、日本等亚太地区的重要经济体构建 FTA，向东扩大战略影响；并以此为基础，进一步参加印度—欧盟 BTIA、RCEP 等重要贸易协定谈判，扩大印度在全球范围的影响力，为其实现世界大国目标铺路。事实上，在此过程中，印度还希望以 FTA 平衡中国在亚洲的影响。[②] 长期以来，印度将中国作为竞争对手，对中国的对外经济政策格外关注。自从 2001 年中国加入 WTO 并提出构建中国—东盟 FTA 的倡议后，印度迅速加强了东向政策的力度，通过与广大的东亚、东南亚经济体构建 FTA 以平衡中国在亚洲的影响力。[③] 可以预见，未来印度在实施 FTA 战

① 杨思灵：《试析印度自由贸易区战略及前景》，《外国问题研究》，2011 年第 2 期，第 72 页。

② Aaditya Mattoo and Arvind Subramanian, “Jagdish Bhagwati and India's Trade Strategy Today”, Paper Presented at the Brookings Institution, 2000, p.2.

③ Takashi Terada, “The Origin of ASEAN+6 and Japan's Initiatives: China's Rise and the Agent-Structure Analysis”, Global Institute for Asian Regional Integration (GIARI) Working Paper 2009-E-3, 2009, p.15.

略时，仍将以平衡中国的影响力作为战略考虑因素。

对印度而言，在保护国内产业部门的同时，通过贸易自由化获得全球市场的最佳政策路径是实现 WTO 范围内的贸易自由化，然而多哈回合谈判陷入僵局使得印度的贸易政策不得不转向 FTA。目前，印度货物贸易国际竞争力有限，为了进一步强化出口导向并实现对外贸易快速增长，短期内通过逐个签署 FTA 的方式，有选择地获得市场准入机会和控制开放的产业部门，对于需要保护国内产业部门利益，又渴望实现经济结构调整的印度而言，是一个比较现实的选择。

可以预见，未来印度仍将从地缘政治考虑出发，特别是基于周边安全的考虑，持续地将区域合作对象定位为其周边国家，并不断提高与南亚国家区域经济合作的深度。因为伴随着中国经济的崛起，中国在南亚和印度洋的区域经济合作会在一定程度上对印度的利益产生影响，所以保持和维护印度在南亚地区的影响力始终是印度参与区域经济合作的首要目标。其次，伴随着印度出口导向战略的实施，印度经济将会越来越依赖国际市场，开拓与印度产业竞争不明显的市场是印度对外构建 FTA 的重要战略方向，这些经济体不仅包括发展中经济体，还包括与印度长期保持紧密经贸联系的欧洲国家。最后，从战略角度，印度的 FTA 战略将高度关注亚太地区并配合实施第二阶段“东向政策”。自从 21 世纪世界经济中心逐渐东移，印度就开始积极关注加强与亚太地区的经济政治联系，避免被亚太地区活跃的区域经济合作边缘化，同时在一定程度上达到平衡中国影响力的目的。下一阶段，融入亚太地区和实现共同的“身份认同”将是印度构建 FTA 的重要考量，因此印度的 FTA 战略将更明显地表现为“立足南亚、突进亚太”。印度 FTA 的现状如表 2-7 所示。

表 2-7 印度 FTA 的现状

	合作类型	实施中	已签署	谈判中	研究中
非洲	贸易协议	○			
东盟	CECA	○			
亚太贸易协议	特惠贸易协议	○			
BIMSTEC	FTA		○		
阿富汗	特惠贸易协议	○			
澳大利亚	FTA			○	
不丹	贸易协议	○			
加拿大	EPA			○	

续表

	合作类型	实施中	已签署	谈判中	研究中
智利	特惠贸易协议	○			
哥伦比亚	特惠贸易协议				○
埃及	特惠贸易协议			○	
欧自联	BTIA			○	
欧盟	BTIA			○	
芬兰	经济合作协议	○			
海湾合作理事会	FTA		○		
印度尼西亚	CECA			○	
以色列	特惠贸易协议			○	
韩国	CEP	○			
南方共同市场	特惠贸易协议	○			
毛里求斯	CECPA			○	
俄罗斯、白俄罗斯、哈萨克斯坦关税同盟	FTA			○	
新加坡	CECA	○			
南盟	服务贸易协议	○			
南部非洲关税同盟	特惠贸易协议		○		
斯里兰卡	FTA	○			
泰国	FTA		○		
土耳其	FTA				○
乌拉圭	特惠贸易协议				○
委内瑞拉	特惠贸易协议				○
尼泊尔	贸易协议	○			
日本	EPA	○			
马来西亚	CECA	○			
新西兰	FTA			○	
中国	FTA				○
南亚自贸区	FTA	○			
秘鲁	FTA				○
中国台北	FTA				○
RCEP	CEP			○	
俄罗斯	CECA				○

注：亚太贸易协议国家包括中国、孟加拉国、印度、老挝、韩国和斯里兰卡。

孟印缅斯泰经济合作组织（BIMSTEC）成立于1997年，现包括孟加拉国、印度、缅甸、斯里兰卡、泰国、尼泊尔和不丹七个成员国。

南亚自贸区前身为南盟，2004年签署自贸协议，现包括印度、巴基斯坦、斯里兰卡、文莱、尼泊尔、不丹、马尔代夫和阿富汗。

资料来源：印度商工部、亚洲开发银行。

（四）东盟的 FTA 战略

成立于 1967 年的东盟，是亚洲地区最早实现区域经济合作的集团之一。成立伊始，东盟就在安全合作上倒向了西方阵营，东盟五国于 1977 年 2 月签署了优惠贸易协议，初步开启了东盟的区域经济合作进程，从此东盟从区域政治组织开始走向区域政治经济组织。但是这种经济合作不仅层次较低，而且更多地服务于政治目标，即东盟希望通过经济合作加强内部团结，以更好地“用同一个声音”与美国等西方国家开展政治安全合作，进而通过服务于西方国家在东亚地区的冷战利益，“换取”东盟国家经济发展急需的外援和市场准入。[①] 直至冷战结束，东盟才真正地朝着经济主导的区域组织方向发展。[②] 冷战结束作为地区国际关系调整的重要背景对东盟产生了深远影响，苏联解体使得东盟丧失了作为冷战前沿的战略地位，东盟不得不调整其对西方国家的依赖。与此同时，美国和欧盟纷纷转向区域主义，多边贸易谈判前景渺茫，依赖出口导向的东盟国家正经历着经济增长放缓的巨大压力，老东盟五国 GDP 平均增长率已经从 1989 年的 9.3% 大幅降至 1992 年的 6.2%，[③] 东盟只能以开放自身市场继续吸引西方投资。于是，1992 年 1 月东盟签署了东盟自由贸易区（AFTA）协议，正式启动了东盟的区域经济合作进程。

亚洲金融危机引发的经济波动是东盟国家始料未及的，一方面，亚洲金融危机期间 IMF 和美国的表现令东盟国家非常失望，对西方市场的长期出口依赖似乎也已经走到尽头；另一方面，尽管大力推进东盟自由贸易区建设，然而受制于经济发展水平，东盟国家的内部贸易比重始终徘徊在 20%左右（见图 2-7），东盟内部市场并未出现，东盟不得不寻求新的市场。在此背景下，1997 年底东盟倡议召开了东盟与中、日、韩三国领导人会议，并分别与三国领导人召开了非正式会议，从此正式启动了东亚地区的“ASEAN+3”合作机制和“ASEAN+1”合作机制。上述机制为“东盟+1”FTA 的出现做出了制度准备，随后在 2000 年 11 月

① 王玉主：《小国集团的能动性——东盟区域合作战略研究》，《当代亚太》，2013 年第 3 期，第 98-99 页。

② Rodolfo C. Severino，“Politics of Association of Southeast Asian Nations Economic Cooperation”，Asian Economic Policy Review，No.6，2011，p.24.

③ 陆建人：《简析东盟的区域合作战略》，《创新》，2007 年第 2 期，第 6 页。

的“ASEAN+3”峰会上，中国总理朱镕基提出了建立中国—东盟 FTA 的设想，不久后在 2001 年双方便达成了关于建立东盟—中国 FTA 的倡议。东盟—中国 FTA 在双方的共同推动下于 2004 年得以签署，而东盟—中国 FTA 触发了日本、韩国在东亚地区的竞争，随后东盟—韩国 FTA（2006 年）、东盟—日本 CEP（2008 年）、东盟—澳新 FTA（2009 年）以及东盟—印度 FTA（2009 年）纷纷签署实施，以东盟为合作“轮轴”的“东盟+1”FTA 网络得以实现。

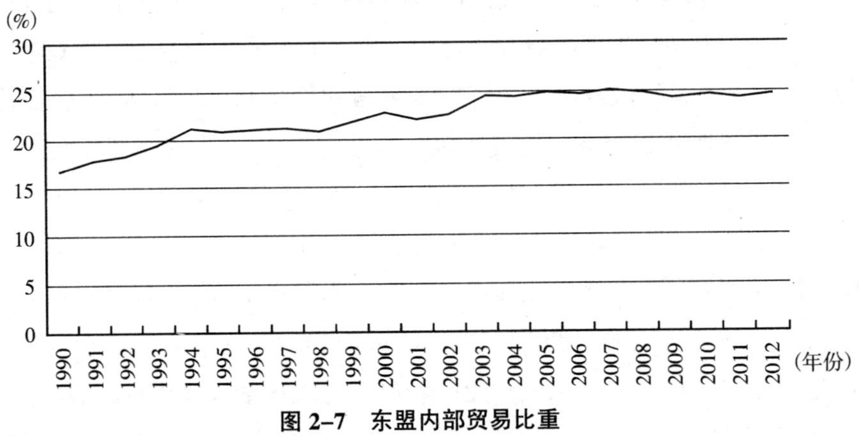

图 2–7　东盟内部贸易比重

资料来源：IMF Directions of Trade Statistics（2013）。

尽管以“东盟+1”FTA 初步构建起了“轮轴”地位，但是东盟在东亚合作中的中心地位并不稳固，其“驾驶员”的身份长期以来受到了质疑。在关于“东盟+3”和“东盟+6”两个 FTA 方案的争论中，东盟并未明显地偏向任何一个方案，这是因为东盟深知中日韩 FTA 进展缓慢，中日之间未建立起有效的经济合作机制是东盟能够成为东亚合作“驾驶员”的重要先决条件，东盟本身作为东亚合作主导力量的实力有限。因此，东盟主要集中精力建设东盟经济共同体和“东盟+1”FTA 网络，以此强化自身的经济实力和领导力；与此同时，作为小经济体，东盟乐见日本与中国在东亚合作方案上的竞争，并采取模糊战略加以应对。直至美国重返亚洲，并积极推动 TPP，东亚合作进程受到了严重挑战，东盟的区域经济合作战略才开始改变。事实上，TPP 不仅对东亚合作造成了剧烈冲击，甚至由于部分东盟国家选择加入 TPP 谈判，对东盟的经济完整性也造成了冲击，这显然不利于东盟作为一个整体参与本地区的区域经济合作的宗旨。与此同时，考虑到本地区中国经济实力快速上升的背景，东盟最终选择 RCEP 作为应对策略。

这样做的好处在于，一方面，以 RCEP 作为新倡议，为“东盟+”经济合作提供动力，推动东亚合作深化并防止东盟被分裂的可能；另一方面，RCEP 在成员国范围上与日本推动的“东盟+6”FTA 一致，吸收印度、澳大利亚和新西兰更有利于“对冲”中国不断上升的地区影响力，有助于东盟维护其东亚合作的“中心地位”。

事实上，东盟推动区域经济合作的重要目的是吸收外资并推动经济发展。东盟国家大多属于小经济体，其经济发展外向型表现明显，因此是否能够为其经济发展带来急需的投资并带动其出口，是影响东盟对外开展区域经济合作的重要因素。长期以来，东盟国家受制于本国市场狭小，不得不通过相互开放市场扩大市场容量，并以此作为吸收外资的亮点，推动经济增长。从 1977 年的东盟优惠贸易协议，到 1992 年的东盟自由贸易区，甚至多个“东盟+1”FTA，可以说都是东盟在其经济发展过程中，遇到了发展困境后不得不借助外部力量加以应对的结果。与此同时，东盟国家明白区域经济合作是东盟在东亚地区赖以生存和发展的基础和手段，面对周边的经济大国，东盟如果不能持续推进区域经济合作进程，那么就不能够在国际分工、政治外交安全对话方面获得一席之地。因此，为了克服东盟国家天生经济实力弱小、“南南合作”在经济互补方面的缺陷以及内部一体化动力不足的“瓶颈”，东盟必须对外不断签署 FTA，保证东盟的“轮轴”地位，以此加强本地区的经济力量，并充分利用区外市场和资源。可见，创造有利的经济发展环境是东盟区域经济合作战略的主要目标之一。[①] 当然，东盟的区域经济合作战略中始终蕴含着“大国平衡”的思维。作为经济体量不大的区域集团，东盟借助“大国平衡”战略，游离于各大国之间，左右逢源，从而为东盟在国际政治舞台上赢得了广阔的活动空间，同时客观上也推动了东盟自由贸易区的建立，促进了东亚一体化的发展。[②] 更重要的是，在美国重返亚洲和中国经济崛起的背景下，为了维持东盟在东亚合作中的“轮轴”地位，东盟需要不断对外谈判“东盟+”FTA，一方面继续维护自身一体化的动力，另一方面不断向区域内引入域外国家，来平衡东亚内部力量对比，造成这些国家相互竞争和制衡，以弥补东盟自身主导力量不足的缺陷。

---

① 王玉主：《小国集团的能动性——东盟区域合作战略研究》，《当代亚太》，2013 年第 3 期，第 108 页。

② 王志民、熊李力等：《东亚区域经济合作的政治因素及中国的对策》，世界知识出版社，2009 年版，第 159 页。

东盟是经济小国的联盟，因此，经济一体化是它们赖以生存、发展、壮大并应对外部威胁的唯一选择，东盟渴望周边经济发达的国家能在其区域经济合作过程中发挥作用。亚洲金融危机以后，东盟首先把目光锁定在东北亚的三个国家：日本、中国与韩国，并迅速与这些国家签订了FTA。同时，为了继续加强自身在本地区区域经济合作中的中心地位，东盟一方面不断加强自身的“东盟共同体”建设，另一方面对外分别与印度、澳大利亚、新西兰等国家谈判签署“东盟+1”FTA，以构建东盟在东亚合作中的“轮轴”地位。需要注意的是，“亚太是大国利益交织的地区，只有保持大国力量对比的均衡，才能有效地维护亚太的安全与稳定，而美国继续留在亚太是建立大国均衡的关键”。[①] 在美国与东盟建立FTA未果的背景下，美国选择利用TPP重返亚洲，这虽然有利于平衡中国在本地区的影响力，但是TPP却分裂了东盟在区域经济合作中的完整性，东盟不得不借助RCEP加以应对。未来，为了确保东亚地区范围内大国的“均衡势力”并保持东盟在大国之间的灵活角色，东盟仍需要不断吸纳大国加入亚太地区的FTA网络中，因此包括欧洲国家在内的域外国家是东盟发展“东盟+”FTA的重要对象，东盟将继续构造FTA网络促使各大国在本地区相互博弈，达到地区内“均势”的目的，并期望中长期内继续在亚洲和亚太次区域的经济合作进程中保持“中心地位”。[②] 东盟FTA的现状如表2-8所示。

表2-8 东盟FTA的现状

谈判对象		名称	现状
已生效	中国	CAFTA	2002年11月5日签署框架协议，2004年11月29日签署货物贸易协议，2007年1月签署自贸区服务贸易协议，2009年8月15日签署投资协议
	韩国	KAFTA	2006年8月24日签署，2007年7月1日生效，2009年完成其他协议签署
	日本	AJCEP	2008年4月14日日本同东盟在京都签署了AJCEP，2008年12月1日生效
	澳大利亚、新西兰	AANZFTA	2009年2月27日签署，2010年1月1日生效
	印度	AICECA	2003年10月8日签署东盟印度全面经济合作框架协议，2004年7月1日生效；2009年8月签署货物贸易协议，2010年1月1日生效；正在进行投资协议谈判

① 马勇：《李光耀的美国观》，《东南亚》，1996年第4期，第53页。
② 陆建人：《论亚洲经济一体化》，《当代亚太》，2006年第5期，第10-11页。

续表

谈判对象		名称	现状
谈判中	欧盟	ASEAN-EU FTA	东盟部分国家正在与欧盟进行 FTA 谈判
	中日韩澳新印	RCEP	2012 年 11 月 20 日宣布启动谈判，2014 年 12 月 1 日开始第 6 回合谈判
研究中	巴基斯坦	PAFTA	可行性研究
	海湾合作理事会	东盟—海合会 FTA	2009 年 6 月同意对建立框架协议和货物贸易协议进行可行性研究
	中国香港	FTA	可行性研究

资料来源：东盟秘书处网站，http：//www.asean.org/asean/external-relations/；2008~2009 东盟年报；亚洲开发银行。

（五）澳大利亚的 FTA 战略

作为一个自然资源丰裕的国家，第二次世界大战后澳大利亚依赖初级产品的出口很好地推动了该国的经济增长，而开放的多边贸易体系是澳大利亚经济实现可持续增长不可或缺的外部条件，因此长期以来澳大利亚一直是多边贸易体系的坚定支持者。然而，自从 20 世纪 70 年代以来，澳大利亚的贸易条件不断恶化，初级产品出口的发展模式受阻，澳大利亚政府不得不在 20 世纪 80 年代初启动了结构改革，希望将内向的、基于初级产品出口的国民经济改造为开放的、实现多样化出口导向的经济体，这也意味着澳大利亚必须更加关注外部贸易环境和自身的贸易政策。

20 世纪 80 年代末，美、欧纷纷走向区域主义，乌拉圭回合谈判进展并不顺利；与此同时，以东盟为代表的东亚经济体经济发展迅速，巨大的东亚市场构成了澳大利亚中间产品出口的重要市场，但是该地区 1990 年出现的东亚经济集团（EAEG）倡议及随后的东盟自由贸易区倡议同样令澳大利亚紧张。澳大利亚意识到，如果澳大利亚被美国和东亚的区域主义所排除，那么澳大利亚的经济增长将会遭受重大冲击。因此，澳大利亚有必要与美国这一传统经济、安全伙伴保持良好的关系，同时与东亚新兴经济体建立起紧密的关系。更为重要的是，要以澳大利亚为纽带，将美国和东亚联系起来，防止上述两个经济体发展各自的排他性贸易集团并损害澳大利亚的利益。这样，澳大利亚一方面积极推动成立了 APEC，将美国和东亚经济体都纳入其中，试图强化亚太地区概念；另一方面在泰国的倡议下，澳大利亚积极地参与了东盟与澳新更紧密经济联系的构建进程，试图进一步加强澳新—东盟双边经济联系。

1996 年 3 月，霍华德政府上台，在充分评估了上一届政府的贸易政策后，新政府于 1997 年公布了《外交与贸易政策白皮书》，白皮书强调了贸易对澳大利亚经济发展的重要性，指出拓展外国市场准入机会关系到澳大利亚的国家利益，首次公开认可了区域经济合作的重要性。这一白皮书标志着澳大利亚新政府针对基廷政府的贸易政策的“再平衡”，其贸易政策逐渐从单一的多边贸易体系转向同时强调多边主义和区域主义。[①] 1997~1998 年亚洲金融危机的爆发，加速了澳大利亚区域经济合作的进程。尽管澳大利亚并未受到亚洲金融危机的直接冲击，但是东盟国家却在此轮危机中损失惨重，1999 年底东盟重提东盟—澳新合作议题，并建议启动东盟—澳新 FTA 可行性研究。与此同时，被澳大利亚期待的 APEC 部门提前自愿自由化（EVSL）倡议失败了，而日本开始与韩国、新加坡等国启动 EPA 可行性研究，美国则全力推动美洲自贸区谈判，澳大利亚不得不迅速地做出反应，将区域经济合作重心转向东盟—澳新 FTA。

然而 2000 年底的东盟—澳新部长级磋商结果令人颇为失望，东盟并不积极的态度导致东盟—澳新 FTA 倡议在短时间内就失去了动力。为了应对东亚地区和美洲发生的区域经济合作，澳大利亚接受了新加坡关于构建澳大利亚—新加坡 FTA 的建议，于 2001 年 2 月启动了首轮谈判。新加坡作为一个高度开放的城市国家，在东亚地区开放水平最高，澳大利亚希望通过与新加坡进行 FTA 谈判，推动全面的高水平 FTA 谈判框架结构，不仅包括货物贸易，还包括服务贸易、投资等贸易议题，并要求所有部门全面开放。更重要的是，澳大利亚希望通过构建双边 FTA，维护并提高澳大利亚的经济、外交以及战略利益，并以此作为未来参与亚洲区域经济合作的模板。

与此同时，澳大利亚还积极与美国加强双边经贸联系。2001 年 9 月，澳大利亚总理霍华德与美国总统布什确认构建双边 FTA 将有助于提升双方的经贸关系。随后，在美国政府重获贸易快轨授权（TPA）后，双方于 2003 年初启动了澳大利亚—美国 FTA 谈判。美国作为全球第一大经济体和第一大军事强国，对于澳大利亚而言意义重大。澳大利亚不仅希望通过澳大利亚—美国 FTA 加强双

① Jiro Okamoto, “Australia's FTA Policy: From Defensive Response to Competitive Liberalization?”, in Jiro Okamoto and Tatsushi Ogita (eds.), Whither Free Trade Agreements? Proliferation, Evaluation and Multilateralization, Chiba: IDE-FETRO, 2003, pp.322-325.

边经贸往来，推动经济发展，更重要的是，为了维护澳大利亚的国家利益并取得更好的国际地位，澳大利亚需要在东亚和美国之间同时保持良好的双边关系，并推动美国在亚洲保持存在，以此构建亚太合作进程，使得澳大利亚在整个进程中既拥有“合法身法”，又处于主导地位。然而，澳大利亚—美国 FTA 从最开始就饱含争议，不仅因为澳大利亚在农业、投资政策上与美国存在较多冲突，而且在短短一年之内就谈判签署的双边 FTA 甚至短于澳大利亚—新西兰 FTA 两年的谈判时间。因此，澳大利亚—美国 FTA 难免被质疑为更多地受到了政治利益的驱动。正如 2010 年澳大利亚生产力委员会公布的评估报告所指出的，澳大利亚—美国 FTA 的经济收益往往被高估了，而且澳大利亚和美国更多是基于政治原因谈判签署了澳大利亚—美国 FTA。[①]

进入 21 世纪，在 WTO 多哈回合谈判进展缓慢的背景下，包括中国在内的东亚国家纷纷开始启动区域经济合作进程，特别是中国—东盟 FTA 对东亚地区的区域经济合作进程产生了重大影响，引发了该地区的 FTA 竞争。由于担心受到贸易转移效应的负面影响，2001 年底澳大利亚与东盟签署了东盟—澳新 CEP 框架协议，并于 2002 年签署了启动贸易投资便利化的部长声明。与此同时，澳大利亚以澳大利亚—新加坡 FTA 为模板，向泰国提议建立澳大利亚—泰国 FTA（2004 年签署），该 FTA 是澳大利亚与发展中国家谈判的首个 FTA，[②] 澳大利亚希望以此“撬动”东盟国家的“竞争性自由化”，进而完成东盟—澳大利亚 FTA（2005 年启动），避免被东亚地区活跃的区域经济合作排除在外。不仅如此，澳大利亚也加快了与中、日、韩三国的区域经济合作进程，积极与中国、日本、韩国等国开展谈判或研究，试图在有限的时间内赶上或者超越区域内其他国家的步伐。

作为一个外向型经济的中等国家，澳大利亚的经济发展严重依赖国际经济环境。在 WTO 多哈回合谈判陷入停滞的背景下，澳大利亚的贸易政策不得不进行调整，并逐步转向区域经济合作。伴随着中国、印度以及东盟的经济发展，亚洲已经逐渐成为世界经济的重要增长极。以中国为中心的东亚地区越来越成为澳大利亚重要的出口市场和贸易伙伴，亚太地区更是构成了澳大利亚 70%的出口市

---

① http://www.eastasiaforum.org/2015/02/08/the-costs-of-australias-free-trade-agreement-with-america/.

② 澳大利亚—泰国 FTA 标志着澳大利亚的区域经济合作战略正式转向主动。参见 Christopher Findlay, “Walking and Chewing Gum at the Same Time: Australia's Free Trade Area Strategy”, The Australian Journal of Agricultural and Resource Economics, Vol.46, No.4, 2002, p.606.

场，澳大利亚的中长期经济可持续发展离不开“分享”亚洲经济成长。[①]然而，该地区的货物贸易平均关税已经从过去的25%降至5%左右，[②]继续下降的空间有限，货物贸易越来越受到非关税壁垒的影响。另外，服务贸易对澳大利亚经济可持续发展越来越重要，但是亚洲地区经济体的服务贸易市场开放程度普遍较低，在多边贸易谈判受阻的前提下，澳大利亚需要借助FTA来取得重要的市场准入机会。

澳大利亚强调私营部门对其经济发展的重要性，澳大利亚通过区域经济合作为本国的私营部门拓展市场，更重要的是可以通过FTA为企业提供更为良好的营商环境。FTA不仅可以为企业提供法规制度保障，帮助解决技术性贸易壁垒、相互认可、商务人员流动等一系列“边界内”障碍，更重要的是，包括了知识产权、竞争政策、制度协调等内容的全面FTA有助于改善亚洲贸易伙伴的国内制度建设，以FTA为平台实施结构改革将为企业的经营活动提供更加良好的营商环境。[③]

澳大利亚作为亚太地区的中等经济体，仅仅依靠自身的经济实力很难在全球治理中发挥很大的作用，构建区域或多边的平台将有助于避免被区域经济或政治合作进程边缘化，强化与谈判对象之间的政治互信，同时通过经济合作达到维护稳定和促进经济发展的多重目的，[④]并在全球治理中发挥更为积极的作用。美国作为全球第一大经济体和军事强国，一直以来就是澳大利亚重要的贸易伙伴和盟国。澳大利亚通过支持美国在亚洲地区的存在，有助于构建亚太经济合作进程，防止出现排他性的贸易集团，而一个开放的包容性的区域经济合作进程符合澳大利亚的国家利益。[⑤]显而易见，类似于东盟的“大国平衡”战略，澳大利亚希望通过在亚洲和美国之间搭建“桥梁”，在地区公共产品提供上发挥举足轻重的作用。基于这些考虑，澳大利亚迫切地希望通过与亚洲经济体快速缔结FTA，从而

① Australian Department of Foreign Affairs and Trade，“Review of Bilateral and Regional Trade Agreements”，April 2010，pp.6-7.

② Australian Department of Foreign Affairs and Trade，“Gillard Government Trade Policy Statement：Trading Our Way to More Jobs and Prosperity”，2011，p.3.

③ ITS Global，“Study of Regional and Bilateral Agreements by the Productivity Commission”，2010，pp. 17-19.

④ 澳大利亚外交贸易部2008年发布的《澳大利亚出口政策独立评审报告》，http://www.dfat.gov.au/trade/export_review/index.html。

⑤ ITS Global，“Study of Regional and Bilateral Agreements by the Productivity Commission”，2010，p.10.

避免在全球新的地缘政治和经济格局调整中被弱化和边缘化。

澳大利亚始终坚持多边主义和区域主义并重的贸易政策，并认为通过借助区域经济合作平台将可能发挥更为主动的作用。澳大利亚经济的双重性导致了该国的区域经济合作战略也具有独特性，一方面，澳大利亚作为发达经济体，在区域经济合作中强调 FTA 的全面性与高标准要求，力图为本国企业构建更为良好的营商环境和争取更广阔的市场准入机会；另一方面，澳大利亚作为一个中等经济体，非常担心被亚洲和美国的区域经济合作进程排除在外，因此该国不仅支持美国重返亚洲，而且也愿意与中国等亚洲新兴经济体建立更为紧密的经济联系。因此，澳大利亚的区域合作进程不得不尽量在现实性与原则性之间达到平衡。澳大利亚始终强调多边贸易体系的重要作用，强调采取尽可能的措施规避正在或者潜在对澳大利亚贸易或者投资造成损失的贸易转移效应，即澳大利亚的区域经济合作进程基本采用的是“跟进”策略，而非主动构建。另外，该国始终强调非歧视性原则，澳大利亚缔结的 FTA 要求不低于其他国家的优惠，即最惠国待遇，而并不是旨在取得更优于他国的特别优惠。作为一个贸易国家，推动建立自由、开放的贸易投资环境是澳大利亚区域经济合作的目标。对澳大利亚而言，从自由贸易中获得的最大收益来源于全球范围的贸易自由化，因此多边贸易体系优于区域贸易协定，更优于双边贸易协定。在未来一段时间内，如果多边贸易谈判继续陷入停滞，澳大利亚将继续采取“跟进”策略与他国签署双边 FTA，同时澳大利亚将积极致力于推动区域范围的贸易投资自由化，特别是亚太地区的区域经济合作进程，澳大利亚不仅会积极参与 RCEP 和 TPP 谈判，而且支持亚太自贸区（FTAAP），希望以此推动多边贸易谈判进程。澳大利亚 FTA 的现状如表 2-9 所示。

表 2-9　澳大利亚 FTA 的现状

谈判对象		名称	现状
已生效	新加坡	澳新 FTA	2001 年 2 月启动谈判，2003 年 2 月 17 日签署，2003 年 7 月 28 日生效
	智利	澳智 FTA	2009 年 3 月 6 日生效
	美国	澳美 FTA	2003 年 3 月启动谈判，2004 年 5 月签署，2005 年 1 月生效
	新西兰	澳新 CER	1983 年 1 月 1 日生效
	泰国	澳泰 FTA	2004 年 7 月 5 日签署，2005 年 1 月 1 日生效

续表

<table>
<tr><th colspan="2">谈判对象</th><th>名称</th><th>现状</th></tr>
<tr><td rowspan="4">已生效</td><td>东盟、新西兰</td><td>AANZFTA</td><td>2005年2月启动首轮谈判，2009年2月27日签署，2010年1月1日生效</td></tr>
<tr><td>马来西亚</td><td>澳马FTA</td><td>2013年1月1日生效</td></tr>
<tr><td>韩国</td><td>澳韩FTA</td><td>2014年4月8日签署，2014年12月12日生效</td></tr>
<tr><td>日本</td><td>澳日EPA</td><td>2007年启动谈判，2014年6月签署，2015年1月15日生效</td></tr>
<tr><td>已签署</td><td>中国</td><td>澳中FTA</td><td>2005年启动谈判，2014年11月完成实质性谈判</td></tr>
<tr><td rowspan="6">谈判中</td><td>海湾合作理事会</td><td>澳大利亚—GCC FTA</td><td>2009年5月31日-6月2日开始第4回合谈判</td></tr>
<tr><td>印度尼西亚</td><td>澳印（尼）FTA</td><td>2007年8月完成联合研究，2012年9月开始谈判</td></tr>
<tr><td>印度</td><td>澳印FTA</td><td>2010年5月4日完成联合可行性研究，2013年5月开始第5回合谈判，2014年9月两国总理同意尽快推动完成谈判</td></tr>
<tr><td>东盟、中、日、韩、印、新</td><td>RCEP</td><td>2012年11月20日宣布启动谈判，2014年12月1日开始第6回合谈判</td></tr>
<tr><td>PACER</td><td>太平洋紧密经济关系协议Plus</td><td>2009年8月开始谈判，2014年5月召开部长会议</td></tr>
<tr><td>美国等亚太经济体</td><td>跨太平洋伙伴关系协议（TPP）</td><td>2015年1月底召开贸易部长和领导人会议</td></tr>
</table>

注：PACER Plus谈判方包括：澳大利亚、库克群岛、密克罗尼西亚、基里巴斯、瑙鲁、新西兰、纽埃、帕劳、巴布亚新几内亚、马绍尔群岛、萨摩亚、所罗门群岛、汤加、图瓦卢、瓦努阿图、斐济。

跨太平洋战略经济伙伴协议于2006年实施，包括文莱、智利、新西兰和新加坡。目前，澳大利亚、美国、越南、秘鲁等12国正在进行TPP谈判。

资料来源：澳大利亚外交贸易部网站，http://www.dfat.gov.au/trade/agreements/Pages/trade-agreements.aspx。

三、TPP的出现与亚太区域合作双架构

1997~1998年亚洲金融危机后，尽管以东亚合作为代表的亚洲区域经济合作发展很快，地区内双边FTA和区域贸易协定盛行，但是直到TPP出现之前的多年内，东亚合作在进一步深化（建立区域统一市场）的问题上始终难以达成统一。对于日本、韩国等“贸易立国”的出口导向型国家而言，全球范围内的贸易自由化是保证其福利最大化的最优选择。但是目前多边贸易谈判停滞不前，上述国家不得不退而求其次，转向区域经济合作。

事实上，日本在1997年亚洲金融危机时曾积极推动“东盟+3”合作机制，当时日本相信包括了中国的“东盟+3”区域经济合作对地区发展和治理是有利的。然而，当本世纪初中国经济崛起并提出建立中国—东盟FTA的倡议后，日本的区域经济合作态度发生了较大幅度改变。中国—东盟FTA倡议不仅使得日本感受到了被区域经济合作排除在外的威胁，更使得日本开始担心中国的经济崛起会威胁到日本在本地区拥有的长期优势地位；尤其是在“东盟+3”FTA机制下，中国可能会与不少发展中经济体结成贸易集团进而发挥主导作用。因此，尽管过去日本支持以“东盟+3”为基础建立东亚自贸区，但是出于上述担心，日本转而通过将印度、澳大利亚、新西兰等域外国家拉入新的东亚合作框架——“东盟+6”来平衡中国的影响。[①] 从经济角度，尽管根据日本经济产业省的估算，以“东盟+6”为基础的FTA较“东盟+3”FTA具有更大的经济效益，但更重要的原因是“东盟+6”FTA能够使日本更好地发挥在规制、标准、管理等方面的主导作用。[②] 事实上，刚提出“东盟+6”FTA时，日本并未对谈判做好充分准备，来自中国的农产品以及强大的制造业能力对日本相关产业可能会造成巨大冲击，日本很难对包括中国的任何FTA进行实质性的谈判。[③] 从非经济角度，日本提出“东盟+6”FTA倡议，有助于降低中国在东亚区域经济合作战略中的分量，并增强日本在FTA范式上的优势。[④] 尽管增加了澳大利亚、新西兰等发达国家以及印度这样的民主国家，中国在东亚合作进程中的影响力可能会被削弱，[⑤] 但“东盟+6”FTA的出现直接引起了东亚合作两个方案的博弈，并最终影响了亚洲区域经济一体化的进程。

客观来看，韩国的FTA战略在东亚国家中变化最大，从最初积极支持多边贸易体系过渡到重视FTA以应对其他地区的区域经济合作，并积极充当日本和中国双边政治、经济联系的“桥梁”角色，以东北亚经济合作推动整个东亚甚至亚洲的区域经济合作进程。但是伴随着日本与中韩之间的政治关系恶化，韩国逐

---

① Takashi Terada, “The Origin of ASEAN+6 and Japan's Initiatives: China's Rise and the Agent-Structure Analysis”, Global Institute for Asian Regional Integration (GIARI) Working Paper, 2009-E-3, 2009, pp.5-11.

② 张蕴岭：《东亚合作需要新思维》，《中国经济周刊》，2010年第1期，第51-52页。

③ 王胜今、于潇：《从中日关系的深层矛盾看“东亚共同体”的未来——兼论东亚合作中的矛盾与竞争》，《东北亚论坛》，2005年第6期，第28页。

④ 赵放：《日本FTA战略的困惑》，《当代亚太》，2010年第1期，第52页。

⑤ Sonya Chum, “The Impact of Japan's Rivalry with China on Its Willingness to Pursue Free Trade Agreements”, Journal of East Asian Economic Integration, Vol. 18, No. 3, 2014, p.221.

步转变态度，改变“桥梁”角色定位，积极开展独立的FTA外交并试图寻求区域经济合作中的“轮轴”地位。目前，韩国“主动”的FTA战略将集中精力与大型、先进经济体建立FTA视为战略目标，该国与区域内外国家加速进行FTA谈判，以挽回过去因“被动”战略耽搁推进FTA而造成的损失。目前，韩国的FTA战略已初见成效，并已成为与新加坡、智利等国类似的全球范围的区域经济合作“轮轴”国。由于韩国已经将FTA战略视野转移至全球层面，东北亚地区区域经济合作的重要性有所下降，特别是一段时间内中日两国在东亚合作方案上博弈激烈，所以韩国在推动亚洲区域经济合作进程中难以有所作为。

东盟推动亚洲区域合作进程的首要目标是有助于东盟共同体建设，即以外部的一体化进程推动自身的一体化进程。因此，若要取得东盟对亚洲区域经济合作的支持，首先必须保证亚洲区域经济合作进程能够加强东盟，而不是弱化东盟。从这个角度来看，辐射状的“东盟+1”FTA结构最符合东盟的利益，任何统合的大区域机制（亚洲统一市场）都会对东盟的地位形成挑战。[①] 这是因为，“东盟+1”FTA网络不仅使东盟获得了“轮轴”地位，有助于东盟更好地吸引外资，而且竞争所带来的自我实现机制会吸引其他国家与东盟签署FTA，[②] 进而有助于其“大国平衡”战略的实现。事实上，无论是在“东盟+3”还是“东盟+6”方案中，东盟的地位都会因FTA参与方的增多而被边缘化，而不对“东盟+3”和“东盟+6”方案做价值判断，继续维持中日在东亚合作中的竞争局面无疑有利于东盟保住东亚合作的中心地位。[③]

由于印度地处南亚同时与东亚经济体的经济联系程度不深，尽管多年来实施了东向政策，但是始终游离于东亚合作进程之外。从战略角度考虑，印度一直渴望进入东亚甚至是亚太地区。但是，鉴于印度的经济开放水平，印度在中短期内很难有实力真正地参与“东盟+6”FTA等高标准的区域经济合作。目前，印度的最惠国简单平均关税约为13%，从全球范围来看仍属较高水平；其农业和制造业仍比较落后，对国内市场的保护程度较高；另外，印度的外资政策比较严格，对

① 张蕴岭：《东亚合作需要新思维》，《中国经济周刊》，2010年第1期，第51页。

② 李向阳：《区域经济合作中的小国战略》，《当代亚太》，2008年第3期，第45页。

③ Takashi Terada, “The Origin of ASEAN+6 and Japan's Initiatives: China's Rise and the Agent-Structure Analysis”, Global Institute for Asian Regional Integration (GIARI) Working Paper, 2009-E-3, 2009, p. 13.

外国投资限制较多。因此，以重点在知识产权、竞争政策等领域的“东盟+6”FTA为基础参与亚洲区域经济合作进程，对印度具有较大的挑战，历来注重保护国内产业的印度政府难以在中短期内应对这一艰巨挑战。因此，尽管印度对日本提出的“东盟+6”方案表示支持，但这更多是与其东向政策目标和对中国进入印度洋的战略反应有关。可以说，与其说印度乐于加入“东盟+6”FTA，不如说只是为了找到进入东亚的合法身份，因为印度并不一定希望东亚合作进程主要由东北亚或者东南亚国家主导，而更希望发展一个“亚洲经济合作”的更大框架，其中印度的发言权更大些,① 印度甚至提出过基于自身的“东盟+4”（即东盟+中日韩+印度）FTA倡议,② 从这个角度来看，印度对“东盟+6”FTA的支持比较有限。

作为一个开放的发达经济体，澳大利亚始终支持多边贸易体系,③ 长期以来对区域经济合作持谨慎态度。然而，由于目前全球多边贸易谈判受阻，在其他各主要经济体纷纷加入区域经济合作浪潮后，为了规避因此产生的贸易转移效应等负面影响，澳大利亚加强了相应的应对措施。客观来看，该国的FTA战略与其说是自主的贸易战略，不如说是迫不得已的防御战略。虽然相对于“东盟+3”而言，澳大利亚倾向“东盟+6”方案，但是澳大利亚更加看重FTA的实质内容，特别是近年来强调开放服务贸易市场，并希望借助FTA推动贸易伙伴实施国内结构改革，而印度的加入很难满足澳大利亚缔结FTA的全面、高质量标准。因此，澳大利亚对“东盟+6”FTA支持有限，特别是澳大利亚与上述贸易伙伴完成了双边FTA谈判，那么澳大利亚的真实支持力度有限。

可见，尽管中国积极支持“东盟+3”FTA倡议，但是根据上述主要经济体的FTA战略，以东亚合作为代表的亚洲区域经济合作进程并不顺利。出于保护敏感产品以及牵制中国的目的，日本推出了“东盟+6”FTA倡议，然而该国在中短期内并不积极推动东亚合作深化；尽管韩国支持“东盟+3”FTA，但是出于构建全球范围内的FTA网络的考虑，该国对区域内合作的注意力在减少；东盟更关心“东盟+1”FTA网络的建设；从战略角度，印度更关心融入亚太地区或亚洲区域

① 张蕴岭：《东亚合作需要新思维》，《中国经济周刊》，2010年第1期，第52页。

② Naesh Kumar, “Asian Economic Community: Toward Pan-Asian Economic Integration”, in Asian Economic Cooperation and Integration: Progress, Prospects, Challenges, Asian Development Bank, 2005, p.67.

③ 澳大利亚一直非常强调，WTO框架下的多边贸易体系是这个贸易国家最优先考虑的方向，参见Australian Department of Foreign Affairs and Trade, “Review of Bilateral and Regional Trade Agreements”, April 2010, pp.3-4.

经济合作而非局限在东亚合作中；尽管澳大利亚支持“东盟+6”FTA，但是该国强调 FTA 的全面性和高标准，与印度的谈判立场有所冲突。从 FTA 战略角度，各经济体在亚洲区域经济合作深化方向上的分歧是巨大的，① 多国博弈会使得亚洲区域经济合作进程变得更加复杂化。② 特别是伴随着各国实施竞争性的 FTA 战略，以双边 FTA 为主的亚洲区域经济合作似乎不太可能自动收敛为区域统一市场。在对亚洲 FTA 的收敛因素和发散因素进行研究的基础上，现有相关研究表明，由于亚洲“面条碗”效应、竞争性双边主义、“轮轴—辐条”结构的自我加强以及双边 FTA 会加剧亚洲地区经济发展差距等发散因素作用较大，因此由 FTA 自发收敛为亚洲统一市场的可能性非常小。③ 这样看来，如果上述经济体继续实施其 FTA 战略，亚洲区域经济合作只会距离其目标渐行渐远，且越来越“固化”为次优均衡，④ 并长期存在。⑤

有研究认为，中国和日本构成的“一票否决结构”类型的决策结构，导致以东亚合作为代表的亚洲区域经济合作难以深化。⑥ 如果未来中国经济发展能够持续维持高增速，⑦ 而日本经济迅速衰落，那么亚洲区域经济合作将有可能会形成类似于北美区域经济合作中“独裁结构”类型的决策结构，进而将会出现由中国主导的亚洲区域经济合作进程。但是伴随着中国经济潜在增长率的逐渐下降，日本经济实力也未发生明显衰落，亚洲区域经济合作中期内不太可能形成类似于北

---

① 基于可计算一般均衡模型的定量分析也支持这一判断。参见 Mohamed Hedi Bchir and Michel Fouquin，“Economic Integration in Asia：Bilateral Free Trade Agreements Versus Asian Single Market”，CEPII Working Paper No.15，2006，pp.48-51.

② 张蕴岭：《东亚合作需要新思维》，《中国经济周刊》，2010 年第 1 期，第 52 页。

③ Christopher M. Dent，East Asian Regionalism，New York and London：Routledge，2008，pp.201-222.

④ 正如经济学家贾格迪什·巴格瓦蒂认为的，FTA 不断涌现的真正令人信服的原因是纳什均衡，即在国际贸易博弈中，尽管各国可以通过合作获得更大利益，但它们却以非合作的方式各自寻求个体利益。随着双边协定的增加，各国开始觉得在这些双边协定下，它们已经被排斥在市场之外了。然后，它们便开始谋划与政治上友好的国家建立自己的双边协定，所以出现了双边协定飞速增加的情况。特别是这种情况还具有相当的稳定性。转引自孙玉红：《论全球 FTA 网络化》，中国社会科学出版社，2008 年版，第 56-61 页。

⑤ 日本学者河合正弘认为，亚洲地区的主要经济体乐衷于发展 FTA、WTO 谈判受阻以及 FTA“超越 WTO”（WTO Plus）的性质，都会使亚洲的 FTA 化趋势继续保持下去。参见 Masahiro Kawai and Ganeshan Wignaraja，“Free Trade Agreements in East Asia：A Way Toward Trade Liberalization?”，ADB Briefs No.1，June 2010. pp.6-7.

⑥ 曹亮、谷克鉴等：《东亚区域经济一体化组织难以形成的原因研究》，《财贸经济》，2009 年第 1 期，第 81-83 页。

⑦ 有关中国经济发展较乐观的预测，参见 Louis Kuijs，“China Through 2020-A Macroeconomic Scenario”，World Bank China Research Paper No.9，2009.

美的"独裁结构"类型的决策结构,"一票否决结构"类型的决策结构将继续维持。除非在此期间日本的FTA战略发生变化,即日本改变对中国的防范心态,[①]愿意与中国合作推动亚洲区域经济合作进程,那么将有可能实现区域统一市场的目标。[②]然而,鉴于日本对外政策的传统,即与区域外大国结盟以维持并加强其在亚洲的"霸主"地位的传统很难轻易改变,[③]并且特定产业部门的相互冲击、中日间的历史问题和政治互信问题长期存在,[④]中、日共同主导亚洲区域经济合作的可能性不大。值得一提的是,如果在此过程中印度经济也实现了持续高速增长,同时改变了对FTA对象的选择标准,特别是更多地以经济考虑为主而非政治考虑为主,那么亚洲地区也许会出现类似于欧洲地区出现的英、法、德三强相争的"绝对民主结构"中的"过半数原则"类型下的决策结构。在此情况下,将由中国、印度、日本共同主导亚洲区域经济合作,那么亚洲区域经济合作将有可能实现其目标。但是鉴于目前印度经济体量较小,中期内这种情况难以出现。

然而,美国参加并积极推动TPP以重返亚洲,使亚洲区域经济合作格局的决策结构再次发生了重大变化。TPP的出现使得面临"东盟+6"与"东盟+3"路径竞争的亚洲区域经济合作进程变得更加复杂,如果中国和日本仍继续坚持各自的方案而导致东亚合作持续陷入停滞,那么中国和日本的福利都有可能因为TPP的出现而受损。另外,部分东盟国家加入TPP谈判,不仅东盟在东亚合作中的"中心地位"受到了TPP的冲击,更重要的是东盟的经济整体性被分裂了,这严重违反了东盟通过外部一体化促进内部一体化的合作思想。因此,东盟加强共同体建设和推动建设RCEP以维护自身的中心地位的做法就不难理解了。与此同时,RCEP也迎合了各参与方的利益诉求,澳大利亚、新西兰与印度乐于以东亚经济体的身份加入RCEP;而RCEP部分源于中日双方为摆脱在东亚合作中相互竞争造成的被动局面而设计,中、日两国自然不会反对,[⑤]韩国也乐见其成。

需要注意的是,以东亚合作为代表的亚洲区域经济合作的两次发展高潮,都

---

① 存在根本利益争议的国家很容易把现实中的合作伙伴当作潜在对手时刻加以防范,参见王勇辉:《浅析中国在东亚区域合作中提供公共产品的若干问题》,《东南亚研究》,2005年第5期,第19页。

② Naoko Munakata, "Whither East Asian Economic Integration?", RIETI Discussion Paper Series 02-E-007, 2002, p.27.

③ 郭定平主编:《东亚共同体建设的理论与实践》,复旦大学出版社,2008年版,第233页。

④ 李向阳:《东亚区域经济合作中的中国与日本》,《中外科技信息》,2002年第8期,第11页。

⑤ 王玉主:《显性的双框架与隐性的双中心——冷和平时期的亚太区域合作》,《世界经济与政治》,2014年第10期,第34-35页。

是由外因引发的。前一次是1997~1998年亚洲金融危机期间，IMF和美国对陷入危机的亚洲经济体的忽视，导致了亚洲经济体纷纷加强区域经济合作以“自救”，并形成了东亚合作的基本框架格局。后一次则是在美国以TPP为载体重返亚洲后，美国因素打破了长期困扰东亚合作的“一票否决”决策结构，东盟推出RCEP维护自身在东亚合作中的中心地位，而中日韩等经济体也乐于支持该倡议，亚洲区域经济合作再次在外力的作用下得到了复兴。进一步来看，亚洲区域经济合作发展的两次高潮似乎都受到了美国这一域外因素的直接影响；更重要的是，伴随着中国经济的崛起，中日在东亚合作（“东盟+3”与“东盟+6”）上的竞争正逐步转变为中美在亚太经济合作（RCEP与TPP）上的竞争。

第三章　美国推动跨太平洋伙伴关系协定的逻辑

原本默默无闻的"跨太平洋战略经济伙伴关系协定"（Trans-Pacific Strategic Economic Partnership），[①] 随着 2009 年美国宣布加入"跨太平洋伙伴关系协定"（TPP）谈判，开始受到各界关注。尽管美国政府指出美国加入跨太平洋伙伴关系协定并非针对中国，但是在中国国内，美国"阴谋论"的论调始终不绝于耳。美国究竟为什么推动跨太平洋伙伴关系协定谈判？跨太平洋伙伴关系协定是否针对中国？跨太平洋伙伴关系协定是美国在亚太地区独立的贸易谈判个案，还是其系列战略行为的一环？在探讨美国 FTA 战略的基础上，本章尝试回答上述问题。

一、美国的 FTA 战略回顾

第二次世界大战后的多数时间里，美国政府一直坚定地奉行多边主义贸易政策，并成功地推动了 GATT 的八次谈判。[②] 美国之所以在 GATT 体系下主张非歧视性原则，反对其他国家和地区的区域合作行为，始终充当多边贸易体系的倡导者，在于多边贸易体系可以最大限度地维护美国的全球利益。[③] 然而 20 世纪 80 年代中

---

① 由于"跨太平洋战略经济伙伴关系协定"仅包括新加坡、新西兰、文莱和智利四个国家，故亦称 P4 以区别于 TPP。

② Gary C. Hufbauer and Jeffrey J. Schott, "Strategies for Multilateral Trade Liberalization", in G. Feketekuty and B. Stokes (eds.), Trade Strategies for a New Era: Ensuring US Leadership in a Global Economy, New York: Council on Foreign Relations and the Monterey Institute of International Studies, 1998, pp. 125-141.

③ Jeffrey J. Schott, "Assessing US FTA Policy", in Jeffrey J. Schott (ed.), Free Trade Agreements: US Strategies and Priorities, Washington D.C.: Institute for International Economics (IIE), 2004, p.361.

后期，美国的贸易政策发生了较明显的变化，开始接受并展开双边或区域贸易协定谈判。

（一）竞争性自由化

美国—加拿大 FTA 是美国签署的第一个拥有重要经济意义的 FTA。[①] 1985 年，加拿大政府接受了该国皇家委员会建议与美国建立双边 FTA 的报告，同年加拿大政府就向时任美国总统里根提出了建立美国—加拿大 FTA 的倡议。但是直到 1986 年，欧共体决定建立统一大市场时，为了对乌拉圭回合中的日本、欧共体造成谈判压力，迫使日本和欧共体在谈判中做出妥协，美国才真正开始考虑这一倡议，[②] 并于当年开始与加拿大进行 FTA 谈判，在 1988 年完成美国—加拿大 FTA 谈判。1992 年《欧洲联盟条约》签署之时，欧盟经济总量已经可以和美国媲美，这更增加了美国推动乌拉圭回合谈判的难度，为此，继续与墨西哥谈判达成北美自贸区将会对欧盟造成谈判压力，而且墨西哥还接受了美国关于劳工和环境的合作文件、知识产权以及服务贸易等条款。尽管墨西哥当时仍是一个普通发展中国家，对美国而言经济利益十分有限，但是为了应对欧盟的竞争压力，美国迅速与墨西哥展开 FTA 谈判，并在 1994 年完成了北美自贸区（NAFTA）的谈判。

面对来自北美自贸区的压力，[③] 欧盟也加快了区域经济合作的步伐。1994 年 12 月，欧盟首脑会议批准了关于 2001 年前建成欧盟与南方共同市场四国 FTA 的设想。[④] 1995 年 12 月，欧盟与南方共同市场四国签署了《地区间合作框架协议》，提出要在 2005 年以前建立世界第一大洲际自由贸易区。随后，欧盟与智利、墨

---

① 虽然美国—以色列 FTA 早于美国—加拿大 FTA 签署，但是学界一般认为美国—以色列 FTA 更强调美以两国的政治和安全利益，而非出于贸易政策的考虑。参见 Claude Barfield，"US Trade Policy: The Emergence of Regional and Bilateral Alternatives to Multilateralism"，Intereconomics，Vol.42，2007，p.240.

② 与加拿大建立双边 FTA 的好处还在于美国—加拿大 FTA 包括了美国希望在 GATT 中推动的知识产权、投资、政府采购等一系列新条款。参见 Richard Feinberg，"The Political Economy of United States' Free Trade Arrangements"，The World Economy，Vol.26，2003，p.1024.

③ 1991~1996 年，美国在拉美贸易中的比重从 38.3%上升至 44.8%，同期欧盟在拉美贸易中的比重从 22.6%下降至 15.8%。自 1994 年墨西哥加入北美自贸区，欧盟对墨西哥出口从 1993 年的 72.28 亿美元下降至 1995 年的 58.64 亿美元，欧盟对墨西哥出口占其拉美出口的比重从 24.2%下降至 13.8%。尽管欧盟对墨西哥出口下降可能与 1994 年底墨西哥金融危机有关，但是 1995 年美国对墨西哥出口仅下降 2%，同期欧盟对墨西哥出口却下降了 29%。参见贺双荣：《欧盟与拉美的关系》，《拉丁美洲研究》，2000 年第 4 期，第 29-37 页。

④ 徐世澄：《美洲自由贸易区的提出》，《瞭望》，1995 年第 3 期，第 40 页。

西哥又签署了双边FTA。此外，日本、韩国等其他经济体也不断进入拉美市场,[①]一系列来自于区外大国的区域经济合作倡议对美国与拉美地区的经贸关系带来了不小的压力。事实上，早在NAFTA谈判尚未完成之时，安第斯集团领导人就向美国总统老布什提出规划拉美地区后冷战时代经济政策的设想，并希望促成“开创美洲事业倡议”（Enterprise for the Americas Initiative）,[②]但是美国直至此时才真正开始考虑加强与美洲国家的区域合作，将FTAA作为应对上述发生在美洲地区的外来贸易攻势的防御手段。

北美地区区域经济合作和欧共体区域经济合作的压力也传递到了亚洲地区，澳大利亚和日本以APEC开创了该地区的区域经济合作进程，尽管这一“开放的地区主义”有别于美国强调的机制化建设（Institutions-Building），美国贸易代表和商务部未对APEC表示过多兴趣，但基于美国加入APEC有助于协调美国在亚洲的经济利益，特别是有助于协调该国与亚洲经济体的谈判立场，可以在乌拉圭回合谈判上对欧盟造成更大的谈判压力,[③]所以美国仍然成为了APEC的第一批成员。

也许正是1998年APEC部门提前自愿自由化谈判破裂，美国在亚洲地区推动贸易自由化的设想遭受了巨大的挫折；与此同时，APEC和美国在1997~1998年亚洲金融危机上采取了漠视的态度，而且对日本提出的“亚洲基金组织”（AMF）倡议采取打压政策，直接导致东亚地区经济体加强区域经济合作的动力高涨。以东盟、中国为代表的亚洲主要经济体，从21世纪初开始提出了建立中国—东盟FTA、韩国—东盟FTA、日本—东盟CEP等一系列区域经济合作倡议，这在相当程度上对美国推动亚太区域经济合作造成了压力。因此，美国迅速做出了回应，一方面，美国开始回应新加坡总理吴作栋的请求，与新加坡谈判签署了美国—新加坡FTA；同时为回应泰国、马来西亚等国，美国在2002年10月推出了“开创东盟事业倡议”（EAI），以此为基础推动与东盟国家的双边FTA建设。另一方面，为了应对东亚合作，特别是继续维持亚太范围内区域经济合作进程，

① 李德旺：《美洲自由贸易区的构想与前景》，《外向经济》，1998年第1期，第26-27页。

② 1994年12月除古巴外的美洲国家在美国迈阿密召开了第一届美洲国家首脑会议，拉美国家领导人又敦促美国通过了《原则宣言》和《行动纲领》，承诺立即开始规划建立FTAA，并明确规定了建立FTAA的时间表。参见Richard E. Feinberg，Summitry in the Americas：A Progress Report，Washington D.C.：Institute for International Economics，1997，pp. 76-78.

③ 特别是APEC1993年西雅图领导人峰会对乌拉圭回合所表示的支持，被视为美国就乌拉圭回合向欧盟施压的工具。参见John Ravenhill，APEC and the Construction of Pacific Rim Regionalism，Cambridge：Cambridge University Press，2002，pp.93-94.

美国亦对来自澳大利亚建立 FTA 的请求做出了回应，并在 2004 年谈判签署了双边 FTA。值得一提的是，韩国总统李明博上台以后，改变了多年来韩国在 FTA 方面的保守做法，改为主动与大型经济体缔结 FTA，争取形成“轮轴”地位，因此该国积极向美国请求谈判签署 FTA，以获得最重要的区外市场。为了应对东亚合作的压力，美国于 2006 年开始与韩国展开 FTA 谈判。

与此同时，欧盟还加强了与北非和海湾地区的经济联系，欧共体不仅在 1990 年 10 月就与海合会成员开始了 FTA 谈判，在 1995 年颁布的《巴塞罗那宣言》更推动了欧盟与包括约旦、摩洛哥、埃及等国在内的国家构建以双边 FTA 为基础的欧盟—地中海 FTA，从此欧盟与该地区的特惠协议得以向深层一体化方向发展。[①] 受到来自欧盟的区域经济合作压力，在 1994 年约旦与以色列签署了关系正常化的《华盛顿宣言》后，美国接受了约旦国王阿卜杜拉二世积极推动的美国—约旦 FTA 倡议并于 2000 年 10 月迅速谈判签署。[②] 美国在该地区的区域合作进程伴随 2001 年“9·11”事件的发生而全面加速，美国明确将其贸易政策置于对外政策大框架内，并于 2003 年 5 月宣布要在 2013 年前形成包括巴林、以色列、约旦、摩洛哥、阿曼、沙特等 17 国在内的美国—中东 FTA（MEFTA），随后，美国迅速与摩洛哥、巴林、阿曼签署了 FTA。[③]

然而，FTAA 谈判却在 2001 年第一次文本的讨论中就出现了极大分歧，为了向 FTAA 谈判对手巴西等国施压以推动 FTAA，并回应长期以来中美洲等国家的请求，仅经过一年时间的谈判，美国就于 2003 年迅速与哥斯达黎加、萨尔瓦多、危地马拉、洪都拉斯、尼加拉瓜签署了美国—中美洲 FTA，并在 2004 年接受多米尼加加入该协议。另外，尽管巴拿马并未直接加入美国—中美洲 FTA，但美国与巴拿马在 2004 年启动了双边 FTA 谈判，并于 2007 年签署美国—巴拿马 FTA。出于几乎同样的考虑，美国加强了与南共市的联系国[④] 的谈判力度，于 2004 年与智利签署了美国—智利 FTA（南美首个全面 FTA）；并从 2004 年开始考虑与哥

---

① Gonzalo Escribano-Francés, “An international Political Economy View of EU-GCC Partnership”, Paper Presented at the “International Conference on Challenges of Economic Development for the GCC Countries”, Kuwait City, 29-31 January, 2005.

② 美国—约旦 FTA 不仅有利于维护美国在中东的经贸联系，防止被欧盟边缘化，更为重要的是该 FTA 首次加入了劳工、环境条款。

③ 1985 年美国就与以色列签署了双边 FTA。

④ 南共市先后接纳智利（1996 年 10 月）、秘鲁（2003 年）、厄瓜多尔（2004 年 12 月）和哥伦比亚（2004 年 12 月）等国为其联系国，上述联系国与南共市国家的贸易享受优惠关税。

伦比亚、秘鲁和厄瓜多尔谈判并希望达成美国—安第斯FTA，虽然这一FTA谈判最终破裂，但是美国在2005年签署了美国—秘鲁FTA，在2006年签署了美国—哥伦比亚FTA。

表3-1 美国FTA的现状

谈判对象		名称	现状
已生效	以色列	美以FTA	1985年4月22日签署，1985年9月1日生效
	加拿大	美加FTA	原定1989年1月1日生效，但冻结至NAFTA后才生效
	加拿大、墨西哥	NAFTA	1994年1月1日生效
	约旦	美约FTA	2000年5月启动谈判，2000年10月签署，2001年12月生效
	智利	美智FTA	2000年12月启动谈判，2003年6月签署，2004年1月生效
	新加坡	美新FTA	2000年12月启动谈判，2003年5月签署，2004年1月生效
	澳大利亚	美澳FTA	2003年3月启动谈判，2004年5月签署，2005年1月生效
	中美洲	CAFTA-DR	2004年8月签署，2006年后各国分别批准生效
	摩洛哥	美摩EPA	2002年5月启动谈判，2004年6月签署，2006年1月生效
	巴林	美国—巴林FTA	2003年5月启动谈判，2004年9月签署，2006年1月生效
	阿曼	美国—阿曼FTA	2006年1月签署，2009年1月生效
	秘鲁	美秘FTA	2004年5月美国启动与安第斯三国（秘鲁、哥伦比亚、厄瓜多尔）的谈判，截至2005年9月进行了12轮谈判后搁浅；2005年4月启动双边谈判，2006年4月签署，2009年2月生效
	韩国	美韩FTA	2006年6月启动谈判，2007年6月签署，2012年3月15日生效
	哥伦比亚	美哥FTA	2005年4月启动谈判，2006年2月签署，2012年5月15日生效
	巴拿马	美国—巴拿马FTA	2004年4月启动谈判，2007年6月签署，2012年10月31日生效
谈判中	欧盟	TTIP	2013年启动谈判
	亚洲太平洋经济体	跨太平洋伙伴关系协议（TPP）	2009年宣布加入TPP谈判，2015年1月底召开贸易部长和领导人会议

注：CAFTA-DR谈判方包括：哥斯达黎加、危地马拉、尼加拉瓜、萨尔瓦多、洪都拉斯和多米尼加。
资料来源：美国贸易代表办公室，https://ustr.gov/trade-agreements/free-trade-agreements。

学者鲍德温（Richard Baldwin）非常形象地将美国比作众多“多米诺骨牌”中的一张，指出是因为受到了其他地区区域合作行为的“示范效应”影响，美国的区域合作政策才发生了转变。[①] 这种“多米诺骨牌效应”或者“示范效应”也可以理解为美国加强区域合作行为的外部动因，即欧洲国家通过区域合作成功实现了欧共体，随后又进一步深化合作建立了欧洲联盟，这些排他性的贸易安排使

① Richard Baldwin，“The Causes of Regionalism”，The World Economy，Vol. 20，No.7，1997，pp.865-888.

得美国遭受了歧视性贸易转移效应的影响，致使美国不得不正视并调整其区域合作战略。更为重要的是，欧洲国家通过区域合作使得其整体经济实力大增，成为战后首个与美国整体经济实力相当的经济体；与此同时，日本通过雁型模式发展战略，在东亚也构建了区域生产网络，并成为东亚贸易集团的“领头雁”，[①] 于是，在乌拉圭回合谈判中，由于欧洲、日本贸易集团相对实力上升，美国首次无法控制多边贸易谈判的进程，在贸易自由化问题上的分歧使得谈判多次延期，[②] 美国不得不加强区域经济合作，以此作为平衡欧、日贸易集团的政策工具。[③] 因此，在乌拉圭回合谈判中，美国不断通过对外展开双边或区域自由贸易谈判，释放美国还可以通过其他替代方式推进市场开放的信号，借以对欧、日造成贸易谈判压力并最终促成谈判。[④] 这种做法，即日后所谓的“竞争性自由化”贸易政策，是通过同时采用多轨道的方式，在全球、区域和双边层面上推动贸易谈判，以此增强贸易自由化的杠杆作用，并在全球范围内产生影响。[⑤]

事实上，美国实施竞争性自由化的逻辑是，在区域贸易谈判中，谈判对象国如果接受美国贸易规则，那么该国就可以获得额外的美国市场准入。美国希望以此推动更多的国家进行改革和开放，从而恢复美国在多边贸易谈判中的领导地位。[⑥] 然而，有学者认为“冷战”后美国的贸易政策“没有远见”，其主导的贸易自由化被认为是“机会主义”式的自由化，整个贸易政策特别是区域合作战略缺乏总体设计，[⑦] 甚至这种“竞争性自由化”还会损害全球多边贸易谈判，进而限制美国全球贸易利益的最大化。[⑧] 类似的批评尤多见于区域经济合作是多边贸易

① Claude Barfield, “The United States and Asian Regionalism: The Long Road to the Trans-Pacific Partnership”, Paper Prepared for the ELSNIT Conference Revisiting Regionalism, St. Gallen, Switzerland, October 21-22, 2011, p.3.

② 李向阳：《新区域主义与大国战略》，《国际经济评论》，2003 年第 4 期，第 8 页。

③ Jeffrey J. Schott and Murrary Gordon Smith, The Canada-United States Free Trade Agreement: The Global Impact, Washington: Institute for International Economics, 1988, pp.1-13.

④ Vinod Aggarwal and Kun-Chin Lin, “APEC as an Institution”, in Richard E. Feinberg and Ye Zhao (eds.), Assessing APEC's Progress: Trade, Ecotech, and Institutions, Singapore: ISEAS, 2001, pp. 177-190.

⑤ Robert B. Zoellick, “American Trade Leadership: What is at Stake”, Paper Presented at The Institute for International Economics, September 24, 2001, p.6.

⑥ 何永江：《竞争性自由化战略与美国的区域贸易安排》，《美国研究》，2009 年第 1 期，第 99-100 页。

⑦ Vinod Aggarwal and Kun-Chin Lin, “Strategy Without Vision: The U.S. and Asia-Pacific Economic Cooperation”, in Jürgen Rüland, Eva Manske and Werner Draguhn (eds.), APEC: The First Decade, London: Curzon Press, 2002, pp. 91-92.

⑧ Vinod Aggarwal, “Reluctance to Lead: U.S. Trade Policy in Flux”, Business and Politics, Vol.11, No. 3, 2009, pp.1-2.

谈判的“垫脚石”还是“绊脚石”之争。[①] 而且研究表明，以竞争性自由化为代表的美国区域经济合作政策确实面临着来自理论和现实操作等方面的多重制约或限制，[②] 也不必然能按照伯格斯滕（C. Fred Bergsten）的设想，迫使各国在稀缺的国外市场展开竞争，进而诱发各国进行有利于投资和贸易的经济改革。[③] 正如世界贸易组织所指出的，追求传统经济收益（如贸易创造效应等）以及非传统经济收益（如增加未来贸易政策的可预见性、对投资的信号效应、取得更深层次的政策承诺等）仅部分地解释了各国加强区域经济合作的原因，而深化政治合作、外交关系、国际实力对比等政治因素也推动了区域经济合作。[④] 可以说，美国参与区域经济合作的动机是多重的，既有经济考虑，也存在政治动机。在经济实力相对下降的背景下，美国通过加强区域经济合作增强了自身谈判实力，推行了美国版本的贸易规则，有助于保障其全球贸易利益。

（二）美国从未离开亚洲

北美地区和欧共体的区域经济合作压力同样传递到了亚洲地区，以 APEC 为载体，澳大利亚和日本推动了该地区的区域经济合作进程。尽管最初美国并未积极促成 APEC，但由于担心被该地区的区域经济合作进程排除在外，美国仍然迅速地加入了 APEC，以此维系美国在亚洲的存在，防止该地区区域经济合作对美国的经济利益造成负面影响，并试图遏制日本在亚洲地区的影响力。随后，1990 年 12 月马来西亚总理马哈蒂尔提出了东亚经济集团（EAEG）构想，马哈蒂尔在其 EAEG 构想中指出，为了应对西方国家集团，促进乌拉圭回合的贸易谈判，促

---

① 关于“垫脚石”与“绊脚石”之争，请参见 William H. Cooper，“Free Trade Agreements: Impact on U.S. Trade and Implications for U.S. Trade Policy”，CRS Report for Congress RL31356，April 19，2006，pp.12–14.

② Mignonne M. J. Chan，“US Trade Strategy of ‘Competitive Liberalization’”，Tamkang Journal of International Affairs，Vol.8，No.3，2005，pp.17–19.

Simon J. Evenett and Michael Meier，“An Interim Assessment of the US Trade Policy of Competitive Liberalization”，The World Economy，Vol. 31，No. 1，2008，pp. 31–66.

以及 Richard Baldwin，“Is America Mis-Thinking Its 21st Century Trade Strategy?”，16 May，2011，http://www.voxeu.org/article/america-mis-thinking-its-21st-century-trade-strategy.

③ C. Fred Bergsten，“A Renaissance for US Trade Policy?”，Foreign Affairs，Vol. 81，No. 6，2002，pp. 86–98.

④ WTO，World Trade Report 2011 The WTO and Preferential Trade Agreements: From Co-Existence to Coherence，2011，p. 8.

进东亚经济发展，有必要联合东亚地区的国家，以便能够更好地维护发展中国家特别是东亚小国的利益，这样一个集团的成员应该包括东盟国家和中国、日本、韩国，而不包括澳大利亚、新西兰或者美国等域外国家。[①] 美国真实感受到了在东亚地区可能被边缘化的危机，时任国务卿詹姆斯·贝克指出美国反对"沿太平洋中间划一条线"，并迅速将EAEG倡议改造成"东亚经济核心论坛"（EAEC），同时将其并入APEC框架下，[②] 利用亚太合作取代潜在的东亚合作。[③]

此后，美国迅速加强了对APEC的参与度，克林顿政府不仅推动促成了APEC领导人峰会机制，并在1993年美国西雅图召开的首届APEC领导人峰会上，推动APEC领导人接受了伯格斯滕领导的"名人小组"[④] 所提交的"通过自由开放的贸易和投资，逐渐发展亚洲太平洋经济共同体"的报告。[⑤] 随后，"名人小组"在1994年APEC雅加达会议前又提交了第二份报告"为在亚洲太平洋地区实现自由开放的贸易而努力——APEC 2020年展望"，该报告建议从2000年开始至2020年实现地区内贸易自由化目标，即1994年APEC峰会确认的"茂物宣言"。为了推动APEC的贸易投资自由化并落实"茂物目标"，美国基本按照北美自贸区的模板，通过1995年APEC大阪峰会《大阪行动议程》，推动APEC成员在关税、非关税壁垒、服务、投资、标准和一致化、海关程序、知识产权、竞争政策、政府采购、放松管制、争端调解、商业人员流动、实施乌拉圭回合谈判的决议、信息收集与分析等15个具体领域采取贸易投资自由化行动。[⑥]

尽管大阪峰会未取得令美国满意的成果，但美国仍未放弃对APEC的机制化

---

① http://globalasia.org/pdf/issue1/Mahathir_GA11.pdf.

② 迫于美国的压力，日本始终未对该倡议公开表示支持，而东盟国家内部也未形成统一意见。

③ Matthew P. Goodman, "U.S. Economic Strategy in the Asia-Pacific Region: Promoting Growth, Rules, and Presence", Paper Prepared for CNCPEC Seminar "New Development and Future Direction of Asia Pacific Regional Economic Integration", Beijing, China, 14-15 November, 2013, pp.5-6.

④ 1992年11月，曼谷APEC第四次部长会议后，APEC成立了"名人小组"，由成员方派一名学者参加，不受政府影响，以贸易和投资自由化为中心，独立研究亚太经济合作等有关问题。

⑤ 当然，美国在1993年APEC领导人峰会上强烈推动自由贸易与投资，也与迫使欧洲改变在乌拉圭回合谈判上的立场有极大关系。参见宋伟：《美国对亚太区域合作的战略目标》，张蕴岭、沈铭辉主编：《东亚、亚太区域合作模式与利益博弈》，经济管理出版社，2010年版，第207页；Richard Feinberg "The Political Economy of United States' Free Trade Arrangements", The World Economy, Vol. 26, 2003, p.1029等。

⑥ Claude Barfield, "The United States and Asian Regionalism: The Long Road to The Trans-Pacific Partnership", Paper Prepared for the ELSNIT Conference: Revisiting Regionalism, St. Gallen, Switzerland, October 21-22, 2011, pp.7-8.

建设，并试图推进更为具体的贸易议程。在1996年APEC马尼拉峰会期间，美国首次提出部门提前自愿自由化的概念，并在领导人峰会上通过了信息技术协议（ITA），随后成功地被WTO新加坡部长会议所采纳。受此鼓励，美国转而在APEC内积极推动特定部门内实现有约束力的贸易开放承诺以及统一标准承诺，希望以此成为最终实现“茂物目标”的“垫脚石”，甚至推动WTO框架下的多边部门自由化协议谈判。[①] 因此，克林顿政府推动1997年APEC温哥华峰会确认了能源、珠宝、玩具、林业和林产品、水产品、化学品、环境产品和服务、医疗器械、电信设备9个优先部门以及汽车、橡胶、食品、化肥、民用航空器、油籽共计15个部门提前实现贸易自由化。[②]

然而，美国推动的亚太合作进展并不顺利，主要原因在于APEC并非一个理想的贸易谈判载体，缺乏双边贸易谈判这一竞争性自由化杠杆，美国在包括众多发展程度各异成员的APEC内难以形成有效的贸易集团，难以迫使其他成员方接受其方案，亚太合作进展缓慢尤其凸显了基于互惠主义的“盎格鲁—萨克逊模式”与自主自愿、协商一致、渐进式的“亚洲模式”的尖锐矛盾。这也是1995年APEC大阪峰会期间，虽然美国按照北美自贸区的贸易议题模板推动通过了《大阪行动议程》，但是最终结果仅以单边、自愿方式执行而草草了结的根本原因。类似地，虽然1997年美国在APEC内极力推动部门提前自愿自由化，却遭遇了同样的结果。[③] 当然，尽管亚太合作进展并不大，但是东亚也未再出现排他性贸易集团或倡议，美国在该地区的贸易利益没有受到侵蚀，在全球层面上东亚也未形成足以抗衡美国经济实力的贸易集团，从这个角度，美国的全球利益得到了维护。

但是亚洲金融危机改变了这一局面，由于国际货币基金组织和APEC对危机反应迟缓，失望之余的东亚经济体普遍认为必须加强区域“自救”机制建设，相

---

① Amy Searight, “The United States and Asian Economic Regionalism: On the Outside Looking In?”, in Mark Borthwick and Tadashi Yamamoto (eds.), A Pacific Nation: Perspectives on the US Role in an East Asia Community, Washington DC: the Brookings Institution, 2010, pp.51–52.

② 9个优先部门计划从1999年开始实施自由化，而其余6个部门将在优先部门完成自由化计划后再行开放。

③ 事实上，当时亚太经合组织18个成员中，仅有6个成员表示愿意考虑实施，一些发展中成员如智利和墨西哥开始就明确表示不参与。参见陆建人：《APEC20年：回顾与展望》，《国际贸易问题》，2010年第1期，第3–9页。

应地，东亚经济体的地区身份认同感也得以提高，[①] 东亚合作再次被提上议程。1997年12月，中国、日本、韩国三国领导人受邀参加东盟非正式领导人会议，并在事实上促成了“东盟+3”合作机制。2000年11月，中国总理朱镕基提议建立中国—东盟FTA，得到了东盟领导人的积极响应，并在东亚地区内引起了一系列的区域合作连锁反应。为了挽回局面，时任美国贸易代表巴尔舍夫斯基在1998年APEC峰会期间非正式地提议成立“太平洋五国FTA”（Pacific5 FTA，或P5），即由美国、澳大利亚、新西兰、新加坡和智利参加的，旨在推动APEC贸易自由化的“核心集团”。然而，P5的进展并不顺利，相比之下双边谈判要比P5更快速、更有效，随后美国转向双边FTA谈判方式。尤其是为了回应中、日、韩纷纷与东盟展开FTA谈判的势头，美国不得不在2002年10月APEC峰会上宣布了以双边谈判方式启动“开创东盟事业倡议”，以规避可能产生的贸易转移效应并平衡中、日、韩在东亚地区的贸易影响力。鉴于东盟各经济体经济发展水平差异过大，整体构建一个高水平的FTA极其困难，而一个低水平的FTA对美国而言作用非常有限，[②] 因此美国选择了该地区的发达国家——新加坡首先进行双边FTA谈判。一方面，美国—新加坡FTA确实满足了美国的高标准要求，该FTA不仅包括高度开放的货物贸易、服务贸易和投资，在劳工、环境、竞争政策、电子商务、人力资源发展、国有企业、政府采购、知识产权等条款上也制定了相当严格的标准；另一方面，该双边FTA可以在东盟内部形成“竞争性自由化”压力，迫使这些国家以高标准换取美国的市场准入，避免了东盟国家结成谈判同盟对美国造成谈判压力。当然，高标准的FTA未必适合东亚地区当时的经济发展水平，尽管随后泰国、马来西亚分别与美国展开FTA谈判，但都以搁浅告终。

与美国的“开创东盟事业倡议”进程缓慢不同，东亚合作进展异常迅速，2004年11月“东盟+3”领导人采纳了2001年由东亚展望小组[③] 提出的东亚经济体需要加强经济合作、金融合作、政治安全合作、环境合作、社会文化合作以及

---

① ADB, Emerging Asian Regionalism: A partnership for Shared Prosperity, Mandaluyong City, Phil.: Asian Development Bank, 2008, pp.71-72.

② Amy Searight, “The United States and Asian Economic Regionalism: On the Outside Looking In?”, in Mark Borthwick and Tadashi Yamamoto (eds.), A Pacific Nation: Perspectives on the US Role in an East Asia Community, Washington DC: the Brookings Institution, 2010, p.56.

③ 1999年，在韩国总统金大中的倡议下，东亚经济体建立了以专家为主的东亚展望小组（EAVG）。

机制合作，并以东亚自由贸易区（EAFTA）为路径最终实现东亚共同体（East Asian Community）的建议，[①] 还同意建立东亚峰会（EAS）机制。美国再次对亚洲地区可能形成排外贸易集团表现出了担心，2004 年底美国副国务卿阿米蒂奇接受日本记者采访时，表示美国对“东盟+3”并不太满意，原因在于美国被排除在外。[②] 2005 年 3 月，美国国务卿赖斯在日本东京上智大学（Sophia University）就美国的亚洲政策发表演讲时说：“亚洲和太平洋共同体的未来将基于两大主题：开放和选择。我们支持建设一个开放的世界，而不是封闭的社会或封闭的经济体；我们支持建设一个对所有国家开放的共同体，而不是一个排他的大国俱乐部。”截至 2006 年，美国在亚太地区仅与新加坡、澳大利亚达成 FTA，其“开创东盟事业倡议”谈判进展并不顺利。这意味着美国不仅未能规避中、日、韩三国与东盟达成双边 FTA 引发的贸易转移效应，还面临着整个东亚形成贸易集团的风险，美国不得不再次加大对亚洲地区的投入。随后，美国接受了韩国启动美国—韩国 FTA 谈判的请求，并在 2006~2007 年两年内相当快速地完成了谈判。通过美国—韩国 FTA，美国加强了在东亚地区的经济投入：一方面，通过该 FTA，美国建成了除欧盟、北美自贸区外的第三大贸易集团，而且该 FTA 直接涉及东亚地区经济大国，有效防止了美国经济被该地区区域经济合作进程边缘化；另一方面，美国—韩国 FTA 条款标准设定更符合美国的利益，不仅包括农业、纺织品等部门开放，还包括药品和医疗设备、投资、金融服务、电信服务、政府采购、劳工、环境、透明度等众多超 WTO 条款。

同时，美国政府的区域谈判轨道再次回归 APEC，希望以亚太合作淡化东亚合作。该国一反 2004 年时的反对态度，对亚太自贸区（FTAAP）[③] 开始表示支持和推动，甚至将该倡议作为其 APEC 的首要工作。随后，美国在 2006 年 APEC

---

① Masahiro Kawai and Ganeshan Wignaraja，“Regionalism as an Engine of Multilateralism：A Case for a Single East Asian FTA”，ADB Working Paper Series on Regional Economic Integration No.14，February 2008，pp.5–8.

② Richard Armitage，“Interview With Takao Hishinuma of Yomiuri Shimbun”，Washington DC，November 30，2004，http://www. state.gov/s/d/former/armitage/remarks/39295.htm.

③ 事实上，伯格斯滕在其研究中早已明确指出，亚太自贸区倡议有助于达成多个目标：第一，通过亚太自贸区，可以迫使欧盟、巴西等贸易集团重新重视 WTO 谈判；即使多哈回合破产，该倡议仍能作为“方案 B”维持亚太地区的贸易自由化进程。第二，亚太自贸区能够整合亚太地区众多的自贸区协议，有利于防止“意大利面条碗效应”所引发的贸易成本。第三，亚太自贸区有助于亚太地区的整合，进而防止分裂。第四，实施亚太自贸区倡议有助于复兴 APEC。参见载梅平主编：《中国与亚太经济合作——现状与前景》，世界知识出版社，2008 年版，第 99–103 页。

河内峰会上，推动领导人们研究将亚太自贸区作为该地区的长期愿景；2007 年 APEC 悉尼峰会上，美国继续推动亚太自贸区倡议，要求领导人们以切实、逐步的方式研究该倡议。事实上，亚太自贸区在理论上有助于防止该地区大量出现的低水平 FTA 可能引发的“意大利面条碗效应”① 和相应的交易成本，同时防止该地区出现排除美国的亚洲贸易集团，但最为重要的是，该倡议有助于美国重新掌握在该地区内的规则制定权。② 也许美国政府也意识到了亚太自贸区所面临的困难，③ 即该倡议可能只适合作为美国推动的亚太区域合作的远期目标，而非回应东亚合作的短期政策工具，美国政府随后在 2008 年 2 月宣布加入跨太平洋战略经济伙伴关系协定投资条款的谈判，并于 2009 年正式加入了跨太平洋伙伴关系协定。

二、美国影响亚洲区域经济合作的根源

虽然在传统地理概念上，美国是亚洲的域外国家，但是从政治、经济、安全等联系的角度来看，美国从未离开过亚洲，以东亚合作为代表的亚洲区域经济合作始终受到了来自美国的政治和经济影响，可以说美国是影响亚洲区域经济合作

① “意大利面条碗效应”（Spaghetti Bowl Effect）这一概念最早由美国学者 Bhagwati 于 1995 年提出，但当时他并未给出完整的概念。2008 年，他在一篇论文中对该效应进行了定义，并以此为标准考察了东亚地区的 FTA。他认为，由于存在着多重、重叠的 FTA，此时的贸易自由化是歧视性的，同种商品可能会面临不同的关税税率、降税步骤以及原产地规则。当 FTA 数量增加时，国际贸易体系可能会变得混乱。另外，他还指出，为了应付不同的关税和原产地规则，企业特别是中小企业的交易成本可能会因此而上升。转引自 Kawai Masahiro and Ganeshan Wignaraja，“The Asian ‘Noodle Bowl’: Is It Serious for Business?” ADBI Working Paper Series No. 136，April 2009，p.5. 关于东亚“面条碗”效应，参见沈铭辉：《应对“意大利面条碗”效应——兼论东盟在东亚合作中的作用》，《亚太经济》，2011 年第 2 期，第 14–19 页。

② Amy Searight，“The United States and Asian Economic Regionalism: On the Outside Looking In?”，in Mark Borthwick and Tadashi Yamamoto（eds.），A Pacific Nation: Perspectives on the US Role in an East Asia Community，Washington DC：the Brookings Institution，2010，pp.59–60.

③ 亚太自贸区倡议确实面临着巨大的困境：第一，APEC 内部始终面临着成员方经济发展水平差距较大，甚至持续扩大的问题；第二，如果采纳亚太自贸区，将意味着以有约束力的自贸区取代自主自愿、协商一致和非约束性的“APEC 方式”；第三，发达成员方急于推动亚太自贸区，却将茂物目标置之不理，可能会引发发展中成员方和发达成员方的分裂；第四，东亚经济体缺乏所谓的亚太身份认同；第五，任何包括中国在内的 FTA 都难以通过美国国会，而且 FTAAP 也不能保证美国实现 WTO 谈判中的关键目标——农产品开放；第六，日本将难以面对农产品和服务业开放。参见沈铭辉：《东亚合作中的美国因素——以“泛太平洋伙伴关系协定”为例》，《太平洋学报》，2010 年第 6 期，第 62 页。

最重要的域外因素。对于美国能够深度影响亚洲区域经济合作进程的原因，区域性公共产品理论给出了很好的解释。这是因为，当较大规模的行为主体生产或消费具有非分割性的物品和服务时，往往会产生“庇古外部性”。所谓外部性，是指行为者所承担的成本与获得的收益不对称的情况，根据对第三者造成了意外收益还是损失，可以分为正的外部性和负的外部性。在区域合作领域，也存在着这样的外部性，即区域内某一事件的发生，不仅直接对当事国产生影响，而且往往会使区域外的第三者得益或受损。因此，这个第三者将会成为区域内事务的关联者，成为域内解决这个问题的参与者，并在域内国家为解决此问题提供公共产品中分担成本、分享收益。①

这里所谓的“外部性”与经济学上“经济联系”的概念高度相关，因为当亚洲特别是东亚地区与美国的经济联系越强，那么一旦东亚地区的经济变量发生变化，对美国的影响就会越显著。截至 2015 年 1 月，中国持有美国国债总额高达 1.239 万亿美元，日本持有 1.238 万亿美元，分别是美国国债的第一大和第二大持有国，与第三大持有国比利时所持有的 3546 亿美元差距较大。② 根据东亚各国的货物贸易流向分析，虽然东亚作为一个整体对美国出口占总出口额的比例已从 1985 年的 32.4%下降到 2005 年的 18.4%，但是美国仍是日本、中国、东盟等东亚经济体的主要进出口市场。③ 东亚经济与美国经济之间存在如此紧密的联系，那么东亚经济显然会对美国经济产生“外部性”。特别是一旦在东亚地区形成排他性的 FTA，由此带来的贸易转移效应很可能会造成美国福利的潜在损失。④ 因此，根据区域性公共产品理论，受到“外部性”影响的域外国家美国就自然会成为东亚合作或亚洲区域经济合作的关联者和参与者。

亚洲地区的区域性公共产品供给不足加深了域外大国美国对亚洲区域经济合作进程的影响。具体而言，以东亚经济体为代表的亚洲，包括日本、“亚洲四小龙”、“亚洲四小虎”、东盟各国和中国等经济体，其经济起飞的发展思路基本都沿

---

① 樊永明：《从国际公共产品到区域性公共产品——区域合作理论的新增长点》，《世界经济与政治》，2010 年第 1 期，第 150–151 页。

② http://www.treasury.gov/ticdata/Publish/mfh.txt.

③ 贺平：《日本的东亚合作战略评析——区域性公共产品的视角》，《当代亚太》，2009 年第 5 期，第 113 页。

④ 基于可计算一般均衡模型对东亚地区可能形成区域 FTA 的情景进行的数值模拟结果，基本都支持上述判断，即东亚地区如果建成排他性的 FTA，美国的总体福利一般都会受损。

用了出口导向战略，而这些经济体经济起飞和发展的最直观表现——各经济体的贸易盈余，归根结底都或多或少来自于美国。亚洲开发银行对2007年亚洲的货物贸易出口进行分解分析发现（见图3-1），约71.1%的出口产品最终流向欧美等域外市场，仅美国一国就占全部最终需求的23.9%。与此同时，虽然东亚生产网络使得亚洲经济体之间的经济联系日益紧密，并使得区域内贸易比重稳步提高至45.5%强，但这其中大部分为中间品贸易，全部亚洲地区的最终需求仅占该地区出口的28.9%。[①]

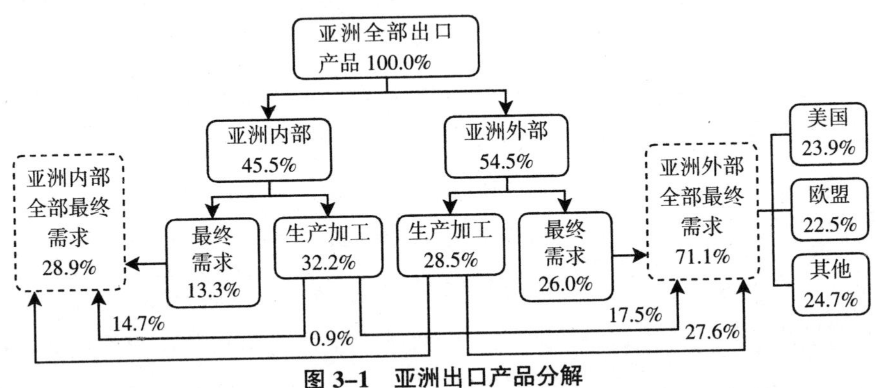

图3-1 亚洲出口产品分解

资料来源：Asian Development Bank，Institutions for Regional Integration：Toward an Asian Economic Community，Mandaluyong City：Asian Development Bank，2010，p.33.

从这个意义上来说，美国的贸易赤字可以说是美国向国际社会提供的一种公共产品，其他地区的生产经营活动通过以美国为销售市场而得以支撑，美国事实上是为其他经济体充当了一种“最后买家”的角色。[②]可见，亚洲出口产品分解表明，美国为亚洲的经济发展提供了消费市场这一最为重要的区域性公共产品。回顾亚洲经济的发展历史，亚洲经济体普遍体量较小，经济起飞前国民经济结构中投资不足。因此，借助出口导向战略，亚洲经济体一方面获得了急需的外国直接投资；另一方面也依靠向美、欧出口克服了自身经济体量较小的限制，成功地实现了规模经济和经济发展。但是时至今日，亚洲经济体受经济体量以及经济发展阶段的限制，一直没有形成以消费需求为主的经济结构，这也是为什么以生产

① Asian Development Bank，Institutions for Regional Integration：Toward an Asian Economic Community，Mandaluyong City：Asian Development Bank，2010，p.33.

② 郭定平主编：《东亚共同体建设的理论与实践》，复旦大学出版社，2008年版，第283-284页。

合作为主的区域生产网络很早就自发形成了，但是以消费合作为主的亚洲区域经济合作却长期进展缓慢。不可否认的是，只要美国仍然是亚洲的主要贸易伙伴和最终消费市场，或者说东亚最重要的公共产品——最终消费市场仍主要由美国等域外大国提供，那么不仅亚洲经济与美国经济的“脱钩”无从说起，而且亚洲区域经济合作也不得不受到美国的深度影响。

另外，供给者之间的竞争也会抑制区域性公共产品的供给，为美国影响亚洲区域经济合作提供了政策空间。以东亚合作为代表的亚洲区域经济合作进程虽然已经发展多年，但是由于区域内主要经济体实施了竞争性的FTA战略，在亚洲区域经济合作发展方向上缺乏共识，延缓了亚洲区域经济合作的深化进程，同时也造成了美国有机可乘的客观事实。多年来，作为亚洲地区主要经济大国的日本，未能在亚洲区域经济合作进程中成功发挥领导作用。一方面，由于日本的对外经济政策严重受到美国的影响，日本很难成功提出并推动“排他性”的亚洲区域经济合作倡议。另一方面，长期作为地区强国的日本异常在意中国在亚洲地区的政治、经济影响力，为了更好地平衡中国在亚洲区域经济合作进程中的影响力，防止中国主导该进程，[①] 日本放弃了对“东盟+3”FTA的支持，而是另起炉灶提出了“东盟+6”FTA倡议。因此，长期以来亚洲地区内最重要的两个大国——日本和中国在亚洲区域经济合作的发展方向上博弈激烈，严重影响了亚洲地区区域经济合作公共产品的供给，延缓了亚洲区域经济合作的发展进程。

与此同时，区域性公共产品在运作中缺乏必要的领导，或大国领导区域经济合作的缺位，也会影响公共产品的供给。东盟虽然一直处在东亚合作的中心地位，但“能愿问题”却制约着东盟，使得东盟难以为本地区提供必要的公共产品。从公共产品供给能力角度看，亚洲区域经济合作是东盟为了获得更多的外国直接投资、促进出口进而保证经济可持续增长的手段而非目标，在亚洲区域经济合作进程因为中日竞争而陷入停滞的时候，东盟自身没有能力解决这一困境，因此东盟只能更集中精力于自身的共同体建设而未试图去解决这一难题。另外，虽然“东盟+X”的区域经济合作结构有助于维护东盟的中心地位，但是伴随着以

① Takashi Terada, “The Origin of ASEAN+6 and Japan's Initiatives: China's Rise and the Agent-Structure Analysis”, Global Institute for Asian Regional Integration (GIARI) Working Paper, 2009-E-3, 2009, pp. 2-4.

东盟为中心的区域机制的不断增加，东盟的领导力趋于分散。[①] 更重要的是，东盟整体经济实力与作为亚洲地区大国的日本或中国存在着明显的差距，这也决定了东盟在经济领域难以为亚洲区域经济合作提供有效的区域性公共产品。

从公共产品供给意愿角度考虑，东盟的根本利益在于维护自身的一体化进程，长期以来东盟支持亚洲区域经济合作进程是为了以外部一体化进程维持内部一体化进程，因此东盟为亚洲地区提供区域经济合作公共产品的意愿比较有限。另外，东盟推动亚洲区域经济合作的首要目标是有利于东盟共同体自身的建设，亚洲区域经济合作进程必须能够加强东盟，而不是弱化东盟。从这个角度来说，辐射状的"东盟+1"FTA结构最符合东盟的利益，任何统合的大区域FTA（Region-Wide FTA）都会对东盟的中心地位形成挑战。[②] 这是因为只有这一结构最能保证东盟的"轮轴"地位，东盟国家可以通过FTA进入所有的"辐条"国市场，而"辐条"国之间却因为原产地规则无法相互进入；在投资方面，作为"轮轴"的东盟所拥有的特殊地位也有利于吸引外资。另外，从战略角度，"轮轴—辐条"结构有助于东盟自由选择域外国家参与亚洲区域经济合作并实现"大国平衡"。相比之下，无论是"东盟+3"FTA还是"东盟+6"FTA，都会造成东盟中心地位事实上的弱化，因此，东盟为深化亚洲区域经济合作而提供公共产品的意愿并不强烈。基于上述考虑，很难指望东盟能够在深化亚洲区域经济合作进程中提供足够的公共产品。

因此，美国一方面继续强化与亚洲经济体的经济联系，例如，2003年与新加坡签署了双边FTA，2005年与老挝签署双边贸易协定（BTA），2007年与韩国签署双边FTA，并积极推动与泰国、马来西亚等国的双边FTA谈判；2006年与东盟签署了旨在简化海关程序、促进贸易流动以及加强知识产权保护等的贸易与投资框架协议（TIFA），并分别与菲律宾、柬埔寨、越南、缅甸等八国签署了双边TIFA；甚至试图与越南和印度尼西亚等国谈判双边投资协定（BIT）等。另一方面，当亚洲区域经济合作进程由于内部领导力不足而陷入停滞后，美国推动的TPP足以吸引相当部分的亚洲经济体。通过推动亚太合作，美国不仅获得了参与亚洲地区事务的"合法身份"，还可以将东盟、中国、日本、韩国等国纷纷纳入

① 陆建人：《从东盟一体化进程看东亚一体化方向》，《当代亚太》，2008年第1期，第34页。
② 张蕴岭：《东亚合作需要新思维》，《中国经济周刊》，2010年第1期，第51页。

亚太合作的范围内，这不仅有助于减少亚洲区域经济合作引发的贸易转移效应等负面影响，而且美国还可以凭借不对称的经济实力和治理能力，取得在亚太合作中的主导地位。

综上，新一轮以TPP为代表的亚太合作之所以进展迅速，与美国作为亚洲出口产品最终市场的地位有着直接的因果联系，而亚洲地区内大国FTA战略博弈导致亚洲区域经济合作陷入停滞，也在客观上提高了TPP的经济吸引力。

三、美国推动TPP的动机分析

国内外学术界关于美国推动TPP的动机的看法尚存在一定程度的分歧，但是这些看法上的差异应该说正在缩小，越来越多的学者能够对美国推动TPP的最主要动机达成共识。综合目前的相关研究，对美国加入并力推TPP的主要动机基本可以归纳为：第一，分享亚洲经济高速增长的收益；第二，维护亚洲市场地位，为奥巴马政府的出口翻番战略创造条件；第三，有助于解决地区内复杂的“意大利面条碗效应”；第四，防止把美国排除在东亚区域经济合作进程之外，保证美国的存在；第五，为地区贸易协定制定模板，遏制中国的崛起。[①]

（一）TPP有助于加强亚太地区的经济联系

总的来看，分享亚洲经济高速增长的收益和为奥巴马政府的出口翻番战略创造条件这两个动机的实质基本类似，即强调亚洲经济和亚洲作为出口市场的重要性，以及美国不能脱离亚洲经济。毕竟通过构建TPP，美国能够与世界上增长最迅速的经济体建立经济纽带，不仅有助于扩大美国的出口，同时有利于维护美国的经济利益。[②] 特别是TPP有助于深化亚太区域经济一体化，防止在太平洋中间

---

① 李向阳：《跨太平洋伙伴关系协定：中国崛起过程中的重大挑战》，《国际经济评论》，2012年第2期，第18-19页。

② C. Fred Bergsten and Jeffrey J. Schott, “Submission to the USTR in Support of a Trans-Pacific Partnership Agreement”, January 25, 2010, http://www.piie.com/publications/papers/paper.cfm? ResearchID=1482.

划一条线，该地区的经济一体化将提高美国的经济收益。[①] 国内不少学者也认可这一观点，例如，认为亚太地区对美国具有重大的商业利益，TPP 对后危机时代的美国通过扩大出口来拉动增长、促进就业并纠正经济失衡有举足轻重的影响。[②] 又如，美国提出出口五年内翻番，意味着出口年增幅要在 15% 以上，而 TPP 则成为奥巴马“五年出口倍增计划”四大战略支柱之一。[③]

尽管 TPP 有助于美国经济利益的说法具有一定的客观性，但是目前多数 TPP 谈判方之间已经相互缔结双边 FTA，TPP 能够提供的货物贸易新市场准入相当有限。[④] 以美国为例，TPP 9 时，美国尚未与文莱、新西兰、马来西亚和越南四国缔结双边 FTA，这些国家构成的出口市场仅占美国货物贸易出口市场的 1.5%左右，[⑤] 而当 TPP 谈判扩大至包括日本、加拿大、墨西哥等国，美国通过 TPP 获得的新市场份额也仅占其全部货物贸易出口市场的 6.6%左右，即使未来韩国加入形成 TPP 13，美国获得的新市场准入仍然维持在 6.6%，有限的新市场准入恐怕难以帮助美国加大对亚洲的出口并加强与亚太地区的经济联系。

TPP 福利效应的相关研究也印证了上述判断，基于可计算一般均衡（CGE）模型的福利分析显示，TPP 产生的福利收益比较有限。不少学者对美国加入 TPP，以及日本进一步加入 TPP 后的福利效应进行了分析，虽然基于静态模型，且对 TPP 成员扩大情况、TPP 情景假设等方面还稍显不足，但是其基本结论却明确显示，美国加入 TPP 只能拉动该国 GDP 0.05%~0.06%，出口增加 0.24%~1.1%；并提高其他 TPP 7 国 GDP 增加 0.19%~0.78%，出口增加 0.58%~1.12%。[⑥] 更新扩员情况后，以 TPP 12 为基础进行测算的研究显示，TPP 能够增加美国出

① Peter A. Petri, Michael G. Plummer and Fan Zhai, “The Trans-Pacific Partnership and Asia-Pacific Integration: A Quantitative Assessment”, East-West Center Working Papers, Economics Series, No. 119, October 24, 2011, pp.6-7.

② 盛斌：《亚太区域合作的新动向：来自竞争性构想的洞察》，《国际经济评论》，2010 年第 3 期，第 128 页。

③ 魏磊、张汉林：《美国主导跨太平洋伙伴关系协议谈判的意图及中国对策》，《国际贸易》，2010 年第 9 期，第 55-56 页。

④ 理论上，全部 TPP 12 个谈判方之间双边 FTA 有 66 种组合，目前已经签署 42 个 FTA，3 个 FTA 正在谈判，仅 11 个双边贸易关系尚处空白状态。

⑤ John Ravenhill, “Extending the TPP: The Political Economy of Multilateralization in Asia”, Paper presented in UNESCAP Asia-Pacific Trade Economists’ Conference on Trade-Led Growth in Times of Crisis, Bangkok, Thailand, November 2-3, 2009.

⑥ 万璐：《美国 TPP 战略的经济效应研究——基于 GTAP 模拟的分析》，《当代亚太》，2011 年第 4 期，第 69-70 页。

口约 3.7%，提高该国实际 GDP 约 0.37%；同时增加其他 TPP 国家出口约 0.92%~6.58%，提高实际 GDP 约 0.40%~5.93%。[①] 即使进一步完善模型及其假设，上述结论也同样适用。美国学者 Petri 等借鉴已实施的 FTA 调整模型中的关税假设，将不同时期 TPP 的动态进展、不同经济体在不同时间点加入 TPP 后可能的福利效应纳入考虑，并全面纳入关税减让、服务自由化、贸易便利化引起的福利变化等多种影响因素，当日本未加入时，福利分析结果显示美国从 TPP 中获得的经济收益十分有限，GDP 仅能增加 0.03%~0.07%，出口约增加 2.0%；而对 TPP 其他谈判方 GDP 的推动作用也十分有限，基本在 1%以下，出口约增加 2%~3%。[②] 如果以 TPP 12 为研究基础，尽管各国从 TPP 中获得的福利有所提高，但是福利分析结果表明 TPP 的经济效应仍然有限，TPP 有助于提高美国 GDP 约 0.4%，增加出口约 4.4%；TPP 其他谈判方的 GDP 能提高约 1%，出口增加约 2%~4%。[③] 当然，基于对 TPP 条款的不同判断而做出的不同情景假设，可能会产生完全不同的计量结果。非常遗憾的是，知识产权、劳工条款、环境条款等重要因素，目前都未纳入上述福利分析之中，而且 TPP 具体条款仍未公布而导致情景假设千差万别，这些因素难免会在一定程度上影响结论的有效性。

事实上，即使没有 TPP 的帮助，2010 年美国向亚太地区出口的商品总额也已高达 7750 亿美元，较 2009 年增长了 25.5%，占当年美国出口总额的 61%；同期美国对亚太地区的服务贸易出口总额达到 1770 亿美元，占美国对外服务贸易出口总额的 37%。[④] 这样看来，美国与亚太地区的经济联系已经相当密切，如果通过 TPP 继续加深与亚太地区的经济联系，那么可能会恶化所谓的“经济失衡”，

---

① 彭支伟、张伯伟：《TPP 和亚太自由贸易区的经济效应及中国的对策》，《国际贸易问题》，2013 年第 4 期，第 85-87 页。

② 除了能够明显提升越南 GDP 6%~14%、秘鲁 1%~2%外，其他国家从 TPP 获得的 GDP 增加均小于 1%；出口方面，除了大幅提高越南出口 25.8%、秘鲁出口 11.0%、新西兰出口 5.7%之外，其他 TPP 谈判方的出口增加程度限于 2%~3%的幅度内。Peter A. Petri，Michael G. Plummer and Fan Zhai，“The Trans-Pacific Partnership and Asia-Pacific Integration: A Quantitative Assessment”，East-West Center Working Papers，Economics Series，No. 119，October 24，2011，pp.29-37.

③ 除了越南、马来西亚等国的出口、GDP 增长幅度较大外，其他国家增长幅度有限。Peter A. Petri，Michael G. Plummer and Fan Zhai，“Adding Japan and Korea to TPP-Asia-Pacific Trade”，March 7，2013，pp.3-4，http://asiapacifictrade.org.

④ Office of the United States Trade Representative，“The United States in Trans-Pacific Partnership”，November 12，2011，http://www.ustr.gov/about-us/press-office/fact-sheets/2011/november/united-states-trans-pacific-partnership.

而非纠正“经济失衡”。特别是无论签署 TPP 与否，都很难从实际出口增长数据中分解出确切的由 TPP 导致的出口增量，即现实中上述判断是无法得到验证的，因此主张“分享亚洲经济高速增长的收益和为奥巴马政府的出口翻番战略创造条件”动机的说法可能并不完全准确。

表 3–2 TPP 12 谈判方相互缔结 FTA 的情况

国家	澳大利亚	文莱	加拿大	智利	马来西亚	墨西哥	新西兰	秘鲁	新加坡	美国	越南	日本
澳大利亚		○		○	○		○		○	○	○	○
文莱	○			○	○		○		○		○	○
加拿大				○		○		○	*	○		*
智利	○	○	○		○	○	○	○	○	○	○	○
马来西亚	○	○		○			○		○		○	○
墨西哥			○	○				○	*	○		○
新西兰	○	○		○	○				○		○	
秘鲁			○	○		○			○	○		○
新加坡	○	○	*	○	○	*	○	○		○	○	○
美国	○		○	○		○		○	○			
越南	○	○		○	○		○		○			○
日本	○	○	*	○	○	○		○	○		○	

注：○表示已签署 FTA；* 表示正在谈判 FTA。

资料来源：Australia Department of Foreign Affairs and Trade，www.dfat.gov.au；Brunei Darussalam Ministry of Foreign Affairs and Trade，www.mofat.gov.bn；Canada Foreign Affairs and International Trade，www.international.gc.ca；Chile DIRECON，www.direcon.gob.cl；Japan Ministry of Foreign Affairs，www.mofa.go.jp；Korea Ministry of Trade，Industry and Energy，www.motie.go.kr；Malaysia Ministry of International Trade and Industry，www.miti.gov.my；Mexico Secretariat of Economy，www.economia.gob.mx；New Zealand Ministry of Foreign Affairs and Trade，www.mfat.govt.nz；Peru Ministry of Foreign Commerce and Tourism，www.mincetur.gob.pe；Singapore Government，www.fta.gov.sg；Office of the US Trade Representative，www.ustr.gov；Vietnam Ministry of Industry and Trade，www.moit.gov.vn.

（二）TPP 有助于解决亚太地区的“意大利面条碗效应”

TPP 的重要经济意义还在于它有助于解决亚太地区的“意大利面条碗效应”，减少交易成本。进入 21 世纪，亚洲地区 FTA 盛行造成了一堆交织在一起的优惠贸易安排，在“意大利面条碗效应”的启发下，2006 年亚洲开发银行行长黑田东彦将亚洲地区的 FTA 网络形象地称为“亚洲面条碗效应”。不少研究发现，正是由于复杂的原产地规则设计和相应的交易成本，恶化了“亚洲面条碗效应”，

抑制了企业对亚洲地区FTA的利用，造成了东亚FTA利用率普遍偏低。[①] Gasiorek等（2007）在分析了原产地规则影响机制后，指出了其通过影响中间投入进而导致贸易扭曲的实质。他们通过引入泛欧累积体系（PECS）"对角累积"机制，经检验证明了在总贸易和部门贸易层面上，原产地规则都会引发贸易扭曲并恶化"意大利面条碗效应"。[②] William E. James（2006）发现亚太地区的FTA原产地规则比较严格，特别是区域价值成分标准相对很高，会增加企业经营成本并恶化"意大利面条碗效应"。[③] 随后，一些研究对不同的FTA原产地规则进行了比较，并根据限制程度对原产地规则进行了排列，[④] 纷纷指出原产地规则是影响"意大利面条碗效应"的关键。

事实上，在TPP谈判伊始就有学者质疑TPP究竟能否解决"亚洲面条碗效应"，[⑤]有的学者从P4文本出发，发现P4规定只有符合税则分类改变（CTC）标准或区域价值成分（RVC）超过45%的产品才符合相关的原产地规则，因此认为即使是P4这样相对简单的原产地规则，可能仍不足以解决亚太地区复杂的"意大利面条碗效应"。[⑥] 而根据现有的TPP谈判信息，美国似乎并不愿意在TPP谈判方范围内设立全新的、简单的以区域累积为主的原产地规则，而是希望在保留既有双边FTA敏感商品目录的前提下，以双边谈判的方式设立针对特定产品的原产地规则（Product-Specific ROOs）或特定国家的原产地规则（Country-Specific ROOs），[⑦] 例如，美国在第十轮谈判期间推动了复杂的化工产品原产地规则。另外，为了保护国内的劳动密集型产业，美国在TPP谈判中格外强调对纺织品和鞋

---

① Annette O. Pelkmans-Balaoing and Miriam Manchin, "Rules of Origin and the Web of East Asian Free Trade Agreements", World Bank Policy Research Working Paper Series 4273, 2007, p.6.

② Michael Gasiorek, Patricia Augier and Charles Lai-Tong, "Multilateralising Regionalism: Relaxing the Rules of Origin or Can Those PECS be Flexed?", CARIS Working Paper No.31, 2007, pp.2-23.

③ William E. James, "Rules of Origin in Emerging Asia-Pacific Preferential Trade Agreements: Will PTAs Promote Trade and Development?" ARTNeT Working Paper Series No. 19, 2006, pp.27-28.

④ World Bank, "Trade Issues in East Asia: Preferential Rules of Origin", Policy Research Report, East Asia and Pacific Region, Poverty Reduction and Economic Management, 2007, pp.3-54.

⑤ John Ravenhill, "Extending the TPP: The Political Economy of Multilateralization in Asia", Paper Presented in UNESCAP Asia-Pacific Trade Economists' Conference on Trade-Led Growth in Times of Crisis, Bangkok, Thailand, November 2-3, 2009.

⑥ Henry Gao, "The Trans-Pacific Strategic Economic Partnership Agreement: High Standard or Missed Opportunity?", Paper Presented in UNESCAP Asia-Pacific Trade Economists' Conference on Trade-Led Growth in Times of Crisis, Bangkok, Thailand, November 2-3, 2009.

⑦ Claude Barfield, "The Trans-Pacific Partnership: A Model for Twenty-First-Century Trade Agreements?", American Enterprise Institute for Public Policy Research International Economic Outlook No.2, June 2011, pp.4-5.

类制定一系列严格的原产地规则，如美国提出特定鞋类的区域价值成分必须达到55%才能够满足原产地规则的要求。更有争议的是，美国将北美自贸区的“纺纱前沿”原产地规则在 TPP 谈判中加以推广。该规则规定，进入美国市场的纺织品，如果希望取得原产地证书以利用优惠关税，那么该产品从纺纱、织布、剪裁到加工成衣等工序都必须在 TPP 成员方境内完成。

图 3–2 亚洲面条碗效应

资料来源：河合正弘、加乃山·维格那拉加主编：《亚洲的自由贸易协定——企业如何应对》，王震宇等译，社会科学文献出版社，2012 年版，第 12 页。

客观上来看，最惠国待遇型的贸易自由化是解决“意大利面条碗效应”的最佳途径，一旦实现零关税，关税优惠及其产生的“意大利面条碗效应”将自动消失。[①] 另外，也有学者指出，简化海关程序、实施 FTA“最佳实践”等有助于解决该问题。[②] 而 Baldwin（2006）则提出了 FTA 的透明度、简化协调原产地规则、协调 FTA 与 WTO 规则等措施，强调区域主义与多边贸易体系之间的协调对解决“意大利面条碗效应”的作用。[③] 总之，相关研究指出，简化原产地规则是解决“意大利面条碗效应”的重要一环。可见，如果 TPP 以双边谈判的方式加以谈判

① 河合正弘、加乃山·维格那拉加主编：《亚洲的自由贸易协定——企业如何应对》，王震宇等译，社会科学文献出版社，2012 年版，第 13 页。

② Ellen L. Frost，Asia's New Regionalism，Boulder，Colorado：Lynne Rienner Publishers，2008.

③ Richard Baldwin，“Multilateralising Regionalism：Spaghetti Bowls as Building Blocs on the Path to Global Free Trade”，The World Economy，Vol.29，No.11，2006，pp.1451–1518.

和确立，[①] 同时在不少敏感产品上设置非常严格的原产地规则，那么其原产地规则将绝不可能是简单、有效的，TPP也会沦为“众多面条碗中的一碗面条”，更遑论它能解决亚太地区的“意大利面条碗效应”。[②]

（三）TPP有助于维持美国的地区存在

2008年，相关报告指出，由于东亚地区日益盛行的自由贸易协定都将美国排除在外，这种歧视性待遇使得美国企业在该地区的竞争力受到了影响。因此，美国有必要通过参加TPP来克服这些不公平的负面效应。[③] 同样，不少学者不同程度上都认可这一观点，即潜在的东亚合作方案（“东盟+3”FTA或“东盟+6”FTA）都没有将美国纳入考虑范围，美国有理由担心由此造成的贸易转移效应可能会危害美国经济。[④] 美国通过积极推进TPP可以制衡和牵制东亚合作进程，防止该地区形成稳定、强大的贸易集团。[⑤] 彼得森研究所一份颇具影响力的报告一定程度上支持了上述判断，该研究报告认为不包括美国在内的亚洲贸易集团对美国的出口造成每年约为250亿美元的损失，相当于20万个高薪就业机会。[⑥] 但是美国学者Petri（2011）的研究却与上述说法有较大出入，该研究发现亚洲自由贸易协定并没有对美国产生显著的贸易转移效应，甚至这些协定还对美国经济产生少量的福利收益。[⑦] 尽管Petri同样认为TPP能够有助于美国获得更加公平的亚洲出口市场，推动美国产品出口，但是他并不认可亚洲国家相互缔结自由贸易协定对美国企业造成了歧视性待遇。因此，仅从经济学角度来看，“防止把美国排除

---

① 现实表明，TPP市场准入谈判仍然采用双边方式，参见 Office of the United States Trade Representative，“Trans-Pacific Partnership Negotiations Take Place in Kuala Lumpur”，December，2011，http://www.ustr.gov/about-us/press-office/blog/2011/december/trans-pacific-partnership-negotiations-take-place-kuala-lum.

② Shiro Patrick Armstrong，“Australia and the Future of the Trans-Pacific Partnership Agreement”，East Asian Bureau of Economic Research Working Paper No. 71，December 9，2011.

③ USTR，“Bilateral and Regional Negotiations and Agreements”，President's 2008 Annual Report on the Trade Agreements Program，2008.

④ 沈铭辉：《东亚合作中的美国因素——以“泛太平洋伙伴关系协定”为例》，《太平洋学报》，2010年第6期，第58页。

⑤ 刘晨阳：《“跨太平洋战略经济伙伴协定”与美国的亚太区域合作新战略》，《国际贸易》，2010年第6期，第59页。

⑥ Robert Scollay，“Preliminary Assessment of the Proposal for a Free Trade Area of the Asia-Pacific (FTAAP)”，An Issues Paper for the APEC Business Advisory Council（ABAC），2004.

⑦ Peter A. Petri，Michael G. Plummer and Fan Zhai，“The Trans-Pacific Partnership and Asia-Pacific Integration：A Quantitative Assessment”，East-West Center Working Papers，Economics Series，No. 119，October 24，2011，pp.6-7.

在东亚区域经济合作进程之外”的说法尚存有一定程度的争议。

即使认可东亚合作会对美国产生贸易转移效应的说法，一般而言，美国也有三种应对策略：第一，加强多边贸易谈判；第二，加入已有的东亚合作进程中；第三，另起炉灶发起新的 FTA 谈判，如 TPP。首先，加强多边贸易谈判目前似乎并不是美国的首选，毕竟自从 2008 年以后，美国在 WTO 谈判上的投入发生转向，更多地投入到了区域经济合作之上。那么，加入东亚合作是否构成美国的一个备选项呢？确实有学者提出，如果美国加入东亚合作中，那么美国也可以规避潜在的贸易转移效应，但是结果美国并未做出这样的选择。相关研究表明，无论美国与东盟达成“东盟+1”FTA，或是美国加入“东盟+3”FTA 方案，甚至美国加入“东盟+6”FTA 方案，美国的真实 GDP 都会下降（分别下降-0.01%、-0.24%和-0.27%），这主要是因为东亚合作偏重于货物贸易开放，而货物贸易自由化导致了美国净进口的增加，进而造成美国整体福利的下降。[①] 因此，美国加入东亚国家主导的东亚合作进程显然不是美国的备选项。这样看来，美国有理由和东亚国家签署双边自由贸易协定，一方面可以规避贸易转移效应，另一方面符合多年来美国贸易政策的惯例，这样做的好处在于美国可以充分利用自身的非对称实力，逼迫谈判对手接受有利于美国的条款，为美国企业打开更大的市场。[②] 现实中，美国却没有这么做，反而转向了更加复杂的 TPP 谈判。一种解释是，TPP 可以为美国提供达成包括更广泛成员的 FTA 的潜在“基准平台”，避免与其他国家逐个达成双边 FTA 的麻烦。[③] 但是伴随着越来越多的国家加入 TPP，这些国家很可能在特定部门的开放问题上形成不同的利益集团，进而在谈判时增加美国的整体谈判难度。[④] 为了解决这一矛盾，美国在 TPP 谈判中采用了复合（Hybrid）谈判方式，即针对一部分产品或部门，在保留既有双边 FTA 敏感商品目录的前提下，以双边谈判的方式设立针对特定产品或特定国家的原产地规则，

---

① 吴凌燕、李众敏：《美国参与东亚区域合作对中国的影响研究》，《财贸研究》，2007 年第 6 期，第 69-70 页。

② Richard Feinberg，“The Political Economy of United States’ Free Trade Arrangements”，The World Economy，Vol.26，2003，p.1020.

③ 盛斌：《美国视角下的亚太区域一体化新战略与中国的对策选择》，《南开学报（哲学社会科学版）》，2010 年第 4 期，第 74 页。

④ Masahiro Kawai，“Japan’s TPP Approach and Challenges”，Paper Prepared for CNCPEC Seminar “New Development and Future Direction of Asia Pacific Regional Economic Integration”，Beijing，China，14-15 November，2013.

或者其他不同的贸易规则；[①] 而对另一些产品或部门，则实行全面谈判方式，建立适用于这类产品或部门的统一规则。事实上，美国采用复合谈判方式，很大程度上仍然继承了双边 FTA 谈判的特征，并没有比逐个谈判省多少力。这样看来，美国大费周折地推动 TPP，也许并不完全出于经济原因，而可能是政治原因使然，即很可能是因为 TPP 能够在“非经济”层面更好地服务美国的利益，防止美国被东亚合作进程排除在外。

甚至相关研究直白地指出由于中国经济崛起，美国的亚洲盟国感到了压力和威胁，日本、韩国和东盟国家纷纷寻求与美国加强联系以平衡中国的影响，美国推动 TPP 能够缓解其亚洲同盟的压力。[②] 因此，美国在亚洲地区与日本、澳大利亚等国的同盟关系，需要利用贸易、投资等经济手段进一步加强，以便美国与亚洲盟国形成更为紧密的利益共同体。[③] 与双边自由贸易协定相比，TPP 显然更具有示范效应和信号效应，TPP 将成为美国在亚太地区的一个理想的战略部署。[④] 国内的政治学者可能更倾向于认同上述观点，他们认为美国通过有效的跨太平洋联结和制度安排，有利于实现其重要的安全目标，加强亚太国家对美国安全责任的信心，阻止日益增强的亚太分离趋势，建立一个由美国主导的横跨太平洋的新机制。[⑤] 从这个角度，不可否认 TPP 的确在一定程度上强化了美国在亚洲的存在感。

（四）TPP 旨在重构国际经贸规则

TPP 旨在设定一个全面的、现代的贸易模板。TPP 真正的竞争力来源于其高标准的贸易规则模板——“21 世纪条款”，即全面高标准的协定：取消阻碍货物贸易和服务贸易的壁垒；构建包括劳工标准、环境标准、投资条款、竞争政策、

① Claude Barfield，“The Trans-Pacific Partnership：A Model for Twenty-First-Century Trade Agreements?”，American Enterprise Institute for Public Policy Research International Economic Outlook No.2，June 2011，pp.4-5.

② C. Fred Bergsten and Jeffrey J. Schott，“Submission to the USTR in Support of a Trans-Pacific Partnership Agreement”，January 25，2010，http://www.piie.com/publications/papers/paper.cfm? ResearchID=1482.

③ Matthew P. Goodman，“U.S. Economic Strategy in the Asia-Pacific Region：Promoting Growth，Rules，and Presence”，Paper Prepared for CNCPEC Seminar “New Development and Future Direction of Asia Pacific Regional Economic Integration”，Beijing，China，14-15 November，2013，p.5.

④ Meredith Lewis，“The Trans-Pacific Partnership：New Paradigm or Wolf in Sheep's Clothing?”，Boston College International and Comparative Law Review，Volume 34，Issue 1，2011.

⑤ 刘鸣：《奥巴马政府东亚战略调整及其对中国的影响》，《现代国际关系》，2011 年第 2 期。

国有企业等在内的一系列国际贸易新规则；设置横向议题，通过规则一致性条款解决影响贸易和投资的法规政策等。[①]在当前WTO多哈回合谈判陷入停滞的阶段，美国与其贸易伙伴以TPP和TTIP等为手段，希望将知识产权、透明度、劳工和环境标准、竞争政策等边界内议题进一步推向全球，构建新一轮多边贸易谈判模板。[②]事实上，TPP可能涉及的贸易议题中，有50%的议题在过去亚太地区的FTA内是较少出现的，而且TPP谈判的多数条款都是边界内议题，占全部议题的比重约为70%。[③]

其实，历次美国对外FTA谈判均强调边界内议题，以FTAA谈判为例，美国在服务业市场准入、自由化水平、国民待遇等条款上的“出价”很高，这是因为对美国而言，服务业是其优势产业，服务业开放带来的福利远大于货物贸易自由化。[④]没有纳入服务部门的可计算一般均衡模型测算FTAA建成后，拉美发展中国家谈判方得到的福利会高于美国；[⑤]然而同样基于CGE模型，如果将服务贸易壁垒纳入考虑，研究却显示尽管FTAA将为所有谈判方带来共计1188亿美元福利收益，但是其中约676亿美元的大部分福利流向美国，南美国家谈判方仅获得约310亿美元福利。[⑥]类似的情况在TPP谈判重演，以美国和东盟国家历史上达成的FTA模板为假设基础，实证研究结果表明，美国通过TPP每年获得约780亿美元的福利收益；其中来自于服务贸易、农产品贸易方面的出口盈余成功抵消了制造业方面的进口赤字；而高达1/3的福利收益来源于TPP的投资自由化。[⑦]可见，在新一轮的贸易规则重构期内，大力推进全面高标准的“21世纪条款”

① Jeffrey J. Schott, Barbara Kotschwar and Julia Muir, Understanding the Trans-Pacific Partnership, Policy Analyses in International Economics 99, 2013, p.12.

② Matthew P. Goodman, “US Economic Strategy in the Asia-Pacific Region: Promoting Growth, Rules and Presence”, in Tang Guoqiang and Peter A. Petri (eds.), New Directions in Asia-Pacific Economic Integration, Honolulu: East-West Center, 2014, pp.170-172.

③ 沈铭辉：《美国的区域合作战略：区域还是全球？——美国推动TPP的行为逻辑》，《当代亚太》，2013年第6期，第82-83页。

④ Arvind Panagariya, “The Free Trade Area of the Americas: Good for Latin America?”, The World Economy, Vol. 19, September 1996, pp. 485-515.

⑤ Xinshen Diao, Eugenio Díaz-Bonilla and Sherman Robinson, “Scenarios for Trade Integration in the Americas”, International Food Policy Research Institute Discussion Paper No.90, February 2002.

⑥ Drusilla K. Brown, Kozo Kiyota and Robert M. Stern, “Computational Analysis of the Free Trade Area of the Americas (FTAA)”, RSIE Discussion Paper No.528, February 2005.

⑦ Peter A. Petri, Michael G. Plummer and Fan Zhai, “The Trans-Pacific Partnership and Asia-Pacific Integration: A Quantitative Assessment”, East-West Center Working Papers, Economics Series, No. 119, October 24, 2011.

符合美国的经济利益。

因此，美国通过TPP在亚太地区建立美国主导的国际贸易规则，是希望最终将这些规则推广至全球，志在打造美国主导的全球规则。[①] 任何后加入的国家将不得不接受一套它们没有参与制定且未反映其偏好和利益的规则。[②] 美国前贸易谈判副代表芭芭拉·威瑟更为直白地指出，美国推动TPP的目的是要达成一套适用于所有亚太国家的规则，任何要加入的国家必须遵守此规则。[③] 尽管主观上没有明显证据能够证明TPP旨在遏制中国，美国政府高级官员包括总统本人也多次重复强调美国推动TPP无意遏制中国，但是从客观角度来看，TPP努力提高的区域贸易协定的标准确实是针对中国等新兴经济体而设计的，例如，国有企业、知识产权等贸易规则可以被视为一种“限制”。[④] 因此，在中国周边国家纷纷选择加入TPP的过程中，中国将会面临越来越大的压力，无论中国最终是否加入TPP，中国将不可避免地受到以TPP为代表的贸易新规则的影响，这种效果更类似于所谓的“软遏制”。

---

① 陈雅莉：《美国的“再平衡”战略：现实评估和中国的应对》，《世界经济与政治》，2012年第11期，第7页。

② 斯蒂芬·M. 沃尔特著，郭盛、王颖译：《驯服美国权力：对美国首要地位的全球回应》，上海：上海人民出版社，2008年版，第30页。转引自刘昌明、孙云飞：《国内关于“跨太平洋伙伴关系协议”研究综述——兼论TPP研究的结构选择视角》，《理论学刊》，2013年第9期，第83页。

③ 转引自朴兰：《美国力推跨太平洋伙伴关系战略论析》，《国际问题研究》，2011年第1期，第50页。

④ Matthew P. Goodman, “Five Myths About TPP”, Global Economics Monthly, Vol.2, April 2013, http://csis.org/publication/global-economics-monthly-five-myths-about-tpp.

第四章　跨太平洋伙伴关系协定的成本收益分析

客观来看，TPP 与美国推动的亚太合作确实有着千丝万缕的联系，可以说 TPP 起源于 APEC 和美国的提议。早在 1997~1998 年 APEC 的部门提前自愿自由化计划失败后，APEC 工商界就希望以其他的方式继续推动亚太地区的贸易投资自由化进程。一部分经济体开始尝试先行实现贸易投资自由化，即采取 21 减 X（21-X）的方式，让愿意先走一步的成员通过自愿谈判，在 APEC 范围内组成小型 FTA，以推动茂物目标的实现。基于上述考虑，特别是为了防止 APEC 进程彻底失败，1998 年 11 月 APEC 峰会期间美国贸易代表巴尔舍夫斯基非正式地提出了"太平洋五国 FTA"（P5）的倡议，美国希望通过 P5 构造一个 APEC 内部的贸易"核心集团"，[①] 以此作为推动和撬动 APEC 贸易投资自由化的工具。

基于种种原因，美国最终并未加入这一贸易安排，仅新加坡和新西兰缔结了新加坡—新西兰更紧密经济伙伴关系协定。但是对亚太地区贸易投资自由化抱有热情的几个太平洋小国始终没有放弃努力，智利、新西兰和新加坡于 2002 年宣布正式启动"太平洋三国更紧密经济伙伴关系协定"（P3 CEP）谈判。2005 年 7 月三国签署了"跨太平洋战略经济伙伴关系协定"（Trans-Pacific Strategic Economic Partnership），随后 2005 年 8 月，文莱作为创始成员签署该协定，由于新加坡、新西兰、文莱和智利四国均是太平洋国家，因此该协定仍沿用过去的称谓，简称为 P4，并于 2006 年 5 月正式生效。

虽然 TPP 似乎源于 P4，但 2011 年 APEC 峰会期间发布的"TPP 纲要文件"显示，谈判伊始就宣称将达成一个全面的、高水平的面向 21 世纪的自由贸易协定的 TPP，其基础框架结构与 P4 的结构区别相当大，TPP 不仅包括了电子商务、

① 陆建人：《美国加入 TPP 的动因分析》，《国际贸易问题》，2011 年第 1 期，第 44-45 页。

金融服务、投资、电信、纺织品和服装等 P4 未专门涉及的领域，同时将 P4 的环境合作以及劳工合作备忘录单独成章，专门设立为劳工条款和环境条款。① 尽管如此，对 P4 进行简单的回顾仍有助于更好地理解 TPP。

一、TPP 的潜在成本分析

（一）P4 的基本内容与评价②

鉴于 TPP 基于 P4 之上，以及 TPP 谈判内容未公布，因此有必要对 P4 加以介绍。P4 包括序言和原始条款、一般定义、货物贸易、原产地规则、海关程序、贸易救济、卫生与植物卫生措施、贸易技术壁垒、竞争政策、知识产权、政府采购、服务贸易、短期人员流动、透明度、争端解决、战略伙伴关系、管理和制度条款、一般条款、一般免责条款、最终条款 20 个条款。

具体而言，（1）关税减让。P4 规定其关税减让的最终目标是将关税削减至零（覆盖 97%的商品），鉴于其成员国都是开放小国，事实上其大部分商品的关税在 P4 实施伊始即为零关税，当然鉴于发展程度和保护程度不同，P4 还是对不同国家将最后期限区分为 2015 年和 2017 年两个阶段。

（2）原产地规则。虽然 P4 宣称其原产地规则简单，但是除了采用的是“负面清单”（Negative List）外，其他方面的优势有限：①尽管多数商品采用税则分类改变（CTC）标准，但是 P4 没有统一使用一种 ROO 标准，仍采用多种标准；

① 参见 New Zealand Ministry of Foreign Affair and Trade，“Trans-Pacific Strategic Economic Partnership Agreement”，http://www.mfat.govt.nz/Trade-and-Economic-Relations/2-Trade-Relationships-and-Agreements/Trans-Pacific/4-P4-Text-of-Agreement.php；Office of the United States Trade Representative，“Outlines of the Trans-Pacific Partnership Agreement”，November 12，2011，http://www.ustr.gov/about-us/press-office/fact-sheets/2011/november/outlines-trans-pacific-partnership-agreement.

② 该部分内容参考了 Trans-Pacific Strategic Economic Partnership Agreement 协议文本，和 Henry Gao，“The Trans-Pacific Strategic Economic Partnership Agreement：High Standard or Missed Opportunity?” Paper Presented in UNESCAP Asia-Pacific Trade Economists' Conference on Trade-Led Growth in Times of Crisis，Bangkok，Thailand，November 2-3，2009. 宫占奎：《亚太贸易投资自由化目标的实现路径》，载张蕴岭、沈铭辉主编：《东亚、亚太区域合作模式与利益博弈》，经济管理出版社，2010 年 8 月版，第 282-284 页。

②其原产地规则中区域价值成分标准（RVC）要求满足45%~50%，该标准甚至比东亚其他FTA的标准更加严格；③与其他FTA类似，仍然只允许双边累积的方式，并不允许使用斜边累积或者完全累积的方式；④微量条款（De Minimis）依然采用10%，并不比其他FTA高。

（3）贸易救济措施。P4关于限制使用贸易救济的词语比较模糊。目前P4条款规定，只要符合WTO或者P4的要求，P4国家仍然可以使用包括反倾销、反补贴、保障措施在内的贸易救济措施。而在东亚地区不少双边FTA中，都有相应条款取消或者限制使用贸易救济。

（4）政府采购。政府采购包括商品和劳务方面的采购，P4设立了政府采购门槛，同时就信息提供、透明度问题提出了相关要求。

（5）服务贸易。P4服务贸易领域主要涉及旅游、教育、通信、陆路和水路运输、航空、会计、工程、法律等领域的市场开放问题，但是P4服务贸易开放承诺一般。这是因为P4完全排除了金融服务、空运服务等重要服务部门开放；另外，根据P4的附件，P4国家可以保留限制措施甚至引入新的措施。

（6）战略伙伴关系。为了更好地建立战略伙伴关系，P4成员国专门签署了战略伙伴关系实施安排，以便加强经济，研究、科学和技术，教育，文化以及初级产业（包括农业、林业和渔业）等领域的合作。

（7）P4实施机构。P4成立了跨太平洋战略经济伙伴委员会（部长或高官级）以确保协议的实施，该委员会每年举行一次会议。委员会的职责在于确保P4实施两年内进行一次评估，以后每三年进行一次评估。同时委员会设立并监督相应的工作组，以处理P4实施过程中出现的相关问题，委员会还要探索P4成员国之间未来贸易、投资合作的新领域。

（8）投资条款。P4成员国间的投资自由化问题暂时没有具体协议或者承诺，成员国约定在P4实施两年内开始进行谈判，当然，对投资自由化至关重要的“商业存在”已经在服务自由化领域有所体现。

（9）值得一提的是，新加坡、新西兰、文莱和智利四国还专门签署了环境合作协议和劳工备忘录（Labour MOU）。

客观来看，P4协议不少条款的象征意义大于实际意义，其宣称的全面、高标准多少有些名不副实。

（二）加入 TPP 的潜在成本

事实上，TPP 各谈判方面临的潜在加入成本主要在于 TPP 各章节下的开放承诺，因此有必要预测 TPP 可能达成的 FTA 条款。虽然理论上 TPP 源于 P4，但是实际谈判信息表明，美国主导了 TPP 谈判并在不少章节上提出了新的方案。鉴于美国主导 TPP 谈判和议题设置，对 TPP 潜在成本进行分析时必须充分考虑美国的相关 FTA 条款。一般来说，NAFTA 在美国的 FTA 谈判中具有示范意义，但是鉴于 NAFTA 签署时间已久，国际贸易环境已经发生了不小的改变，因此本章在选择参考系时，仅将 NAFTA 以及 P4 作为辅助参考系，而非主参考系。以 FTA 签署时间较近及签署对象国位于东亚地区内为选择标准，本章将美国—韩国 FTA 作为研究的主参考系。①

1. 货物贸易市场准入

TPP 货物贸易自由化的目标是全面和高水平的，对于非农产品实行零关税，理论上不允许有例外产品的存在。但是 TPP 市场准入谈判一直面临着保留已签署的双边 FTA 或在多边基础上重新谈判的争论，目前 TPP 谈判现实表明，为了最大限度地保护国内市场，美国坚持保留现有与澳大利亚、智利、秘鲁、新加坡等国之间的双边 FTA，主张只要上述双边 FTA 仍未完全实施，那么相关的市场准入条款即自动成为美国与该国的 TPP 货物贸易市场准入条款。而对马来西亚、文莱、越南、新西兰等未与美国签署双边 FTA 的谈判方，美国采用双边谈判方式进行市场准入谈判。② 除美国外，秘鲁也坚持采用双边方式谈判货物贸易市场准入问题。尽管澳大利亚、新西兰等国则主张用 TPP 取代现有 FTA，通过在成员间进行多边谈判形成统一的降税安排，③ 但是实际谈判过程中，仅有澳大利亚、新西兰、智利、新加坡、文莱、马来西亚、越南采用多边方式谈判 TPP 货物贸易市场准入。④ 尽管如此，上述复合谈判方式要求 TPP 一旦实施时，高达 90%的关税税

---

① 该部分内容参考了 Trans-Pacific Strategic Economic Partnership Agreement 协议文本以及美国签署的部分双边 FTA 协议文本。参见 http://www.ustr.gov/trade-agreements/free-trade-agreements.

② 虽然美国与 TPP 其他谈判方已经就谈判方式达成一致，即采用包括双边和多边谈判的复合方式（Hybrid Approach）作为 TPP 的谈判方式，但是美国在货物市场准入谈判中已经明确使用双边方式。

③ 澳大利亚希望在原有 FTA 的基础上，通过 TPP 多边谈判打开美国蔗糖、奶制品市场，新西兰则渴望获得美国奶制品、牛羊肉市场，坚持多边谈判方式有助于扩大澳大利亚的收益和提高新西兰的谈判实力。

④ Deborah Elms，“Trans-Pacific Partnership Agreement: Issues and Challenges”，Paper for the CNCPEC Seminar on TPP 2012 Progress and Challenges，Beijing，China，December 7，2012，pp.4-5.

目商品都要立即实现零关税，待TPP完全实施后，99%强的商品全部实现零关税。

事实上，货物贸易市场准入谈判的争议焦点在于谈判国之间特别是美国如何处理敏感商品问题，毕竟TPP中的小国只要能够获得美国特定部门的市场开放，其他方面的损失可能就值得承受。因此，为了完成削减关税和非关税壁垒的目标，TPP可能会对部分敏感产品设置10~15年的过渡期；而对少数高度敏感商品，则有可能仍允许采用配额管理和实施保障措施，当然具体配额会有所调整提高。在非农产品市场准入方面，对于纺织品、服装、鞋类等劳动力密集产品，美国则可能主张设置较长的过渡期，参考其已签署的FTA，这一过渡期可能长达10年左右；在化工、电子、信息技术等行业，美国可能要求缩短开放过渡期或在TPP生效后立即实现自由化。①

例如鞋类制品，就构成了美国与越南的TPP双边谈判焦点之一。鞋类制品的出口占越南全部出口总额的7%，目前美国是越南鞋类制品的最大出口市场，该产品对美年出口额约为20亿美元，约占越南鞋类制品出口总额的1/3。目前，越南希望美国能够逐步削减进口关税（11%~70%的税率），并能够采用更为自由化的原产地规则。

2. 农产品

具体而言，由于TPP谈判方中包括了美国、加拿大、澳大利亚、日本等全球农产品贸易中重要参与方，TPP12国的农产品出口额已经占全球农产品出口总额的30%强，而TPP12国农产品进口额也已占全球农产品进口总额的25%强，因此TPP的农产品市场准入谈判格外重要，然而由于分歧严重，奶制品，猪、牛肉，蔗糖，大米等农产品的谈判进展缓慢。越来越多的信息表明，TPP农产品贸易不太可能实现完全自由贸易，而是在部分产品上实现阶段性降税，并对敏感产品继续维持配额或采用保障措施的做法加以保护。

奶制品市场准入谈判已经成为TPP农产品谈判焦点领域之一，新西兰年均100亿美元的奶制品出口额使该国成为全球奶制品第一大出口国，而美国和澳大

---

① TPP市场准入谈判显然比P4复杂得多，最终可能是多数商品实行单一的“共同降税目录”，却保留一定的以双边方式存在的敏感商品目录。这一结果与P4区别较大，P4规定其关税减让的最终目标是将关税削减至零（覆盖97%的商品）。当然，鉴于P4成员国都是开放小国，事实上其大部分商品的关税在P4实施伊始即为零关税，具体而言，新加坡在协定生效的2006年已率先实现零关税，新西兰和文莱将于2015年、智利于2017年分别实现零关税。

利亚也是全球重要的奶制品出口国。尽管新西兰对美国的奶制品市场准入并不十分看重，毕竟美国市场仅占新西兰出口总量的4.2%，相比之下，中国市场占其出口总量的17.4%，但是新西兰担心奶制品条款会构成未来中国加入TPP时的谈判隐患，[①]因此新西兰极力要求削减TPP国家的奶制品贸易限制措施，开放TPP国家奶制品市场。但是美国却反对将奶制品纳入谈判，美国并不十分担心新西兰的奶制品会严重影响美国国内市场，而更担心此举会影响美国奶制品市场价格，进而导致改革美国的奶制品相关政策。尽管随后美国同意考虑奶制品谈判，但是要求最大限度维持目前的市场准入门槛，同时指责新西兰恒天然（Fonterra）公司占有新西兰90%的奶产量，构成了明显的市场垄断，强调开放市场将会导致美国奶制品企业的不公平待遇。[②]另外，日本、墨西哥、新加坡、加拿大等国则是全球范围内重要的奶制品进口国，长期以来为了保护各自国家的奶制品市场，墨西哥和加拿大等国实施了较高的关税和严格的检验检疫措施，加拿大不仅对奶制品进口保有配额限制和高达315%的关税，更重要的是该国对奶制品实施牛奶供应管理体系以维持奶制品价格。而日本的奶制品市场同样受到了高关税和进口配额（脱脂奶粉、全脂奶粉、奶油的配额内关税分别是16%、24%和35%；超出配额的进口关税分别为210%、316%和733%）等政策措施的保护，[③]可以说TPP奶制品市场准入谈判浓缩了全球奶制品谈判的困难。目前，美国、新西兰和澳大利亚与日本、墨西哥等国关于奶制品的谈判争议较大，相关谈判进展缓慢。

表4-1 2011年奶制品贸易情况

（百万美元）

国家	出口额	进口额	贸易差额
澳大利亚	2071	674	1397
文莱	—	—	—
加拿大	286	601	-315
智利	222	114	108

① 参见 Ross Korves, "New Zealand Dairy and the Trans-Pacific Partnership Trade Agreement", July 28, 2011, http://www.truthabouttrade.org/news/editorials/trade-policy-analysis/18211-new-zealand-dairy-and-the-trans-pacific-partnership-trade-agreement.

② 刘中伟、沈家文、宋颖慧：《跨太平洋伙伴关系协议：中国与亚太区域合作的新机遇》，经济管理出版社，2013年第1版，第32页。

③ Pavel Vavra著，路遥、王奇、蒋永宁、起建凌、王文杰、徐若英编译:《世界主要乳制品生产国的乳业制度与政策回顾》，《中国畜牧杂志》，2012年第22期，第56-57页。

续表

国家	出口额	进口额	贸易差额
马来西亚	401	836	-435
墨西哥	227	1789	-1562
新西兰	10112	103	10009
秘鲁	118	160	-42
新加坡	455	1384	-929
美国	4157	2701	1456
越南	97	503	-406
日本	21	1806	-1785
TPP12	18166	10671	7495
世界	38819	30833	7986
EU27	11399	1594	9805
中国	522	2764	-2242
TPP12/世界（%）	46	35	
EU27/世界（%）	29	5	
中国/世界（%）	1	9	

资料来源：Jeffrey J. Schott，Barbara Kotschwar and Julia Muir，Understanding the Trans-Pacific Partnership，Policy Analyses in International Economics 99，2013，p.20.

牛肉方面的谈判争议主要在于配额问题。一方面，美国作为新西兰和澳大利亚牛肉的进口国，对来自上述两个国家的牛肉实施了配额管理，例如，对新西兰出口美国的牛肉年度配额为 21.4 万吨，配额内关税仅为 4.4 美分/千克，但是超出配额的进口关税则高达 24.6%。美国与澳大利亚的牛肉贸易适用美国—澳大利亚FTA，根据规定，美国对超过配额的澳大利亚牛肉征收 26.4%的进口关税，但是约定牛肉进口关税逐年削减，配额逐年提高，直至 2023 年实现牛肉贸易自由化。① 另一方面，日本面临着来自美国和澳大利亚等方面的开放压力，在出现疯牛病之前日本对美国牛肉的年进口规模在 20 万~30 万吨。但从 2003 年暴发疯牛病之后，日本一直严格限制牛肉进口，直到 2012 年牛肉进口量才上升至 13 万吨的规模。日本的进口牛肉市场上，澳大利亚产牛肉的日本市场占有率最高，2015 年 1 月生效的日本—澳大利亚经济伙伴关系协定（EPA）规定，澳大利亚产食品服务行业用冷冻牛肉通过 18 年的过渡期将进口关税最终降至 19.5%，而对于在卖场出

① 转引自刘中伟、沈家文、宋颖慧：《跨太平洋伙伴关系协议：中国与亚太区域合作的新机遇》，经济管理出版社，2013 年版，第 31 页。

售的冷冻牛肉通过15年的时间将关税降至23.5%。目前，牛肉方面的贸易自由化仍可能通过配额或者保障措施加以解决。例如，TPP日美双边谈判中，日本计划将目前38.5%的进口关税首先降至28%，在之后的15年间分阶段降至10%。一旦进口量剧增则启动保障措施，作为启动进口保障措施的条件，日本希望以近期进口量为基准，而美国则希望以疯牛病发生前的年均20万~30万吨为基准。[①]另外，美国预计同样将对进口牛肉采取分阶段数量保障措施。

猪肉方面，伴随着人均收入的提高，越南已经成为猪肉消费的新兴市场。尽管美国志在打开越南市场，但是越南希望以此换取美国在纺织、服装和鞋类产品上的妥协，双方的谈判较为艰难。[②]美国同样非常关心对日本的猪肉出口，目前的谈判信息显示，通过10年的降税，日本计划最终将猪肉进口关税降低至每公斤50日元，但日本方面要求当美国产猪肉的进口剧增，并严重影响日本国内猪肉生产者的收入时，日本有权启动保障措施并对进口猪肉征收每公斤482日元的关税。美国方面认为启动保障措施后的保护性关税将应逐步降低，即10年过渡期结束后，"紧急进口限制措施"下保护性关税最高只能维持在每公斤100日元的标准。目前，美日双方关于猪肉进口保障措施的触发条件，即究竟将进口量达到多少万吨作为启动紧急进口限制措施的标准成为谈判的焦点之一，美国希望通过严格条件来尽量防止日本利用"紧急进口限制措施"条款来限制猪肉进口。

TPP关于大米的谈判，主要在以美国、越南等为代表的大米出口国和以日本、马来西亚等大米进口国之间展开。TPP国家大米出口约占全球大米出口总额的30%，其中美国和越南是主要的大米出口国。TPP国家大米年进口额超过30亿美元，约占全球大米进口总额的20%强，其中美国和马来西亚是主要的大米进口国，尽管日本并非大米的主要进口国，但是日本、加拿大等国对大米的保护程度相当高，如日本对超过配额的大米执行700%的关税税率。越南和马来西亚也对大米实施保护，越南对不同种类的大米征收20%~40%的进口关税，而马来西亚的大米进口关税税率为40%。美国对每吨进口大米征收18~21美元的关税，而智利则征收约6%的进口关税。[③]其他TPP国家的大米市场则基本实现了开放。

① http://www.guancha.cn/internation/2015_02_03_308430.shtml.

② Deborah Elms, "Getting from Here to There: Stitching Together Goods Agreements in the Trans-Pacific Partnership (TPP) Agreement", RSIS Working Paper No.235, 17 April, 2012, p.20.

③ Jeffrey J. Schott, Barbara Kotschwar and Julia Muir, Understanding the Trans-Pacific Partnership, Policy Analyses in International Economics 99, 2013, p.23.

在大米市场准入谈判中，美日双边谈判成为了焦点。按照过去的进口配额安排，日本每年以零关税进口 77 万吨大米，其中美国产大米大约为 36 万吨。美国要求日本大幅降低大米的进口关税，并希望日本将大米的进口规模追加 20 万吨，但遭到日本的拒绝。日本国内对开放大米市场存在强烈的反对声音，尤其是开放大米市场可能会导致国产大米价格下跌成为重要问题。当前日本的大米年消费量约为 780 万吨，且每年递减约 8 万吨的消费量，因此日本农业团体认为当日本增加大米进口，日本国产大米价格会大幅下跌。日本政府正在考虑购买与额外进口量相同规模的大米作为储备，防止国产大米价格下跌。目前，日本政府每年购买 20 万吨大米作为储备，由于储备能力有限，日本政府进一步增加大米储备的上限约为 5 万吨。因此，日本与美国在大米谈判上的出要价差距较大，根据日本官方说法，大米是日本在政治方面最难解决的产品，如果不试图打开局面，TPP 谈判根本无法进行下去。尽管大米谈判艰难，但是日本仍在大米进口方面做出了让步，日本有望在现有的 77 万吨大米进口配额规模上增加 5 万吨，并将 82 万吨设置成 TPP 成员国特别无关税配额规模。

尽管蔗糖也属于敏感农产品，但是蔗糖谈判难度稍小于其他敏感农产品。美国希望通过双边谈判回避敏感农产品问题，例如美国—秘鲁 TPA 规定，美国向秘鲁提供每年 9000 吨普通蔗糖和 2000 吨特种糖的配额，超出配额的部分将被征收高额关税。而美国与澳大利亚的蔗糖问题，由于美国—澳大利亚 FTA 未涉及蔗糖，因此澳大利亚一直在寻求削减美国进口关税和提高蔗糖进口配额。与此同时，日本、马来西亚和越南也是蔗糖的净进口国，这些国家同样面临着削减关税或提高配额的问题。

3. 原产地规则①

一般而言，为了防止企业利用 FTA 的优惠关税通过简单的转口贸易投机获利，所有的 FTA 都设有原产地条款，即必须证明在 FTA 伙伴市场内进行了实质性的生产活动，所生产的产品必须是符合原产地规则要求的产品（即完全获得产品或满足原产地规则的非完全获得产品）才能享受优惠。FTA 将原产品分为完全获得产品和非完全获得产品两大类。完全获得产品就是产品的全部成分均来自于

① 与一般做法不同，TPP 谈判并未将原产地规则谈判纳入市场准入谈判中，而是设立了一个单独的谈判组加以处理。参见“Countries Oppose U.S. Position on ROO for Textiles And Apparel”，Inside U.S. Trade，September 10，2011.

该 FTA 成员方。非完全获得产品是产品价值中足够部分来自于 FTA 成员方，或者特定加工工序、实质性转变发生于 FTA 成员方内部。非完全获得产品的判断基于三个标准，即：①区域价值成分标准（RVC），即产品必须满足最低的当地价值增值比例。例如对于多数非完全获得产品，不少 FTA 都执行 RVC 标准，如果某产品中原产于 P4 的成分占其总价值的比例不少于 45%，则其可以享受该 FTA 的优惠关税待遇。②税则分类改变标准（CTC），是指对原产材料进行制造、加工后，所得产品在海关税则中的税目分类发生了变化。不少发达经济体经常采用这一标准，这一标准简单易行且比较明确。③加工工序标准（SP），即赋予制造、加工后所得产品基本特征的主要工序。采用该标准时，企业需要提供加工工序清单并详细列出加工过程以备验收，一般而言该标准不独立实施，经常与其他标准一起构成复合标准或选择性标准。例如，一些 FTA 中的某些非完全获得产品，既要求满足区域价值成分或者税则分类改变标准，又要求最终生产工序应在 FTA 成员方内部完成。

美国试图以 NAFTA 中的原产地规则为模板推进 TPP 的原产地规则谈判，即以税则分类改变标准为主，辅之以区域价值标准或加工工序标准。具体而言，以交易价值法计算的区域价值成分比例不低于 60%，以净成本法计算的增值比例不低于 50%，而且可能只允许使用双边累积的方式，不允许使用斜边累积或者完全累积的方式。微量条款（De Minimis）则采用 7%的标准，即非当地成分含量低于货物交易价值 7%的产品也将被视为原产货物。[①] 需要指出的是，TPP 可能制定针对特定产品或者特定国家的原产地规则。以服装为例，[②] 美国提出"纺纱前沿"（Yarn-Forward）原产地规则，要求进入美国市场的服装等纺织品，从纺纱、织布、裁剪至加工为成衣的过程都必须在 TPP 成员国境内完成。[③] 由于越南需要从中国、韩国进口纺纱、布匹等原材料，根据这一原产地规则，越南将无法利用 TPP 关税优惠或配额等。鉴于服装产业是

① 这些指标比 P4 的相关指标更为苛刻。P4 原产地规则中区域价值成分标准（RVC）要求满足 45%~50%，微量条款依然采用 10%。

② TPP 设立了单独的"纺织品和服装"章节，以专门处理与纺织品相关的海关合作、执法程序、原产地规则、保障措施等。参见 Office of the United States Trade Representative，"Economic Opportunities and the TPP"，December，2009，http://www.ustr.gov/about-us/press-office/fact-sheets/2009/december/economic-opportunities-and-tpp.

③ "Countries Oppose U.S. Position on ROO for Textiles and Apparel"，Inside U.S. Trade，September 10，2011.

越南出口第一大部门，且该国是仅次于中国的第二大对美服装出口国，所以该国高度关注纺织品和服装的原产地规则谈判。马来西亚、墨西哥和秘鲁等国家也同样关注该谈判，马来西亚与越南情况类似，一直要求放松“纺纱前沿”原产地规则，采用更加自由化的原产地规则；而墨西哥和秘鲁由于已经与美国签署了双边 FTA，其相关产品贸易已经采用了“纺纱前沿”原产地规则，这些国家坚持使用“纺纱前沿”规则，希望以此削弱越南、马来西亚等亚洲经济体纺织品和服装的竞争力。

4. 其他货物贸易自由化条款

在货物贸易自由化的其他方面，P4 与美国的自由化要求基本类似。

具体而言，P4 在海关程序方面就海关程序和便利化、海关合作、海关估价、预裁定、复议和诉讼、磋商机制、无纸化贸易、快件、风险管理、货物放行等内容做出了具体规定，其中货物放行方面特别规定，货物向海关申报后必须在 48 小时内放行。TPP 谈判各国在海关合作方面争议较小。

P4 关于限制使用贸易救济的词语极其模糊。目前 P4 条款规定，只要符合 WTO 或者 P4 的要求，P4 国家仍然可以使用包括反倾销、反补贴、保障措施在内的贸易救济措施。根据美国在双边 FTA 中的相关规定，美国在贸易救济方面的谈判立场，将是积极维护其国内产业利益，因此仍将允许使用上述贸易救济措施。与此相反，在东亚地区许多双边 FTA 中，都有相应条款取消或者限制使用贸易救济。另外，TPP 谈判还涉及建立过渡性区域保障机制。

P4 的卫生与植物卫生措施（SPS）规定遵守 WTO 相关规定，并就设立 SPS 委员会、主管机构和联络点、适应地区条件、SPS 法规的等效性、验证、进口检查、通知、暂行办法、信息交换和技术咨询及合作等方面做出了规定。美国近年来签订的双边 FTA 中，关于卫生与植物卫生措施的相关规定比较简单，除了明确适用范围和一般性条款之外，通常只对设立 SPS 委员会等做出比较明确的规定，基本不涉及其他方面的内容。但是 TPP 关于 SPS 谈判将纳入科学、透明度、区域化、合作、等效性等一系列新的承诺，并考虑在双边和多边的基础上进行合作等。[①]

① Office of the United States Trade Representative, “Economic Opportunities and the TPP”, December, 2009.

在技术性贸易壁垒（TBT）方面，P4 表示遵守 WTO 相关内容的规定，并就原产地、贸易便利化、国际标准、技术法规的等效性、合格评定程序、透明度、技术咨询及 TBT 联合委员会，以及技术合作等内容提出了相关要求。目前 TPP 谈判中的相关要求与 P4 要求区别不大。

5. 服务贸易自由化

服务贸易是美国对外谈判 FTA 的重点之一，特别是涉及“21 世纪”规则的制定，其开放程度将高于 P4，服务贸易领域也成为 TPP 谈判各方博弈的焦点。从目前 TPP 谈判的进程来看，美国在该领域特别是对金融服务和通信服务领域的开放要求较高。具体而言，第一，鉴于已签署的双边 FTA，美国在 TPP 谈判中坚持根据服务提供模式对服务贸易进行分类，将模式 1（跨境交付）和模式 2（境外消费）整合为“跨境服务贸易”并独立成章；将模式 3（商业存在）从服务贸易章节中分离出去，归入“投资”部分；将模式 4（自然人流动）独立成章，并就“商务人员临时入境”进行了规定。第二，在近年来签订的 FTA 中，美国一直采取“负面清单”，因此在 TPP 服务贸易承诺方式上，美国倾向采用“负面清单”。如采用该方式，除非明确表示现在及将来与协定背离的保留措施，否则其他所有部门一律开放。特别需要指出的是，采用这种方式后，服务贸易未来出现的任何新部门将自动开放，这是与“正面清单”最大的差异所在。当然，这可能会留下相当的不确定性，特别是对于发展中国家而言，任何新的服务部门将毫无例外地面对来自美国的竞争压力。第三，TPP 服务贸易谈判要求全面实现国民待遇，特别是准入前国民待遇，取消其他国家对外国直接投资的审批；强调取消股权以及业绩要求，减少对各国国内企业的保护。

在部门开放方面，美国一直追求高标准、全面的自由化，除了 P4 相关要求外，美国高度关注金融服务与通信服务部门开放，美国从自身的比较优势和商业利益出发，在 TPP 中将金融和电信两个服务业部门独立设章。在金融服务方面，美国关注资本自由流动、自由设立独资的金融机构、国民待遇与最惠国待遇等。在现有的 FTA 中，美国对金融服务条款的适用范围主要集中于金融机构与金融服务跨境贸易等方面。具体而言，主要就金融机构的市场准入、非歧视待遇、争端解决程序、投资保护、有效的争端解决机制等自由贸易方面进行了规定，较少关注金融监管方面的内容。在通信服务方面，美国已签署的 FTA 主要对保障各缔约方电信基础设施的共享、确保各缔约方公共电信服务提供商传输网络的互联互通、对海底光缆电信服务给予非歧视待遇、确保独立的监管机构对电信服务业进行监管、提高透明度、确保企业提出上诉的权利等内容进行了规定。

TPP关于服务贸易的谈判焦点集中于金融服务、通信服务、保险业开放、电子商务、规则一致性以及不符措施（Non-Conforming Measures）等。美国尤其强调服务贸易自由化，在TPP金融服务谈判中，美国致力于推动超WTO（WTO Plus）的市场准入开放，如允许设立商业存在、实现100%的股权控制、不设立商业存在的情况下允许提供跨境服务等。在服务贸易的电子商务条款下，积极推动电子化服务与现实服务享受同等待遇；取消软件、视频等数字媒介的关税和非关税壁垒。另外，美国致力于推动新的规则，禁止对跨境数据传输设置障碍，禁止要求在特定地区架设服务器等。然而，澳大利亚、新西兰基于隐私和安全考虑，在谈判中反对美国关于数据传输方面的规则。[①]

6. 投资自由化

尽管P4成员国间的投资自由化问题没有形成具体协议或者承诺，而是约定在P4实施两年内开始进行谈判。当TPP开始谈判后，美国便与P4国家共同推动了投资条款相关谈判。表4-2显示了TPP12国之间的双边投资协定或FTA投资条款的覆盖情况，亚洲国家内部之间、美洲国家内部之间基本上都存在相关投资规则，但是亚洲国家与美洲国家之间却出现了部分断层。TPP谈判显示，[②] TPP投资条款内容丰富，开放程度高，可能继续包括比较宽泛的“投资”范围界定；包括准入前和准入后阶段的“国民待遇”和“最惠国待遇”；允许与投资相关资本自由“转移”，详细的“征收与补偿”，适用“投资者—国家”争端解决机制等。

从TPP投资谈判文本来看，TPP谈判将“投资”界定为投资者直接或间接拥有或控制的各种资产，只要该资产具有资金或其他资源的投入、利润或收益预期以及风险承担等“投资特征”，就可以界定为“投资”。并且以非穷尽列举的方式进行了说明，即包括但不限于：直接投资设立企业；股份、债券、股票及其他类型的公司参股；期权、期货及其他衍生工具；交钥匙工程、建设、管理、生产、特许经营、收益共享和其他类似的合同；知识产权；法律允许的许可、授权等类似权利等。目前资料显示，TPP投资条款将货物或服务合约价款的请求权、商业

① Jeffrey J. Schott, Barbara Kotschwar and Julia Muir, Understanding the Trans-Pacific Partnership, Policy Analyses in International Economics 99, 2013, pp.31-32.

② 参见 https://www.wikileaks.ch/tpp-investment/WikiLeaks-TPP-Investment-Chapter.pdf.

表 4-2　TPP12 谈判方的投资承诺情况

国家	澳大利亚	文莱	加拿大	智利	马来西亚	墨西哥	新西兰	秘鲁	新加坡	美国	越南	日本
澳大利亚		FTA (2010)		BIT (1999) FTA (2009)	FTA (2010)	BIT (2007)	BIT FTA (2011)	BIT (1997)	FTA (2010)	FTA (2009)	BIT (1991) FTA (2010)	FTA (2014)
文莱	FTA (2010)			*	FTA (2010)		FTA (2010)		FTA (2010)		FTA (2010)	FTA (2008)
加拿大				FTA (1997)		FTA (1994)		BIT (2007) FTA (2009)	**	FTA (1994)		**
智利	BIT (1999) FTA (2009)	*	FTA (1997)		BIT (1995)	FTA (1999)	BIT*	BIT (2001) FTA (2009)	*	FTA (2004)	BIT*	FTA (2007)
马来西亚	FTA (2010)	FTA (2010)		BIT (1995) *			FTA (2010)	BIT (1995)	FTA (2010)		BIT (1992) FTA (1993)	FTA (2006)
墨西哥	BIT (2007)		FTA (1994)	FTA (1999)				FTA (2012)	**	FTA (1994)		FTA (2005)
新西兰	BIT FTA (2011)	FTA (2010)		BIT*	FTA (2010)				FTA (2010)		FTA (2010)	
秘鲁	BIT (1997)		BIT (2007) FTA (2009)	BIT (2001) FTA (2009)	BIT (1995)	FTA (2012)			BIT*	FTA (2009)		BIT (2009)*

续表

国家	澳大利亚	文莱	加拿大	智利	马来西亚	墨西哥	新西兰	秘鲁	新加坡	美国	越南	日本
新加坡	FTA (2010)	FTA (2010)	**	*	FTA (2010)	**	FTA (2010)	BIT*		FTA (2004)	BIT (1991) FTA (2010)	FTA (2002)
美国	FTA (2009)		FTA (1994)	FTA (2004)		FTA (1994)		FTA (2009)	FTA (2004)			
越南	BIT (1991) FTA (2010)	FTA (2010)		BIT	BIT (1992) FTA (1993)		FTA (2010)		BIT (1991) FTA (2010)			BIT (2004)*
日本	FTA (2014)	FTA (2008)	**	FTA (2007)	FTA (2006)	FTA (2005)		BIT (2009)*	FTA (2002)		BIT (2004)*	

注：BIT 表示双边投资协定；FTA 表示 FTA 中包括投资条款；* 表示 FTA 中无投资条款；** 表示正在谈判 FTA；括弧内年份表示实施时间。

资料来源：Jeffrey J. Schott，Barbara Kotschwar and Julia Muir，Understanding the Trans-Pacific Partnership，Policy Analyses in International Economics 99，2013，p.33 以及笔者整理。

表 4-3 TPP12 谈判方的“投资者—国家争端解决机制”情况

国家	澳大利亚	文莱	加拿大	智利	马来西亚	墨西哥	新西兰	秘鲁	新加坡	美国	越南	日本
澳大利亚		○		○	○		*		○	*	○	○
文莱	○			*	*		○		*		*	○
加拿大				○		○		○		○		
智利	○	*	○		*	○	*	○	*	○	*	*
马来西亚	○	*		*			○		*		*	○
墨西哥			○	○				○		○		○
新西兰	*	○		*	○				○		○	
秘鲁			○	○		○			○	○		○
新加坡	○	*		*	*		○	○		○	*	○
美国	*		○	○		○		○	○			
越南	○	*		*	*		○		*			○
日本	*	○		○	○	○		*	○		*	

注：○表示 FTA 中包括“投资者—国家争端解决机制”条款；* 表示 FTA 中不包括“投资者—国家争端解决机制”条款。

资料来源：Jeffrey J. Schott，Barbara Kotschwar and Julia Muir，Understanding the Trans-Pacific Partnership，Policy Analyses in International Economics 99，2013，p.33 以及笔者整理。

信贷、其他货币求偿权明确排除在投资界定之外。而缔约方、缔约方的自然人或法人在缔约另一方境内寻求投资、进行投资或已设立投资的实体均属“投资者”范畴。

TPP 投资实体规则包括国民待遇、最惠国待遇、损失补偿时给予非歧视待遇、业绩要求、征收和补偿、转移等条款。以投资条款中最关键的国民待遇为例，要求给予各方投资者准入前和准入后国民待遇，即在准入、收购、扩大、管理、经营、运营、出售、处置等方面给予不低于其在同等条件下给予其本国投资者及其投资的待遇。而在最惠国待遇方面，要求给予投资者准入前和准入后的最惠国待遇，即在准入、收购、扩大、管理、经营、运营、出售、处置等方面给予投资者不低于其在同等条件下给予任何其他缔约方或第三国投资者及/或其投资的待遇。上述条款特别是国民待遇条款，通过赋予投资者投资前准入待遇，极大程度约束了东道国通过行政审批的方式约束、控制外资进入的做法，成为推动投资自由化最实质的条款。

第 II.8 条的资金转移条款规定，任一缔约方应允许任何其他方投资者在该缔约方境内的投资的所有转移不延误地自由汇入或汇出该方领土，并能以转移当日外汇市场现行汇率兑换为可自由兑换货币。但也规定，缔约一方可以通过公正、非歧视和善意地履行其法律规定来禁止或延迟资金转移：破产、解散或保护债权人权利；证券、期权、期货或金融衍生产品的发行与交易；刑事犯罪和犯罪所得的追缴；必要时用于协助执法或金融管理机构的财务报告或转移备案记录；确保遵守司法或行政程序中做出的法令或裁决。

业绩要求条款要求在涉及准入、收购、扩大、管理、经营、运营、出售和其他资本处置活动时，不得采取传统上发展中国家经常采用的违反国民待遇的歧视性做法，例如，必须出口特定比例产品的“出口业绩要求”，取得特定程度或比例的“国内含量要求”；购买、使用或偏向国内产品的“国内投入要求”，“贸易平衡要求”，“技术转让要求”等多个方面的限制性做法。特别是第 II.9 条增加了“国内科技要求”条款，即“禁止缔约方强制投资者购买、使用或优先考虑国内科技”，表明美国政府全面加强了对“国内技术要求”的规制，以应对新兴经济体在强化应用国内技术方面的业绩要求。此外，TPP 禁止缔约方强制向投资者征收许可使用费或要求投资者接受许可期限等。

征收和补偿条款规定，一缔约方只有在特定的几种情况下才可以对另一缔约方投资者的投资实施征收、国有化或采取其他等同措施：一是为公共目的；二是以非歧视的方式实施；三是支付迅速、足够和有效的补偿；四是符合法律程序。补偿不应拖延，应以征收公布时或征收发生时被征收投资的公平市场价值计算，以适用者为准。公平市场价值不应因征收事先被公众所知而发生任何价值上的变化。补偿应可有效实现并可在各方的领土之内自由转移。

TPP 投资条款中，不符措施条款规定缔约国提供国民待遇和最惠国待遇、高级管理与董事会等义务不适用于政府采购或补贴等领域。并设立附件对缔约国各自的敏感部门予以例外，但是仅限于国民待遇、最惠国待遇、业绩要求以及高级管理与董事会四项义务。TPP 投资条款还对投资与环境、健康及其他目标和企业社会责任规则进行了简单的规范。

TPP 投资条款的模式谈判中，鉴于美国在对外投资方面存在巨大商业利益，美国一直在推动建立全面、高标准的投资条款。一方面，美国在国民待遇方面提出了较高的开放要求，即在外资市场准入方面要求“负面清单”方式，并主张在设立外资企业后，要求享受国民待遇。这将给广大发展中国家带来较大影响，特别是会涉及需要修改大量的国内法和相关行政规章。另一方面，美国主张将服务贸易模式 3（商业存在）的自由化谈判纳入投资领域自由化谈判项下，服务自由化条款仅适用于模式1和模式2。

事实上，越南、马来西亚除了不愿意使用美国主张的“负面清单”这种高风险的投资部门开放方式外，关于外资股权限制亦是TPP谈判焦点之一。甚至美国的利益团体中，工会、消费者团体以及反全球化组织都反对“在工业和服务部门减少并最终消除外资股权限制”的条款。此外，无论是在美国国内还是和TPP的谈判方之间，投资条款谈判的另一个主要焦点在于投资者与东道国争端解决相关规定的部分。在投资争端解决机制上，美国拒绝适用WTO的“国家间争端解决”方式，主张当外资企业遭遇争端时，诉诸“投资者—国家争端解决机制”。“投资者—国家争端解决机制”最早出现于NAFTA的第11章C节，根据该节第1116条和第1117条的规定，一缔约方的投资者无须其所属国卷入，即可以在无仲裁协议的情况下就另一缔约国或其所属的地方当局违反NAFTA投资规则而导致其损害的行为提请仲裁。[①]

“投资者—国家争端解决机制”提供了四种仲裁程序供投资者选择，即：①如果争议双方或者起诉方是《华盛顿公约》（ICSID Convention）成员，适用该程序；②如果争议双方或者起诉方是《额外便利程序规则》（ICSID Additional Facility Rules）成员，则适用该程序；③联合国国际贸易法委员会（UNCITRAL）制定的仲裁程序规则；④如果争议双方同意，亦可适用其他仲裁规则或者仲裁机构。“投资者—国家争端解决机制”中，第II.19条“缔约各方对仲裁的同意”约定，缔约方同意按照本条约提起仲裁，这表明只要相关投资者提出要求，无须相关缔约国同意，就自动构成同意的意思，而此同意构成启动国际仲裁的必要前提。[②] 该条款还对相关仲裁庭选择、裁决、透明度、合并等做出非常详尽的规定。

由于“投资者—国家争端解决机制”将赋予企业起诉国家的权利，该条款引起了TPP谈判方的极大争论。澳大利亚指出，该国不会赋予美国投资者在超国家机构下对澳大利亚提出仲裁或司法程序的权利。[③] 事实上，早在2011年4

---

① 转引自张圣翠：《NAFTA投资规则及其影响》，《政治与法律》，2005年第2期，第156页。

② 例如《华盛顿公约》就规定，争端解决机构的管辖须经争议双方书面同意。参见田丰：《中美双边投资协定对中国经济的影响——基于美国双边投资协定范本（2004）的分析》，《当代亚太》，2010年第3期，第78页。

③ Kelsey Jane, “Pitfalls of A Gold-Standard Trade Deal”, NZ Herald News, July 27, 2011.

月，澳大利亚就质疑过投资者与东道国的争端解决程序，并宣称未来在与发展中国家进行 FTA 谈判时将不会考虑该条款。但是，2011 年 APEC 峰会期间出台的 TPP 纲要文件显示，"投资者—国家争端解决机制"仍将以某种形式出现于 TPP 最终文本之中，尽管其声明将保护国家为了公众利益进而规范企业行为的权利。①

7. 知识产权②

P4 对知识产权领域做出了一般性规定，要求缔约方遵守 TRIPs 协定以及诸如世界知识产权组织版权条约（WCT）、世界知识产权组织表演及录音制品条约（WPPT）、1971 年保护文学和艺术作品的《伯尔尼公约》等与知识产权保护有关的多边协定。但是，美国 IPR 的保护标准则远远超出 TRIPs 水平，③ 并在其签订的 FTA 中制定了很多具体条款，如果 TPP 采用美国的 IPR 要求，将对发展中成员国产生极大的不利影响。④ 目前，TPP 知识产权谈判主要涉及如下议题：①承诺方需要履行多项国际公约义务，即在履行 TRIPs 协定的基础上，还需履行涉及专利合作、工业产权、文学和艺术作品、人造卫星播送信号、商标国际注册、微生物保存、植物新品种保护、商标法、版权、表演和录音制品等多个领域的国际条约和公约。②加强对包括地理标志在内的商标的保护。第 QQ.C.9 条规定商标的首次注册及每次续展注册期限不少于 10 年。第 QQ.C.1 条不得要求视觉可感知成为商标注册条件，注册商标可由声音或气味组成，同时提供商标注册异议申述机制。加强对互联网域名的保护，为解决网上盗版问题，要求顶级域名（ccTLD）管理依据统一域名争议解决政策原则建立争端解决机制。③加强专利保护。包括扩大专利保护范围、限制强制许可及平行进口、限制专利的撤销、禁止在专利申请授权前提出异议、延长专利保护期等内容。④版权及相关权利。规定作者、表演者、录音制品制作者（包括其继承人）有权授权或禁止任何方式的永久或暂时的复制行为。第 QQ.G.6 条规定自然人作品保护期不得少于作者有生之年加去世

① Office of the United States Trade Representative，"Economic Opportunities and the TPP"，December，2009.

② 主要参考 https://www.wikileaks.ch/tpp-ip2/tpp-ip2-chapter.pdf.

③ Flynn Sean，Margot Kaminski，Brook Baker and Jimmy Koo，"Public Interest Analysis of the US TPP Proposal for an IP Chapter"，Draft Version 1.3，December 6，2011，http://insidetrade.com//index.php? option=com_iwpfile& file=dec2011/wto2011_4302.pdf.

④ Flynn Sean，Aidan Hollis and Mike Palmedo，"An Economic Justification for Open Access to Essential Medicine Patents in Developing Countries"，Journal of Law，Medicine and Ethics，Vol.37，2009，pp.184-208.

后 70 年甚至 120 年。⑤对卫星电视和有线电视的加密信号的保护。制造、组装、修改、进口、出口、销售、租赁或以其他方式传播未经授权的有解码功能的有形或无形的设备或系统的行为将视为犯罪；缔约方需要为受损失利益方提供民事补偿。⑥对受管制产品的保护措施。规定药品和农业化学品市场准入后若干年内(对应不同情况，可能是 3 年、5 年或 10 年)，对方不得以其提交市场许可的数据信息为基础，销售同样或相似的产品。缔约方不得在保护期限结束前改变专利保护条款。缔约方对专利持有人需尽到告知或其他保护义务等。⑦针对知识产权纠纷规定民事和行政司法程序及相关补救措施；并允许一国用替代争端解决机制解决与知识产权有关的民事争端。

不少学者指出 TPP 在地理标志、互联网域名、版权保护、反规避责任、专利保护、转知识产权保护成本、药品定价等多个方面远高于 TRIPs 水平，甚至高于美国—韩国 FTA。[①] 以药品专利为例，由于新西兰、澳大利亚等国均对药品实施价格控制，而美国在 TPP 谈判中提出的药品专利方案将会大幅推高药品价格，因此关于药品专利的谈判异常困难。除此之外，其他谈判方对美国的知识产权方案存在很大异议，不少国家认为对专利制度过度保护可能会阻碍创新并有损 TPP 内发展中国家的经济发展。因此，各国在知识产权条款谈判中的分歧较大，尤其是发展中国家与发达国家之间的利益分歧明显。例如，TPP 知识产权谈判中，日本和美国合作较多，共同提案或共同反对的次数高达 32 次，占美国全部出要价合作的 14.2%，占日本全部出要价合作的 16.9%；与此同时，马来西亚与文莱的合作率也较高，高达 61 次。相对而言，美国、日本等发达国家与马来西亚、越南等国家的合作次数较少，其平均合作率一般低于 5%。目前，知识产权章节是 TPP 谈判的主要障碍之一。

表 4-4　TPP 知识产权谈判中各方合作情况（共同提案或反对）

	文莱	马来西亚	智利	新西兰	越南	新加坡	墨西哥	秘鲁	加拿大	澳大利亚	日本	美国
文莱		61	50	49	51	46	45	40	44	33	23	13
马来西亚			45	45	56	41	44	41	45	29	15	10
智利				42	45	47	44	45	35	29	17	8
新西兰					43	42	36	33	46	52	19	22

① Flynn Sean, Margot Kaminski, Brook Baker and Jimmy Koo, "Public Interest Analysis of the US TPP Proposal for an IP Chapter", Draft Version 1.3, December 6, 2011.

续表

	文莱	马来西亚	智利	新西兰	越南	新加坡	墨西哥	秘鲁	加拿大	澳大利亚	日本	美国
越南						37	38	38	40	31	21	11
新加坡							35	32	32	40	18	23
墨西哥								45	33	27	18	15
秘鲁									29	24	22	16
加拿大										27	20	13
澳大利亚											21	26
日本												32
美国												

注：截至2014年5月16日。

资料来源：https://www.wikileaks.ch/tpp-ip2/attack-on-affordable-cancer-treatments.html.

在TPP知识产权谈判中，药品专利特别引人关注。长期以来，美国制药企业一直要求美国谈判FTA的知识产权条款能够超越美国现有FTA中的开放水平。在现有的一些美国签署的FTA中，美国一直试图限制FTA伙伴利用WTO《与贸易有关的知识产权协定》(TRIPs) 中的健康例外条款。另外，美国制药企业一直在推动数据专有权、[①] 强制性专利联动和专利期限延长。根据美国法律，传统药品享有5年的数据专有权，但是新的美国医疗保健改革法案给予生物制剂12年专利保护，因此美国制药企业强力游说美国政府在TPP知识产权谈判中给予生物制剂12年的数据专有权。[②] 专利联动则要求一国监管机构，除非能够证明药品没有侵犯品牌药品专利，否则不能对仿制药品发放销售许可证。(虽然根据美国2007年“5月10日”协定，美国修改了当时仍未批准的与哥伦比亚、巴拿马等的双边FTA中的相关内容，这些修改旨在帮助确保发展中国家获得负担得起的药物，特别是该法案允许发展中FTA伙伴自愿实施专利联动制度，但是目前，“5月10日”协定成为美国在TPP内加强药品专利权的潜在障碍，美国贸易代表已经表示要限制“5月10日”协定在TPP中的使用。) 目前，加拿大和墨西哥都实施了专利联动制度，然而澳大利亚、马来西亚、越南等国却未实施该制度。特别是鉴于新西兰、澳大利亚等国均对药品实施价格控制，而美国在TPP谈判中提

① 即在此期间，一国的仿制药在申请药品上市许可时将不能使用被仿制药品的制药企业此前向监管机构提交的临床数据。

② “USTR to Table Full IPR Text, Explanatory IPR ‘White Paper’ Next Week”, Inside U.S. Trade, September 10, 2011.

出的药品专利方案将会大幅推高药品价格，因此关于药品专利的谈判异常困难。

表 4-5　TPP 知识产权谈判议题反对情况（反对次数）

	合计	一般条款	商标	地理标志	专利	版权	执行	最后条款	附件 A	附录 IV	附录 VI
加拿大	56	4	5	3	18	4	8	3	7	4	0
马来西亚	54	4	4	7	14	9	11	3	0	2	0
越南	52	5	5	5	16	5	13	0	0	2	1
智利	48	2	2	2	25	3	11	0	3	0	0
墨西哥	47	3	4	7	16	2	12	0	2	1	0
文莱	41	4	3	3	12	3	14	0	0	2	0
澳大利亚	40	0	1	3	16	1	7	1	11	0	0
新西兰	39	4	1	3	21	1	5	1	1	2	0
新加坡	32	1	1	3	13	4	9	1	0	0	0
秘鲁	31	2	2	6	8	1	12	0	0	0	0
日本	27	4	1	3	4	1	5	0	8	0	1
美国	22	4	0	3	6	1	4	1	0	2	1

注：截至 2014 年 5 月 16 日。

资料来源：https://www.wikileaks.ch/tpp-ip2/attack-on-affordable-cancer-treatments.html.

除药品专利外，美国还在 TPP 谈判中推动关于版权的谈判方案。尽管 WTO 的 TRIPs 的版权保护期为 50 年，且美国在美国—澳大利亚 FTA 和美国—韩国 FTA 中都采用了 70 年的版权保护期（作者有生之年加去世后 70 年，下同），但是美国在 TPP 谈判中却志在推动 95~120 年的版权保护期。目前，墨西哥的版权保护期最长，高达 100 年；美国、澳大利亚、智利、秘鲁和新加坡都采用了 70 年的版权保护期，而日本、马来西亚、新西兰和加拿大等国采用了 50 年的版权保护期，各国的分歧比较明显。TPP 各国在平行进口问题上也存在争议，如新西兰早在 1998 年就立法允许平行进口，新加坡也同样允许平行进口，澳大利亚则部分允许平行进口，美国在 TPP 谈判中试图限制平行进口。另外，TPP 知识产权谈判中还存在不少其他争议，如关于网络服务提供商是否就用户侵犯版权负有责任问题，美国与加拿大、新西兰、文莱、智利、越南、马来西亚等国之间存在较大的争议。总之，TPP 知识产权谈判中，美国的倡议往往非常严格，遭到了不少国家的反对，如新西兰就直接挑战美国的观点，认为对专利制度过度保护可能会阻碍创新并有损 TPP 内发展中国家的经济发展。

8. 政府采购

P4 协定中政府采购条款涉及 23 项内容和 1 个附件；而美国近年已达成的各

种双边 FTA 中政府采购条款均以 WTO 政府采购协定（GPA）为蓝本，其内容及原则与 GPA 相符，只是在具体条款规定和承诺水平上有所差异。以美国—韩国 FTA 为例，其政府采购条款包括总则、范围和覆盖、对 GPA 的纳入、总原则、参与条件、刊登告知、技术规格、时间周期、对覆盖范围的修订、政府采购工作组等内容，TPP 也将在 GPA 基础上进行政府采购谈判。目前，美国已经与澳大利亚、加拿大、智利、墨西哥、秘鲁和新加坡签署了双边 FTA，其中就包含了政府采购条款。尽管日本尚未与美国签署任何 FTA，但是日本和美国同为 GPA 成员。从这个角度看，美国通过 TPP 能够获得的政府采购新市场准入比较有限，即只有文莱、马来西亚、新西兰和越南。特别是由于马来西亚长期以来在国内实施偏向马来人的民族政策，马来西亚的政府采购政策因此也存在相当程度的偏向性，这导致马来西亚在 TPP 政府采购谈判中谈判压力较大。[①] 基于 TPP 谈判方在政府采购方面差距过大，TPP 可能会考虑允许发展中国家实施过渡措施，[②] 如给予马来西亚、越南等国一定时间的过渡期。

表 4-6　TPP 国家政府采购市场估计值（十亿，2012 年美元）

国家	中央及地方市场合计
澳大利亚	136.9
文莱	0.5
加拿大	33.6
智利	11.7
日本	678.8
马来西亚	28.1
墨西哥	51.8
新西兰	21.7
秘鲁	6.4
新加坡	11.8
越南	21.9
美国	1738.7
除美国外的其他 TPP 国家	1003.2

资料来源：http://www.exposethetpp.org/TPP_and_Buy_American_FINAL_Apr_2013.pdf.

① http://americastradepolicy.com/guest-blog-tpp-and-ttip-government-procurement-negotiations/#.VRanRe-HUux8.

② Office of the United States Trade Representative，"Economic Opportunities and the TPP"，December，2009.

数据显示，美国是目前TPP成员方中政府采购市场最大的国家，近年来美国政府采购市场达到了约1.74万亿美元，远大于其他TPP成员方政府采购市场总和。而2012年中央一级的政府采购中，美国就达到了5562亿美元，澳大利亚279亿美元，文莱5亿美元，加拿大164亿美元，马来西亚231亿美元，秘鲁20亿美元，新加坡118亿美元。[①] 显然，澳大利亚、秘鲁和美国的中央级政府采购占各自国家全部政府采购的比重并不太大；加拿大和马来西亚则完全相反，中央级政府采购占比明显，文莱和新加坡则不存在省级政府采购。基于不同的政府采购市场容量和结构，TPP政府采购谈判对是否应该纳入省级政府采购市场产生了严重分歧。虽然美国与澳大利亚、智利、秘鲁和新加坡的双边FTA以及GPA承诺中都已开放省级政府采购市场，但是美国仍然在TPP政府采购谈判中拒绝开放省级政府采购市场。

9. 竞争政策

P4协定中的竞争政策章节包括目标，竞争法及实施，合作条款，告知，磋商及信息交换，涉及独家委托、垄断等权利的公共企业或一般企业，争端解决机制七项内容和一个附件。美国已签署的FTA中的竞争政策与P4基本一致，涉及竞争法及反竞争商业行为、指定垄断、定价差异、透明度、跨境消费者保护、磋商、争端解决机制等内容。TPP竞争政策的目的是创造一个竞争性的商业环境，以保障消费者权利和确保企业能够公平竞争。具体而言，以法规的形式确保某个企业不会垄断一个部门的经济，从而避免限制市场准入和抑制竞争。保护消费者权利，一国消费者有根据反垄断法举行听证和起诉垄断企业的权利。成员国之间通过信息交换和咨询来加强竞争法规的有效执行。

对于确保企业公平竞争方面，竞争政策中新增了有关限制国有企业非公平竞争的规定，该议题要求消除国有企业补贴、消除对国有企业海外投资所给予的特惠融资措施、保护外国私营企业经济活动、撤销政府采购的优惠偏好等。议题规则涉及美国国内和国外两个市场。在美国国内市场，要求确保外国国有企业和国家支持的企业在投资美国市场或争取贸易机会时不会对美国公司造成不公平竞争。在国外市场，要求制定国有企业在海外市场运营时应该遵守的规则，以使美

① http://www.exposethetpp.org/TPP_and_Buy_American_FINAL_Apr_2013.pdf.

国公司在海外市场可以公平地与国有企业竞争。[①]

表 4-7 国有企业的不公平竞争优势

竞争优势	内容
完全的补贴	国有企业可以直接从政府获得补贴或以受财政资助的其他公共形式来维持其商业运作。例如，国有企业享有的优惠税收、税收例外以及优惠的土地政策，这些都相当于政府补贴，这些补贴人为地降低了国有企业的成本，并提高了国有企业的竞争力。
特许融资和担保	国有企业有更多机会享受政府或者由国家控制的金融机构提供的低于市场利率的优惠贷款；由于国有企业的“国有性质”，导致其融资时具有天生的“国家担保”优势；部分国有企业享有破产豁免的权利。
政府提供的其他优惠待遇	部分国有企业对反垄断的豁免和信息披露的豁免；国有企业的“国有”性质有利于迎合政府采购的要求，往往成为政府采购的受益方。
垄断优势	部分国有企业垄断特定产业部门，控制或影响上下游产业的价格和产量，形成比私营企业更有力的竞争地位。
国有企业股份	由于政府控制的国有企业股份通常不进入流通，进而造成国有企业通常不向股东分红；当国有企业对其商品服务定价时，无须考虑股价、成本等因素，导致国有企业在竞争中占有优势。
破产例外和信息优势	由于国有企业资本为政府所有，因此国有企业往往没有破产的担忧，企业的经营活动也往往更为激进。另外，国有企业还可接触到私营企业无法接触及的信息，享有信息优势。

资料来源：黄志瑾：《国际造法过程中的竞争中立规则——兼论中国的对策》，《国际商务研究》，2013 年第 5 期，第 58-59 页。

10. 劳工标准

P4 协定以劳工备忘录形式对劳工问题进行规定，主要内容包括：目标、各方关键承诺、劳工合作、机制安排、磋商、最后条款等。其中，各方关键承诺包括：成为国际劳工组织（ILO）的成员国；确认对 1998 年 ILO“工作的基本原则和权利宣言”及其后续文件的承诺；努力确保其国内劳动法规、政策和实施与国际劳工承诺相一致；尊重各方依据其国情来制定、管理和实施劳动法律和法规的主权；不应出于贸易保护的目的而制定或使用劳动法律、法规、政策和实践；不应通过削减或降低国内劳动法的保护来鼓励贸易或投资；提高国内对劳动法律和法规的公众意识水平。[②]

如果以美国—韩国 FTA 来界定 TPP 的劳工条款，那么相关条款主要涉及：

① 蔡鹏鸿：《TPP 谈判最新发展、挑战及其前景》，中国太平洋经济合作全国委员会“TPP 与亚太区域经济一体化”研讨会，北京，2011 年 8 月 26 日。

② 参见 New Zealand Ministry of Foreign Affair and Trade，“Trans-Pacific Strategic Economic Partnership Agreement”，http：//www.mfat.govt.nz/Trade-and-Economic-Relations/2-Trade-Relationships-and-Agreements/Trans-Pacific/4-P4-Text-of-Agreement.php.

承诺采用和维持国际劳工组织“工作的基本原则和权利宣言”及其后续文件规定的五大劳工标准：允许劳工自由集会结社以及集体谈判；取消一切形式的强迫或强制劳动；废除童工；消除就业和职业歧视；不得以减损或降低劳工权利影响贸易和投资。[①] 承诺保证利益方能通过行政、准司法、司法或劳动仲裁法庭执行劳工法律的程序，规定详细要求以保证程序的公正、公平和透明，并承诺这些程序的当事方可寻求救济以确保其实现权利。成立由高级官员组成的劳工事务委员会，审查劳工条款执行情况以及其他劳工合作机制下的活动；在劳工部门内指定办公室作为联系点，为公众提供沟通渠道；组建包括劳工和商业组织在内的由公众组成的国家劳工顾问委员会，为劳动条款执行提供建议。关于劳工合作机制，除国际劳工组织声明外，还要遵守其第 182 号公约“最有害的童工形式”；劳工合作活动包括基本劳工权利及其有效实现、童工问题、社会保障计划、工作条件、劳工管理关系、劳工统计、人力资源发展和终生学习等；劳工合作将通过访问，人员交流，信息交换，组织研讨会、工作组，开发合作项目，组织联合研究等方式实现。关于劳工磋商部分，规定先以磋商解决劳工问题，磋商不成请求劳工事务委员会通过调解或调停等程序解决，此后才可根据 FTA 的争端解决机制寻求救济或补偿。

在劳工条款上，不仅 TPP 发展中国家谈判方与美国存在较大争议，即使美国国内也存在不同理解，因此劳工条款的谈判比较复杂、艰难。仅在美国国内，劳工问题就已经成为内部棘手和难以解决的问题。根据 2007 年“5 月 10 日”协定，美国的双边 FTA 的签署国，必须通过和实施国际劳工组织关于“工作的基本原则和权利宣言”规定的五个基本国际劳工标准。而且美国国内的工会、不少非政府组织以及众议院民主党都促请美国政府在 TPP 谈判中进一步超越 2007 年规定的劳工保护水平，即要求 TPP 成员国坚持国际劳工组织核心公约所述的全部核心劳工权利。但是鉴于目前美国仅签署了国际劳工组织第 105 号公约“废除强迫劳动”和第 182 号公约“最有害的童工形式”，美国国内两党在劳工标准问题上存在分歧，这导致直到 TPP 第八轮谈判美国仍未提出 TPP 劳工标准出价文本。尽管如此，美国在第九轮谈判中推出的劳工标准方案仍然难以被 TPP 发展中国家谈

---

① International Labour Organization (ILO), “Declaration on Fundamental Principles and Rights at Work”, http://www.ilo.org/public/english/standards/index.htm.

判方所接受，美国希望提高劳工标准，如规定最低工资、工作时间、职业健康和安全保障等以提高发展中国家企业的生产成本，但是 TPP 中的发展中国家谈判方则认为过高的劳工标准会限制本国制造业的发展，不利于出口产业的成长。鉴于美国与越南等一些发展中国家存在劳工权利保护分歧，TPP 最终的劳工标准可能会有所降低。

11. 环境标准

P4 协定中相关环境问题写入了环境合作协议及其补充文件，其主要内容包括：环境合作的目标、核心承诺、合作活动、机制安排、磋商机制、信息披露、环境合作补充文件等。其中，各方的核心承诺包括：寻求高水平的环境保护，履行其各自的多边环境承诺以及国际行动计划；确保各国环境法律、法规、政策和实践与现有的国际环境承诺义务相一致；尊重各方根据优先原则制定、管理和实施其环境法律和法规的主权；不应通过制定或使用环境法律、法规、政策和实践以达到贸易保护之目的；不应通过放松、不实施或不执行环境法律法规来鼓励贸易或投资；提高国内对环境法律、法规、政策和实践的公众意识水平。

根据美国已实施的 FTA 和 TPP 环境条款谈判信息，其相关条款的主要内容包括：承诺履行已加入的多边环境协定（MEAs）的义务，可能涉及濒危野生动植物、消耗臭氧层物质、船舶污染、湿地、南极海洋生物、捕鲸、金枪鱼等领域；承诺不能以影响各方贸易投资为由削减或降低环境保护法律、法规或其他方式的内容或标准；就禁止非法砍伐木材、海洋渔业资源保护、濒危物种、气候变化、环境产品规定了准则；[①] 确保利益方可向主管当局请求调查违反环境法的行为，并依据法律对此类请求给予适当考虑；确保司法、准司法或行政程序能够对违反环境法的行为给予制裁或救济，且利益方有权获得此程序；由双方高官组成环境事务委员会，定期召开会议，处理环境事宜并监督协议执行，并制定详细的程序安排；扩大公众参与的机会，包括确保公众获得相关信息、发展与公众就环境事务进行沟通的程序、向公众征求意见、为书面意见提供回执与反馈意见、利益人可向主管当局请求调查违反环境法的行为等内容；除与国际协定义务相关的争端另有安排外，环境争议均应在磋商、斡旋、调和、调解不成功

---

① USTR，“Enhancing Trade and Investment，Supporting Jobs，Economic Growth and Development：Outlines of the Trans-Pacific Partnership Agreement”，November 12，2011，http://www.ustr.gov.

之后，诉诸 FTA 相关的仲裁机制，以寻求救济或补偿。①

尽管美国要求其 FTA 伙伴参加多边环境协定七项公约，但是目前 TPP 谈判方仅全部参加了“濒危野生动植物种国际贸易公约”和“关于消耗臭氧层物质的蒙特利尔议定书”两项公约，TPP 发展中国家谈判方如越南、智利等参加全部多边环境协定可能还存在一定困难。2011 年 TPP 芝加哥回合谈判中，美国对环境保护内容规定了更具体的准则，涉及非法砍伐木材、海洋渔业资源保护、濒危物种、气候变化、环境产品等较为广泛的内容。美国提议对环境产品和绿色技术实行完全免税，多数国家对该观点表示赞同。2011 年 APEC 峰会期间出台的 TPP 纲要文件显示，TPP 将可能部分采取环境合作的形式，以能力建设的方式帮助发展中国家谈判方实施环境条款。现有 TPP 环境条款谈判信息表明，美国可能已经放弃要求各国均加入多边环境协定七项公约，仅要求各国遵守部分多边环境协定，例如 SS.4 规定的关于消耗臭氧层物质的蒙特利尔议定书，SS.15 条规定的联合国气候变化框架公约，SS.16 条规定的防止船舶污染国际公约，SS.17 规定的濒危野生动植物种国际贸易公约。此外，TPP 环境条款谈判中，与美国签署的其他 FTA 类似，美国始终强调将环境标准与争端解决机制捆绑在一起，强化企业对环境争议的解决能力，但是关于环境争议是否适用争端解决机制、贸易与气候变化（第 SS.15 条）等仍存在一定程度的争议。

12. 国有企业

TPP 还引入了一些横向议题，所谓的横向议题不同于关税、原产地等有具体边界的纵向议题，它是从横平面的方向影响全部或部分的纵向议题，其原则贯穿于自由贸易协定各章节之中。其中，国有企业条款引发了各界关注。由于国有企业相对于私营企业更容易从政府获得补贴、低息贷款、政府采购份额和贸易保护等，因此有必要对国有企业进行相应的限制以避免贸易和竞争环境扭曲。澳大利亚、美国等国提出“竞争中立”原则，即政府对待国有企业与私营企业一样，国有企业不能从政府那里获得超过私营企业所获得的好处。限制国有企业的措施包括给予外国企业国民待遇、参照 WTO 反补贴协定制定标准等。

① https://www.wikileaks.ch/tpp-enviro/，以及 Office of the United States Trade Representative，“U.S.-Korea Free Trade Agreement”，http://www.ustr.gov/trade-agreements/free-trade-agreements/korus-fta/final-text，以及美国其他双边 FTA 的环境章节。Office of the United States Trade Representative，“Free Trade Agreements”，http://www.ustr.gov/trade-agreements/free-trade-agreements.

事实上，国有企业的概念界定决定了国有企业条款的规制对象，其概念外延越大，则规制适用范围越大，从目前可知的TPP美国“出价”来看，TPP国有企业的界定已经超过了通常意义上的国有企业，其外延已经涉及部分私营企业的商业行为，适用范围较大。如表4–8所示。

表4–8 国有企业的界定与适用范围

	适用范围
澳大利亚	传统国有企业及其分支机构、公共预算部门指定的商业机构和所有政府机构负责竞争性合同的部门；此外，也适用于那些政府所开展的有营利性质的商业活动。
OECD	1. 国有企业是指占有全部、多数所有权或重要的少数所有权由国家掌握重要控制权的企业。 2. 不仅包括传统的国有企业，还包括其他政府商业活动，例如享受税收优惠措施的非盈利公共部门从事的商业活动，或受政府影响的私营企业。
美国副国务卿罗伯特·霍马茨	享受财政支持、税收优惠、监管特权和豁免，以及歧视性的政府采购等不公平竞争优势的传统国有企业或政府支持企业。
BIT2012	以立法授予、政府命令、指令或其他措施将政府职权转交给国有企业或其他个人或企业，或者授权国有企业或其他个人或企业行使政府职权。
TPP投资条款	中央、省级、地方政府或主管机关以立法授予、政府命令、指令或其他措施将政府职权转交给国有企业、其他个人或企业，以及授权国有企业、其他个人或企业行使政府职权。

资料来源：笔者整理。

以美国—新加坡FTA为例，美国界定20%及以上的股权为国有企业控股的临界值。如图4–1所示，控股公司：由于政府控制100%的股权（超过了50%），因此是国有企业。

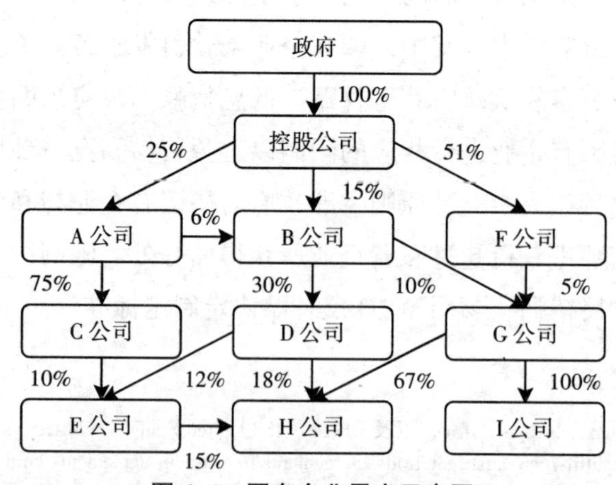

图4–1 国有企业界定示意图

资料来源：美国—新加坡FTA文本。

A公司：控股公司拥有其25%的股份（假设控股公司是最大股东），超过了20%的比例，因此可被视为国有企业。

B公司：控股公司和国有A公司共同拥有其21%的股份（假设21%构成最大股东），超过了20%的比例，因此可被视为国有企业。

C公司：国有A公司拥有其75%的股份（超过50%构成绝对控股），因此可被视为国有企业。

D公司：国有B公司拥有其30%的股份（假设B公司是最人股东），超过了20%的比例，因此可被视为国有企业。

E公司：国有C公司和国有D公司共同拥有其22%的股份（假设22%构成最大股东），超过了20%的比例，因此可被视为国有企业。

F公司：控股公司拥有其51%的股份（绝对控股），因此可被视为国有企业。

G公司：国有B公司和国有F公司共同拥有其15%的股份，未超过20%的比例，因此不是国有企业。

H公司：尽管国有D公司和国有E公司共同拥有其33%的股份，超过了20%的比例，但是因为G公司（不是国有企业）拥有其67%的股份（构成绝对控股），因此不是国有企业。

I公司：是G公司（不是国有企业）的全资子公司，因此不是国有企业。

TPP国有企业条款的核心理念集中体现为“竞争中立”原则。根据OECD的定义，“竞争中立”是为了避免市场扭曲，国有企业应该保证在市场竞争中与私营企业处于公平竞争状态；公司的治理结构必须完全符合OECD公司治理准则。作为“竞争中立”政策的先驱，澳大利亚将其定义为，竞争中立要求创造一个公平的竞争环境，即不论是国有企业还是私营企业，都应当享有一个相同的环境，确保它们可以公平定价，并减少低效率，政府的商业活动不应当仅凭其国家所有权而使之享有竞争优势。无论哪种定义，“竞争中立”原则都重在强调公平竞争环境。

如果以OECD“竞争中立”的相关研究作为推断TPP国有企业条款的参照系，一般涉及如下几个方面：①

（1）税收中立。税收中立要求政府的商业行为不得享受比其他市场竞争者更

① 主要参考OECD，Competitive Neutrality：Maintaining a Level Playing Field between Public and Private Business，2012.

为优惠的税务负担。一般而言，国有企业在完成依法纳税义务时，其税负与私营企业基本无差别，但是一些未公司化的政府商业活动或机构往往享有消费税和所得税减免，“竞争中立”原则要求消除此类市场扭曲行为。

（2）规制中立。规制中立要求政府商业行为不能享受与其他市场竞争者完全不同的政策环境。一般而言，“竞争中立”原则要求取消外资或私营企业对国有企业并购的限制等。

（3）信贷中立。要求国有企业或者政府需要为其商业行为承担与其他市场竞争者相同的利率成本。“竞争中立”原则要求除了不能因获得政府补贴而获得竞争优势外，还需要确保不因为国有企业的“国有背景”而获得更优的风险评级进而获得贷款利率优惠等其他隐性优势。特别是一些大型国有企业免受破产法规制，且由于政治原因不会让其破产，从而导致其行为在很多时候不考虑成本影响，进而强化其竞争优势。

（4）合理的商业回报率。要求国有企业必须实现合理的商业回报，与市场保持一致，并且需要派发商业红利。理论上，如果没有商业回报率的要求，那么国有企业可以通过有力的政府支持，以降低利润率的方式压低价格，在市场上获得竞争优势，商业回报率要求的主要目的是防止交叉补贴。当然，国有企业出于长期战略需要改变短期利润率的行为是被允许的。

（5）识别直接成本。当国有企业既有满足公共需求的非商业活动，又有参与市场竞争的商业活动时，要求国有企业的商业行为在价格制定上应该完全地反映其生产成本，同时非营利性项目的资金不得用于补贴其商业行为。因此，“竞争中立”原则要求加强企业透明度和会计要求，在此基础上判断企业的经营活动和真实成本支出。例如，美国—新加坡 FTA 第 12.3.1（g）条规定，新加坡每年至少公布一次其控制的国有企业信息，包括：新加坡政府和其国有企业累积持有股票比例；对新加坡政府和其国有企业持有的特殊股份或者特别投票权等信息的说明；出任董事会成员或者高级经理职位的政府官员的姓名及职位；披露公司的年营业额或总资产等信息。

（6）规范政府商业活动的经营模式。“竞争中立”原则试图规范政府商业活动（包括传统国有企业和其他政府商业活动）的企业经营模式。目前美国等发达国家认为，企业与政府的关系越近，越不利于市场的竞争中立，所以要求推进政府商业活动的公司化、私有化改革进程。例如，美国—新加坡 FTA 第 12.3.1(f)

条要求，新加坡需要逐步减少直至退出其国有企业的所有权。

（7）政府采购。满足“竞争中立”原则的政府采购的基本准则为：首先，政府采购应该是竞争性的和非歧视性的；其次，参与投标的国有企业应满足上述竞争中立的标准。潜在的问题是，长期存在于该领域的国有企业，其在位者优势可能足够大，以至于阻止了竞争者的进入。[①]

目前，TPP 国有企业条款谈判非常艰难，已经构成影响 TPP 谈判进程的关键议题之一。这是因为：一方面，不少谈判方希望以国有企业条款作为讨价还价的工具，迫使美国在其他条款上的让步；另一方面，由于美国在 TPP 谈判时强调国有企业条款约束范围仅限于中央一级的国有企业，而不涉及地方国有企业（美国国有企业主要是地方国有企业）。但是相对而言，马来西亚、越南、新加坡等国的国有企业却主要集中于中央层面，因此该条款对各国的冲击完全不同，导致谈判方对国有企业条款的争议很大。

13. 其他的横向议题[②]

（1）电子商务。P4 协定并没有纳入电子商务章节，但是美国在近年来缔结的双边 FTA 中都纳入了电子商务章节，其主要条款包括：投资、跨境服务贸易和金融服务的有关条款同样适用于以电子方式提供的服务；任一缔约方不能对其他缔约方的数字产品征收关税或其他费用；任一缔约方都必须对其他缔约方的数字产品及其作者、开发者、生产者和表演者等给予非歧视待遇；确保电子签名和电子认证；关于网上消费者保护方面，规定各缔约方必须采取透明和有效的措施，确保消费者在参与电子商务的过程中免受商业欺诈；在执行针对电子商务中的欺诈和欺骗行为的法律时，双方消费者保护团体需加强合作等；为促进无纸贸易发展，各缔约方都应确保公众能够获得电子版的贸易管理文件；接受其他缔约方的电子版管理文件，视其具有纸质文件的同等效力；规定除法律不允许外，双方消费者有权利选择、使用、运行相关服务和电子产品，并将其电子产品接入互联网

---

① Antonio Capobianco and Hans Christiansen, “Competitive Neutrality and State-Owned Enterprises: Challenges and Policy Options”, OECD Corporate Governance Working Papers No.1, 2011, http://www.oecd-ilibrary.org/governance/competitive-neutrality-and-state-owned-enterprises_5kg9xfgjdhg6-en 以及 OECD, Competitive Neutrality: Maintaining a level playing field between public and private business, 2012, http://www.oecd.org/daf/ca/corporategovernanceofstate-ownedenterprises/50302961.pdf.

② 参见蔡鹏鸿：《TPP 横向议题与下一代贸易规则及其对中国的影响》，《世界经济研究》，2013 年第 7 期，第 41 页。

等；双方应努力削减阻碍跨境电子信息的障碍等。

为了保持在信息化和电子商务中的领先地位，美国在 TPP 电子商务条款谈判中强力推动实现电子信息的自由流动，并推动数字产品免关税、保护数据传输的隐私权、限制政府对网络审查、数据存储和服务器非本地化等。在电子信息自由流动问题上，TPP 成员国存在较大分歧，与国有企业问题一样，该问题亦被认为是不太容易取得突破的议题。

（2）规则一致性。2008 年国际金融危机后，贸易保护主义抬头，一个显著的特征就是不少经济体的贸易协定利用种类繁多、标准不一的非关税壁垒实现对各自的市场保护。对此，TPP 提出规则一致性标准，以实现各国间或区域间商品流动管理规则的收敛并提高透明度。规则一致性内容包括消除不必要的非关税壁垒、缩小区域贸易规则标准间的过大差异、提高规则的透明度、避免重复检验和认证、提高贸易便利化以及规则上的合作等。此外，为了更好地实现规则一致性，有关谈判方还建议建立规则一致性调解委员会和有关机制。

（3）竞争和供应链。在经济全球化时代，跨国公司依照各国、各地区比较优势的不同，将原料、零部件、加工、组装等不同的生产环节分散在各地，一件商品从投入到最终产品是国际分工协作的结果，任何一个中间环节出现问题，都会影响上下游企业生产经营。因此，保证供应链的无缝对接对提高企业竞争能力和抗风险有重要意义。为确保竞争和供应链，TPP 主张统一生产标准、改善道路交通基础设施、简化原产地规则，以及实现海关通关便利化等。

（4）中小企业。相对于大企业，中小企业在创造就业机会、提供中间品和技术创新上具有不可替代的作用。但在现实中，中小企业在出口、获得信贷等方面经常处于不利的地位。美国认为，在未来贸易时代，应该为中小企业创造更多的公平竞争机会。TPP 应制定规则，保障和促进中小企业的发展，如通过 TPP 创造更多的对外贸易机会，提高中小企业利用 TPP 优惠条款等。

表 4–9　TPP 谈判争议议题及各方态度

议题	澳大利亚	文莱	加拿大	智利	日本	马来西亚	墨西哥	新西兰	秘鲁	新加坡	美国	越南
纺织、服装、制鞋						◎	×		×		××	◎
大米、小麦、牛肉	◎		◎		××	×					○	○
奶制品	◎		×		×			◎				

续表

议题	澳大利亚	文莱	加拿大	智利	日本	马来西亚	墨西哥	新西兰	秘鲁	新加坡	美国	越南
汽车	×				◎	×					××	
原产地规则					○	○	×		×		◎	××
药品专利	×		×		○	××		×			◎	×
版权	○	×	×	○		×		×	○	○	◎	×
投资者—国家争端解决	××	×			○	×	×	××	×		◎	
国有企业	◎	×			○	××				×	◎	××
政府采购	○	×	○		◎	××			○	○	◎	×
环境			○	×	○	××			×		◎	××

注：◎表示积极推动；○表示支持；×表示反对或困难；××表示非常反对或非常困难。

资料来源：Masahiro Kawai，"Japan's TPP Approach and Challenges"，Paper Prepared for CNCPEC Seminar "New Development and Future Direction of Asia Pacific Regional Economic Integration"，Beijing，China，14-15 November，2013.

二、TPP的福利分析

FTA的福利效应是决定一国应否加入FTA的主要前提。实证研究方面，对FTA引发的福利分析主要遵循两条途径：一种是基于引力（Gravity）及其扩展模型的事后分析；另一种是基于可计算一般均衡（CGE）模型的事前分析。目前，基于CGE的GTAP模型被较为广泛地应用于FTA问题的相关研究，虽然还存在诸如GTAP未必能全面测算参加FTA带来的潜在经济收益，[①]而且GTAP测算的潜在福利收益对分析假设和数据选取高度敏感，因此可能存在较大误差的情形，非关税壁垒、服务贸易等方面还难以完美地纳入模型等一系列问题，[②]但是该模型仍然成为估算FTA福利得失的一种通用工具。鉴于TPP"21世纪条款"的特性，利用GTAP测算TPP的影响效应隐含着相当的风险，毕竟美国等发达国家更关注TPP的服务贸易自由化和投资自由化，以及削减非关税壁垒等非传统议题，

① 关于参与一体化的传统收益与非传统收益，具体参见李向阳等：《国际金融危机与国际贸易、国际金融秩序的发展方向》，《经济研究》，2009年第11期，第52页。

② ADB，Methodology for Impact Assessment of Free Trade Agreements，Mandaluyong City，Philippines：Asian Development Bank，2010，p.23.

而 GTAP 对这些问题的处理能力非常有限。因此，本书将在多个相关研究的基础上，找到具有一定共性的结论，以期尽可能控制由于不同研究假设所引发的误差；而这些具有一定共性的福利分析结论，亦构成正确判断相关国家对待 TPP 态度的理论基础。

国内学者万璐基于 GTAP 6.0 版本数据库，将澳大利亚、新西兰、马来西亚、新加坡、越南、秘鲁、智利合并为一组（简称 TPP7）进行考察，而对美国、日本、中国等国单独进行考察。该研究的前提假设包括：①选择关税作为冲击变量，不考虑技术壁垒和其他非关税壁垒，如果美国加入 TPP，假设所有可贸易商品的关税降为零；②加入 TPP 的成员国对其他非成员的关税壁垒保持不变，世界其他国家或地区的关税壁垒保持不变；③保持前述 GTAP 模型的基本经济学假定，并假设人口增长保持不变。在此基础上，该研究讨论了三种 TPP 情景假设：第一，美国加入 TPP，从而在美国与 TPP7 之间取消关税壁垒；第二，美国和日本都加入 TPP，但美、日之间保持原有的关税壁垒，即未将受保护的产业放开；第三，美国和日本都加入 TPP，且美、日之间取消关税壁垒限制。[①] 但是很可惜，该研究并没有对 TPP7 国进行单独研究，而且未同时测算参与东亚合作和取消非关税壁垒可能对上述国家的影响。

韩国学者 Kim 则从静态模型和动态模型两个方面，比较全面地考察了 TPP 对各国的福利影响。显然，该研究注意到了 TPP 致力于削减非关税壁垒方面的努力，因此在情景假设时，增加了“利用贸易便利化削减 5%的交易成本”的考虑，同时通过将服务贸易关税等值估计削减 10%，初步将 TPP 范围内服务贸易谈判可能造成的影响纳入 CGE 模型中。但是该模型仍未彻底解决非关税壁垒、GTAP 情景假设动态化等问题。[②]

Petri 等基于 GTAP 8.0 版本数据库，将 24 个地区和 18 个部门纳入 CGE 模型，模型对以 TPP 为主的“跨太平洋轨道”和以“东盟+3”为主的“亚洲轨道”两条 FTA 路径进行了对比式的福利分析。该研究不仅考虑到关税削减，还充分

---

① 万璐：《美国 TPP 战略的经济效应研究——基于 GTAP 模拟的分析》，《当代亚太》，2011 年第 4 期，第 67~68 页。

② Kim Sangkyom, “Korea and TPP: Options and Strategies”, Paper Presented at CNCPEC Seminar “TPP and Its Implications for Regional Economic Cooperation”, Beijing, China, December 8-9, 2011.

考虑到非关税壁垒、[①] FTA 利用率、原产地规则引发的成本等因素，使得整个模型更加合理。而且为了做到更符合现实情况，该模型在情景假设上未采用“一步到位式”，而是根据不同时间段 TPP 发生扩容并导致相应的福利变化这样“渐进式”的假设，以便动态化地测算相关福利效应。该模型假设：

（1）FTA 的自由化内容于签署后五年内平均地分阶段实施。

（2）受到多个 FTA 涵盖的贸易以潜在双边 FTA 保护级别最低水平为准。

（3）模拟情景假设：

①基准情景：亚洲经济体继续缔结实施“亚洲轨道”版的 FTA，具体而言：

2012~2015 年：全面实现东盟自贸区以及澳大利亚—东盟 FTA、东盟—日本 FTA、东盟—韩国 FTA、新西兰—中国 FTA、新西兰—中国香港 FTA、中国大陆—中国台湾 ECFA。

2016~2020 年：中日韩 FTA、澳大利亚—中日韩 FTA、印度—东亚自贸区（EAFTA）FTA。

②替代情景：美国和其他经济体实施一系列动态的“跨太平洋轨道”的 FTA，具体而言：

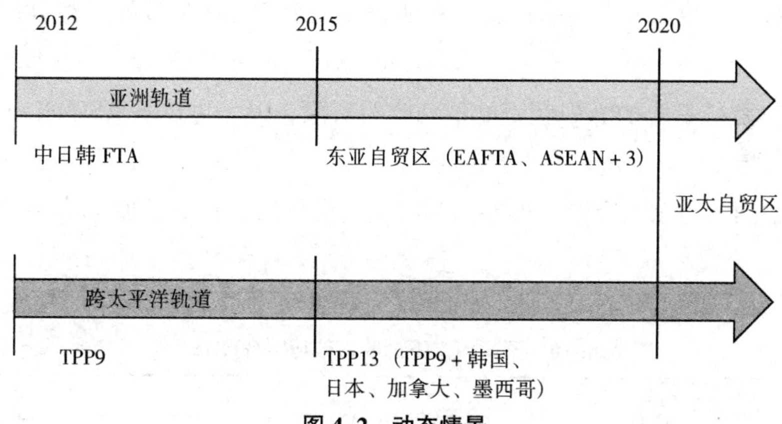

图 4-2　动态情景

资料来源：Peter A. Petri，Michael G. Plummer and Fan Zhai，“The Trans-Pacific Partnership and Asia-Pacific Integration：A Quantitative Assessment” East-West Center Working Papers，Economics Series，No. 119，October 24，2011.

---

① 基于世界银行的非关税壁垒关税等值估计货物贸易非关税壁垒，基于彼得森国际经济研究所的服务部门关税等值估计服务贸易非关税壁垒。参见 Petri A. Peter，Michael G. Plummer and Fan Zhai，“The Trans-Pacific Partnership and Asia-Pacific Integration：A Quantitative Assessment”，East-West Center Working Papers，Economics Series，No.119，October 24，2011，pp.65-70.

2012~2015 年：实现 TPP9 以及美国—韩国 FTA、智利—日本 FTA、智利—澳大利亚 FTA、秘鲁—中国 FTA、秘鲁—新加坡 FTA。

2016~2020 年：实现 TPP13（即 TPP9+墨西哥、加拿大、日本、韩国）。

2021~2025 年：APEC21 个成员实现亚太自贸区（FTAAP）。

对比这些基于 CGE 模型进行的福利分析，可以得到一些具有共性的结论：

（1）TPP 为北美和南美经济体带来了相当可观的福利收益；而东亚合作为亚洲经济体带来了稳定的收益。

（2）TPP 为美国带来的福利收益有限。

（3）小型或者是开放经济体（特别是越南）从 TPP 中获得的福利收益相当可观。

（4）东亚合作本身也会对美国经济产生正面影响，这是因为亚洲经济体生产率提高进而改善了美国的贸易条件，但是进一步的东亚合作有可能会轻微损害美国的福利。

（5）日本从 TPP 或东亚合作中获得的福利收益基本相等，区别不明显。

（6）没有参加 TPP 的经济体普遍遭受福利损失，尽管福利损失并不显著。

（7）对大多数东亚经济体而言，东亚合作两个方案所导致的福利收益区别并不显著。

（8）澳大利亚从 TPP 中获得的福利收益有限，但是可以从 ASEAN+6 中大幅获益。

（9）中国参与东亚合作获得的福利收益完全可以弥补不参加 TPP 导致的福利损失。

表 4–10 不同情景下的收入效应（%GDP）

	Petri（2011）				Kim（2011）				万璐（2011）			Kawai 和 Wignaraja（2007）	
国家（地区）	TPP9	TPP13	CJK	ASEAN+3	TPP9	FTAAP	ASEAN+3	ASEAN+6	TPP（1）	TPP（2）	TPP（3）	ASEAN+3	ASEAN+6
美国	0.03	0.06	0.01	0.01	0.67	0.03	0.00	–0.01	0.05	–0.03	0.06	–0.03	–0.06
澳大利亚	0.03	0.15	0.01	0.00	0.92	0.16	–0.03	1.14				–0.41	3.91
加拿大	0.00	0.11	0.01	0.01	0.02	1.71	–0.01	–0.02				0.18	0.15

续表

国家（地区）	Petri（2011）				Kim（2011）				万璐（2011）			Kawai 和 Wignaraja（2007）	
	TPP9	TPP13	CJK	ASEAN+3	TPP9	FTAAP	ASEAN+3	ASEAN+6	TPP（1）	TPP（2）	TPP（3）	ASEAN+3	ASEAN+6
智利	0.28	0.68	0.02	0.03	1.47	0.14	-0.01	-0.01					
墨西哥	0.01	0.50	0.09	0.13	0.13	2.19	0.01	-0.02				0.31	0.30
新西兰	0.21	0.67	0.01	0.00	1.54	0.21	-0.03	1.61				-0.27	5.24
秘鲁	1.36	2.19	0.01	0.01	0.83	0.10	0.00	-0.01					
中国	-0.03	-0.08	0.11	0.42	0.01	2.24	1.81	1.83	-0.06	-0.15	-0.31	1.26	1.33
中国香港	-0.01	-0.02	-0.06	2.94	0.00	3.09	0.00	0.00				-0.33	-0.59
印度尼西亚	-0.03	-0.09	0.05	0.31	0.00	1.72	1.59	1.61				2.62	2.86
菲律宾	-0.06	-0.13	-0.15	0.81	-0.01	3.16	3.08	3.10				2.64	2.85
泰国	-0.06	-0.24	-0.24	0.97	-0.01	4.71	4.18	4.27				12.10	12.84
文莱	0.14	0.48	0.04	0.76									
日本	-0.01	0.54	0.44	0.64	0.00	0.74	0.59	0.60	-0.05	0.17	0.34	1.54	1.59
韩国	-0.02	0.71	1.16	1.52	-0.01	2.99	2.70	2.76	-0.05	-0.16	-0.35	6.19	6.43
马来西亚	1.43	2.21	-0.19	1.10	0.00	7.32	5.10	5.16				5.54	6.33
新加坡	0.07	0.28	-0.12	-0.08	6.67	0.41	6.68	6.72				4.79	5.43
越南	6.37	13.89	-0.42	5.20	6.08	4.52	7.09	7.15				7.35	7.63

资料来源：Peter A. Petri，Michael G. Plummer and Fan Zhai，“The Trans-Pacific Partnership and Asia-Pacific Integration：A Quantitative Assessment”；Kim Sangkyom，“Korea and TPP：Options and Strategies”；万璐：《美国 TPP 战略的经济效应研究——基于 GTAP 模拟的分析》；Kawai Masahiro and Ganeshan Wignaraja，“ASEAN + 3 or ASEAN + 6：Which Way Forward？”，ADB Institute Discussion Paper No. 77，2007，pp.36-37.

伴随着 TPP 谈判的进行，亚太地区的区域经济合作进程也发生了相当程度的变化。2012 年 11 月，东盟 10 国和中国、日本、韩国、澳大利亚、新西兰、印度共 16 国推出了区域全面经济伙伴关系协定倡议，并于 2013 年 5 月启动了第一轮谈判。与此同时，日本终于在 2013 年 7 月加入 TPP 谈判，而韩国也表明希望加入 TPP 并开始与 TPP 成员展开磋商。基于亚太地区区域经济合作进程发生了较大变化，不少学者重新校准研究前提和情景假设，对 TPP 和东亚合作的福利效应进行了新一轮的测算和评估。

Petri 等在原有可计算一般均衡模型的基础上，对情景假设和研究假设做出了较大幅度的调整。首先，将 TPP 研究对象调整为 12 国，以此为基础研究 TPP 的福利效应；假设韩国、印度尼西亚、泰国、菲律宾甚至中国成为 TPP 的成员，构建 TPP17 的情景假设。其次，以 RCEP 为代表评估“亚洲轨道”的福利效应。再次，以美国—韩国 FTA 为模板作为分析 TPP 开放程度的基础，以东盟签署的 FTA 为模板作为分析 RCEP 开放水平的基础；研究假设的主要区别在于 TPP 更关注政府采购、知识产权、投资、竞争政策、非关税壁垒等。最后，以 RCEP 和 TPP17 为基础，再纳入俄罗斯和中国台湾构建亚太自贸区（FTAAP）；FTAAP 的开放水平将介于 TPP 与 RCEP 之间，这一假设也比较现实。①

日本学者 Lee 等也对 RCEP 与 TPP 的互动及福利效应进行了研究，该研究使用了 GTAP 8.1 版本数据库，将 22 个国家和地区以及 32 个部门纳入研究视野。该研究借鉴 Petri 等的研究，将 RCEP 视为“亚洲轨道”的代表，将 TPP 视为“跨太平洋轨道”的代表，同时充分考虑到了服务业部门非关税壁垒的重要性，估算了非关税壁垒的等价关税；而且该研究特别关注了日本农业政策的改革，并在研究假设中充分考虑到了农业改革的经济效应。具体而言，该研究的情景假设分为：情景 1，假设 RCEP 于 2017~2025 年实施完毕，FTAAP 则于 2023~2030 年得以实施。情景 2，包括韩国在内的 TPP13 于 2015 年得以缔结，并于 2015~2022 年成功实施；印度尼西亚、菲律宾和泰国于 2018 年成功加入 TPP16，并于 2025 年完成；FTAAP 则于 2023~2030 年得以实施；大米被排除。情景 3，其他假设与情景 2 一致，但是日本成功实施农业改革，2016 年起日本农业部门生产率年均提高 1%。情景 4，其他假设与情景 3 一致，但是 FTAAP 中大米关税削减 50%。全部情景假设中，关税将实现零关税，服务业的非关税壁垒将削减 20%，其他时间成本、通关程序等经营成本也降低 20%。②

其他学者如郑仁教等也根据变化对 TPP 进行了研究，郑仁教以 GTAP 8.0 版本数据库为基础，采用迭代动态可计算一般均衡模型对 TPP9、TPP12 以及中国加入

① Peter A. Petri, Michael G. Plummer and Fan Zhai, “The TPP, China and the FTAAP: The Case for Convergence”, in Tang Guoqiang and Peter A. Petri (eds.), New Directions in Asia-Pacific Economic Integration, Honolulu: East-West Center, 2014, pp.81-83.

② Hiro Lee and Ken Itakura, “TPP, RCEP, and Japan's Agricultural Policy Reforms”, Osaka School of International Public Policy Discussion Paper No. 14E003, Osaka University, June 5, 2014, pp.2-7.

TPP12 三种情景进行了分析。[①] 而 Wignaraja 则更关注于 RCEP 的福利效应，同样基于可计算一般均衡模型，该研究对 RCEP 成员国的福利效应进行了细致的分析。[②]

对比上述多个研究，可以归纳得出一些具有共性的结论：

（1）未与美国签署 FTA 的国家从 TPP 中获得的福利收益更为显著；亚洲经济体从以 RCEP 为代表的东亚合作中获得了可观的福利收益。

（2）美国参加 TPP 获得的福利收益比较有限。

（3）以 RCEP 为代表的东亚合作对美国经济产生的影响非常有限，尽管贸易转移效应等负面影响可能会轻微地损害美国的福利，但是由于亚洲经济体生产率提高进而改善了美国的贸易条件，RCEP 对美国经济的综合影响几乎是中性的。

（4）日本从 TPP 或东亚合作中获得的福利收益基本相等，区别不明显。

（5）未参加 TPP 的经济体普遍遭受福利损失，尽管福利损失并不显著。

（6）澳大利亚从 TPP 中获得的福利收益有限，但是可以从 RCEP 中大幅获益。

（7）中国参加 RCEP 获得的福利收益完全可以弥补不参加 TPP 导致的福利损失；但是如果中国参加 TPP，将可能获得比较显著的福利收益。

（8）印度参加 RCEP 将获得显著的福利收益，完全可以弥补未参加 TPP 遭受的福利损失。

与前期研究结论相比，新的研究结论与前期研究结论存在不少共同点，表明区域经济合作新变化并未导致前期相关研究的主要结论失效；值得注意的是，对广大的亚太地区经济体而言，RCEP 的贸易创造效应比较显著，其贸易转移效应则相对有限。

---

① Inkyo Cheong, "Negotiations for the Trans-Pacific Partnership Agreement: Evaluation and Implications for East Asian Regionalism", ADBI Working Paper Series Negotiations No. 428, July 2013, pp.9-10.

② Ganeshan Wignaraja, "The Regional Comprehensive Economic Partnership: An Initial Assessment", in Tang Guoqiang and Peter A. Petri (eds.), New Directions in Asia-Pacific Economic Integration, Honolulu: East-West Center, 2014, pp.99-100.

表 4-11 不同情景下的收入效应（%GDP）

	Petri 等（2014）				Lee 和 Itakura（2014），2020 年情景				Cheong（2014）			Wignaraja（2014）
国家（地区）	TPP12	TPP17	RCEP	FTAAP	RCEP	TPP（1）	TPP（2）	TPP（3）	TPP9	TPP12	TPP12 + 中国	RCEP
美国	0.4	1.6	0.0	2.0	–0.1	0.1	0.1	0.1	0.01	0.00	0.45	
澳大利亚	0.5	2.4	1.4	1.8	0.8	0.3	0.3	0.3	–0.01	0.22	0.23	3.9
加拿大	0.4	1.7	0.0	1.3	–0.1	0.6	0.6	0.6	–0.04	0.02	–0.34	
智利	0.9	2.7	0.0	2.2	0.0	0.7	0.7	0.7	0.01	–0.13	–2.40	
墨西哥	0.5	4.5	0.1	3.4	–0.1	0.8	0.8	0.8	–0.13	0.90	1.12	
新西兰	2.0	3.6	0.9	2.9	0.3	0.7	0.7	0.7	0.17	0.97	0.60	5.2
秘鲁	1.2	2.6	0.0	2.0	0.0	0.1	0.1	0.1	0.27	–0.04	–0.35	
中国	–0.2	4.7	1.4	3.9	0.6	–0.2	–0.2	–0.2	–0.03	–0.11	4.51	1.3
中国香港	–0.1	–0.5	11.5	20.9								
印度尼西亚	–0.1	–0.6	1.7	–0.6	0.6	0.4	0.4	0.4				2.9
菲律宾	–0.2	9.5	2.3	5.0	0.6	0.5	0.5	0.5				2.9
泰国	–0.4	11.6	2.8	4.9	1.0	0.5	0.5	0.5				12.8
文莱	0.9	8.4	5.8	5.5								
日本	2.0	4.4	1.8	4.3	0.4	0.5	0.7	0.7	–0.01	0.21	0.53	1.6
韩国	–0.1	6.4	3.9	6.1	1.5	1.2	1.2	1.2	–0.03	0.11	1.73	6.4
马来西亚	5.6	10.5	3.3	8.9	0.3	0.8	0.8	0.8	0.71	0.70	–0.24	6.3
新加坡	1.9	6.5	0.6	3.3	0.7	0.9	0.9	0.9	0.41	0.48	–0.79	5.4
越南	10.5	21.2	5.1	21.5	1.2	2.1	2.0	2.0	0.29	0.18	0.08	7.6
柬埔寨												1.2
其他东盟国家	–0.4	–1.3	1.9	3.74	0.6	–0.1	–0.1	–0.1	–0.06	–0.37	–1.59	0.3

续表

	Petri 等（2014）				Lee 和 Itakura（2014），2020 年情景				Cheong（2014）			Wignaraja（2014）
国家（地区）	TPP12	TPP17	RCEP	FTAAP	RCEP	TPP（1）	TPP（2）	TPP（3）	TPP9	TPP12	TPP12＋中国	RCEP
印度	-0.1	-0.6	1.7	-0.6	1.3	-0.1	-0.1	-0.1	-0.01	-0.05	-0.38	2.4
中国台湾	-0.1	-3.8	-1.9	6.3	-0.5	-0.1	-0.1	-0.1				
俄罗斯	0.0	-0.3	-0.2	9.3	-0.1	0.0	0.0	0.0				

资料来源：Peter A. Petri，Michael G. Plummer and Fan Zhai，“The TPP，China and the FTAAP：The Case for Convergence”，in Tang Guoqiang and Peter A. Petri（eds.），New Directions in Asia-Pacific Economic Integration，Honolulu：East-West Center，2014，pp.84-85；Hiro Lee and Ken Itakura，“TPP，RCEP，and Japan's Agricultural Policy Reforms”，Osaka School of International Public Policy Discussion Paper No. 14E003，Osaka University，June 5，2014，p.21；Inkyo Cheong，“Negotiations for the Trans-Pacific Partnership Agreement：Evaluation and Implications for East Asian Regionalism”，ADBI Working Paper Series Negotiations No. 428，July 2013，p.10；Ganeshan Wignaraja，“The Regional Comprehensive Economic Partnership：An Initial Assessment”，in Tang Guoqiang and Peter A. Petri（eds.），New Directions in Asia-Pacific Economic Integration，Honolulu：East-West Center，2014，pp.99-100.

三、TPP的政治经济分析

2008年9月，美国小布什政府宣布加入P4并将其改为TPP，同时邀请澳大利亚、秘鲁和越南加入TPP谈判。随后，2009年11月美国奥巴马政府宣布加入TPP谈判，澳大利亚与秘鲁随即也宣布加入TPP，越南则作为观察员参与TPP谈判。2010年3月，TPP第一轮谈判正式启动，马来西亚于2010年10月第二轮谈判时正式加入TPP。在2012年10月加拿大和墨西哥宣布加入TPP后，多次表示有意加入TPP的日本最终于2013年3月宣布加入TPP，随后于2013年7月正式加入TPP谈判。从前文的TPP成本收益分析来看，并非每个国家都能获得显著的福利收益，特别是有限的经济收益很难完美地解释为什么有些国家即使需要付出相当代价仍坚持加入TPP，而基于新区域主义的政治经济分析也许能够提供一个更全面的解释。

（一）美国的利益分析

TPP的福利分析表明，中短期内美国从TPP中获得的福利收益有限，TPP创造的劳动就业机会大致仅限于3万人左右，① 而且TPP的原产地规则也表明其无力解决亚太地区复杂的"意大利面条碗效应"，那么美国积极推动TPP进程的目的或许存在于其他方面。事实上，与其说参与TPP是美国的短期经济行为，不如说是其战略性选择更具有说服力。②

① Peter A. Petri, Michael G. Plummer and Fan Zhai, "The Trans-Pacific Partnership and Asia-Pacific Integration: A Quantitative Assessment", East-West Center Working Papers, Economics Series, No. 119, October 24, 2011, pp.44-45.

② 美国学者Petri认为美国推动TPP，意在取得与亚洲企业公平竞争的FTA环境，同时也可以使得美国在战略上更好地融入亚太地区。参见Peter A. Petri et al., "The Trans-Pacific Partnership and Asia-Pacific Integration", Paper Presented at CNCPEC Seminar "TPP and Its Implications for Regional Economic Cooperation", Beijing, China, December 8-9, 2011. 不少中国学者支持这一观点，参见盛斌：《美国视角下的亚太区域一体化新战略与中国的对策选择》，《南开学报（哲学社会科学版）》，2010年第4期，第70-80页；魏磊、张汉林：《美国主导跨太平洋伙伴关系协议谈判的意图及中国对策》，《国际贸易》，2010年第9期，第54-58页；刘晨阳：《"跨太平洋战略经济伙伴协定"与美国的亚太区域合作新战略》，《国际贸易》，2010年第6期，第56-59页；杜兰：《美国力推跨太平洋伙伴关系战略论析》，《国际问题研究》，2011年第1期，第45-51页；等等。

客观地说，美国推动 TPP 的目的更多地体现在非传统利益，或者说是影响国际经贸规则的能力。美国希望通过获得 TPP 谈判主导权（或者说是决定区域内规则的能力），进而获得区域经济合作的外部收益，即增加美国在多边贸易谈判中的筹码，最终获得国际经贸规则制定过程中的主导权，这一将区域贸易协定内的规则推广为多边贸易规则的过程亦被称为有顺序的谈判（Sequential Negotiation）。[①] 此次 TPP 谈判，不仅要推动其他谈判方接受金融服务、电子商务、知识产权、投资、环境、劳工等条款，还纳入了国有企业、规制一致性、中小企业等横向议题，而这些新议题在其他 FTA 谈判中较少或从未出现。当美洲自由贸易区倡议和开创东盟事业倡议搁浅后，TPP 成为美国再次推动制定国际新规则的政策工具。正如美国贸易谈判副代表芭芭拉·威瑟所言，美国的目的是达成一套适用于所有亚太国家的规则，任何要加入的国家必须遵守此规则。[②]

如果美国规则在区域内甚至全球范围内顺利展开，将为美国企业扫除障碍，改善其投资环境，并最终有助于扩大美国企业参与亚太地区的商业机会并提高竞争能力。[③] 然而包括 RCEP 在内的多个东亚合作方案均未包括美国，有研究表明，排除美国的亚洲区域经济合作将导致美国福利受损，将使美国出口每年损失约 250 亿美元，相当于丧失 20 万个高薪就业岗位。[④] 更为重要的是，美国企业将因为不能享受 FTA 优惠而长期面临歧视待遇和不公平的竞争环境。参加一个全面的、高标准的包括服务贸易、投资、知识产权、电子商务、政府采购、环境和劳工等条款的 TPP，将有助于美国跨国企业甚至中小企业获得更多的进入亚洲市场的准入机会。[⑤]

另外，美国推动 TPP 也是对东亚合作进程的反应。东亚国家通过东亚合作进一步加强经济联系，并有可能形成一个挑战美国国际经贸规则主导权的新的贸易

① 李向阳：《新区域主义与大国战略》，《国际经济评论》，2003 年第 4 期，第 6-8 页。

② 转引自杜兰：《美国力推跨太平洋伙伴关系战略论析》，《国际问题研究》，2011 年第 1 期，第 50 页。

③ Office of the United States Trade Representative, The President's 2008 Annual Report on the Trade Agreements Program, 2009, http://www.ustr.gov/sites/default/files/uploads/reports/2009/asset_upload_file422_15-403.pdf. 转引自盛斌：《美国视角下的亚太区域一体化新战略与中国的对策选择》，《南开学报（哲学社会科学版）》，2010 年第 4 期，第 73 页。

④ Scollay Robert, "Preliminary Assessment of the Proposal for A Free Trade Area of the Asia-Pacific", An Issues Paper for the APEC Business Advisory Council (ASAC), 2004.

⑤ C. Fred Bergsten and Jeffrey J. Schott, "Submission to the USTR in Support of a Trans-Pacific Partnership Agreement", Paper Submitted to the United States Trade Representative on the Trans-Pacific Partnership Agreement, January 25, 2010.

集团[①]，这一局面是美国不愿意看到的。TPP 为美国提供了一个“合法”进入东亚地区的经济平台，即通过参与 TPP，美国从政治上与亚太地区“法定地”紧密联系起来；从经济上看，则美国能与东亚地区一起“嵌入”亚太市场中去。[②] 这样做不仅能够规避东亚合作可能产生的贸易转移效应，同时也助于维持并加强与新加坡、日本以及其他部分东盟国家的经济联系甚至政治安全联系，“对冲”或平衡中国经济发展的影响，[③] 延长美国经济霸权的时间。[④]

因此，基于经济与战略利益，美国参与 TPP 的策略路径就是利用自身有限的市场准入机会，以双边谈判的方式诱导小国接受其贸易新规则。[⑤] 首先是推动目前的 TPP12 谈判顺利完成，在此基础上，通过“有顺序的谈判”策略进一步将“21 世纪条款”从目前的 TPP12 扩大至 TPP13 甚至 TPP16，直至传递至 APEC 范围内（并不必须达成亚太自贸区，可能仅仅需要借助 APEC 峰会达成进一步的共识即可），最终将其国际经贸规则推广至以 WTO 为代表的全球多边层面。[⑥]

（二）日本的利益分析

在最终选择加入 TPP 前，日本国内关于是否应该加入 TPP 的长期讨论不仅是该国国民和学界关于 TPP 的争论，而更多地可以理解为日本国内关于是否应该通过经济开放手段推动日本经济可持续发展的争论。不少学者认为，伴随着日本经济社会进入后工业化时代，日本社会也变得更加“内向型”，但是固守一个老龄化的国内市场是不足以保证日本企业赢得国际竞争的。根据“多米诺骨牌效

① 尽管目前亚洲出口品的最终消费市场仍在欧美等区域外市场，其中美国占 23.9%，欧盟占 22.5%，而亚洲自身仅占 28.9%，但是区域经济合作有助于强化亚洲区域内部经济联系，并可能形成新的贸易集团。参见 ADB，Institutions for Regional Integration：Toward an Asian Economic Community，Mandaluyong City：Asian Development Bank，2010，p.33.

② 转引自盛斌：《美国视角下的亚太区域一体化新战略与中国的对策选择——透视“泛太平洋战略经济伙伴关系协议”的发展》，《南开学报（哲学社会科学版）》，2010 年第 4 期，第 73 页。

③ 现有基于 CGE 模型的福利分析均显示，TPP 将会导致中国福利受损，对 GDP 增长率产生一定程度的负面影响。

④ 亚洲开发银行和世界银行的相关研究都表明，到 2030 年左右，中国有可能取代美国成为世界第一大经济体，但这将取决于中国是否能够维持经济可持续发展。如果其间中国经济发展受到影响，美国的经济霸主地位将相应得到延长。关于中国经济的长期预测，参见 ADB，Asia 2050：Realizing the Asian Century，2011；World Bank，Securing the Present，Shaping the Future，2011.

⑤ 对美国而言，参与 TPP 的成本主要在于开放其国内市场准入的程度，只有通过双边而非多边谈判方式，才能有效控制参与区域经济合作的成本。

⑥ 有顺序的谈判可以说是协调地区主义和多边主义的有效手段，典型案例是信息技术协定（ITA），具体参见李向阳：《国际经济规则的形成机制》，《世界经济与政治》，2006 年第 9 期，第 73-74 页。

应”，在韩国已经签署韩国—美国 FTA、韩国—欧盟 FTA 的背景下，日本如果不积极采取“跟进”的做法，将遭受比较严重的贸易转移效应。根据日本经济产业省的估算，在韩国与美国、欧盟和中国签署 FTA 后，如果日本不参加 TPP，日本企业将丧失海外市场的竞争优势，日本 GDP 将损失 10.5 万亿日元，就业机会将减少 81.2 万个。仅韩国—美国 FTA，日本的汽车、电机、机械产业就会受到严重冲击，日本相关产业对美出口将减少 1.5 万亿日元，日本的 GDP 将减少 3.7 万亿日元。而日本贸易振兴机构预测，韩国—欧盟 FTA 生效后的第一年，就会有约 1000 亿日元以上的出口市场被韩国企业抢走。①

以日本经济团体联合会为代表的企业界于 2011 年 4 月 19 日发布了“日本贸易战略提案”，该方案建议日本政府采取积极的战略性贸易战略，诸如积极推动 WTO 多哈进程，或者通过 TPP、CEPEA、日本—欧盟 EPA 等区域经济合作，完成与美国、中国和欧盟等经济体的经济融合。“提案”进一步指出，拥有广大海外利益的日本企业需要更多的发展资源，而这些企业的未来也关系到日本的灾后重建和日本的未来。② 但是以日本农林水产省为代表的农业集团对开放日本经济持反对态度。由于日本长期以来对农业实行保护，其农产品平均关税为 22.2%，远远高于美国 5.2%的水平，而且日本对包括豌豆、花生、奶油、未精制蔗糖、大麦、小麦和木薯粉在内的 100 多种农产品征收非常高的关税。同时，日本也保持了对牛肉进口关税的限制和非关税贸易壁垒，并阻碍马铃薯、樱桃、家禽、大米和食品添加剂的贸易。③ 根据日本农林水产省估计，一旦加入 TPP，将导致该国农业产值减少 4.1 万亿日元，进而导致 GDP 减少 7.9 万亿日元，减少 340 万个就业机会，并使得农业自给率从 40%下降至 14%。

日本内阁府关于 TPP 的影响测算表明，如果日本不参加 TPP，其福利收益将减少 0.6 万~0.7 万亿日元，GDP 将因此减少 0.13%~0.14%，汽车、电子、机械三大主要出口产业将遭受损失。如果日本参加 TPP，日本将在 10 年内获得约 2.4 万~3.2 万亿日元的福利收益，其 GDP 将提高约 0.48%~0.65%。显然，日本内阁

① 赵晋平等著：《跨太平洋伙伴关系协定：经济影响与对策》，中国财政经济出版社，2013 年 12 月版，第 69-70 页。

② Nippon Keidanren，“Proposals for Japan's Trade Strategy”，April 19，2011，http://www.keidanren.or.jp/english/policy/2011/030/index.html.

③ “Japan Leaves Open Timing Of TPP Decision；Business Urges Joining”，Inside U.S. Trade，September 15，2011.

府的研究结论与学界相关研究结论基本一致，中短期内TPP对日本经济的影响力有限，而且加入TPP或者RCEP的福利收益差异不大。如果日本政府希望通过开放继续推动其经济发展，那么日本与美国、中国以及欧盟三大经济体缔结FTA是有效的途径，特别是日本的竞争对手韩国已经完成或正在与上述三大经济体FTA谈判。事实上，除了日本—欧盟EPA外，日本面临着包含美国的TPP与包含中国的东亚合作这两种选择。客观上，福利分析表明，TPP与东亚合作能够为日本带来的经济收益基本相等，在此情况下，日本的FTA路径选择将取决于加入成本。

不言而喻，日本加入TPP首先需要面对众多农业强国要求其开放农业的压力；但是TPP更具威胁性的地方在于，它可能会威胁到日本的邮政储蓄和保险服务业，进而直接影响该国的养老保险体系；TPP药品专利保护等条款可能会摧毁日本的社会保险体系，特别是健康医疗保险体系；① 另外，美国主导的规则一致性等，旨在取消各国国内的非关税壁垒，同时进行国内规制改革，这可能会对日本造成相当的影响。② 日本参与东亚合作的核心是中日韩FTA和RCEP，日本主要面临着来自包括中国在内的发展中国家要求其开放农业的压力，其次是纺织、服装产业等制造业。但是除了货物贸易市场准入外，日本在其他方面几乎不存在过大的开放压力。在福利收益几乎相同的前提下，以RCEP为代表的东亚合作的加入成本在理论上小于TPP，因此日本应该首选东亚合作。

尽管成本收益分析表明日本应该首选东亚合作，为什么日本政府却始终表示有兴趣参加TPP？这是因为，从谈判策略角度看，如果日本宣布对TPP有兴趣，将有助于迫使中国以更积极的态度进行中日韩FTA或RCEP谈判，③ 且有利于日本在谈判中获得更有利的地位。④ 更重要的是，日本参加TPP将可以获得非传统

---

① Kawai Masahiro and Ganeshan Wignaraja, "Japan's Approach to TPP", Paper Presented at CNCPEC Seminar "TPP and Its Implications for Regional Economic Cooperation", Beijing, China, December 8-9, 2011.

② Aurelia G Mulgan, "Japan's Early Decision on the TPP: Pie in the Sky or Credible Commitment?", East Asia Forum, June 2, 2011.

③ 除此之外，还能诱发欧盟考虑欧盟—日FTA。参见Kawai Masahiro and Ganeshan Wignaraja, "Japan's Approach to TPP", Paper Presented at CNCPEC Seminar "TPP and Its Implications for Regional Economic Cooperation", Beijing, China, December 8-9, 2011.

④ 由于中、日两国经济实力相当，理论上日本在决定区域内规则的能力方面的优势不明显。但是为了避免TPP可能造成的贸易转移效应，中国需要推动东亚合作，进而中国可能会在中日韩FTA或RCEP谈判上达成更多妥协，这在客观上提高了日本在东亚合作中的谈判地位。

收益，即参与制定国际新规则的权力。自从 WTO 多哈回合谈判陷入僵局以来，日本越来越认识到国际经贸规则的制定逐步从多边贸易体系谈判转向区域经济合作，在此背景下，如果日本不能及时参加代表着“21 世纪”贸易新规则的 TPP 谈判，那么不仅日本未来的加入成本会更高，更不利的是日本将失去参与制定未来国际新规则的机会，这将导致日本企业处于不利的竞争环境。

长期以来，由于缺乏劳动力、农业人口老龄化、农业收入下降、农业“小部门化”等问题，日本农业部门面临着巨大的改革压力，[①] 日本农业不仅成为阻碍日本进一步开放经济、参与区域经济合作的主要障碍之一，而且将会影响未来日本企业的国际竞争力和日本经济发展。日本政府希望通过参加 TPP 改革日本的农业部门，希望日本的农业部门能够化压力为动力，促进农业部门的结构性改革，提高农业劳动生产率和国际竞争力。[②]

为了顺利完成 TPP 谈判并改革日本的农业部门，安倍政府以改革“农业协同组合”（简称农协）作为日本农业改革的主要手段。日本农业协同组合以日本农村农业合作社为基础，向社员提供销售、供应、金融、保险、生产经营指导、仓储运输、福利文化等综合性服务。农协全国中央会是日本农协的综合性指导机关，控制和管理农协组织，下设负责农产品流通的全国农业协同组合联合会、负责银行业务的农林中央金库以及负责保险业务的全国共济农业协同组合联合会等。截至 2014 年 12 月，日本共有各种全国性农协联合会 18 个，都道府县农协联合会 207 个，基层综合农协 708 个，各类专门农协 2011 个。作为日本农业部门的指导机构，日本农协全国中央会通过对日本全境 700 多个基层农协实施审计和管理指导，收取相关服务费用，并以此作为游说政府的经费。

日本政府于 2014 年 5 月 14 日召开了规制改革会议，并发表了《关于农业改革的意见》，提出要求加快推进农协改革。为此，《关于农业改革的意见》建议：第一，废除以日本农协全国中央会为最高机构的中央会制度，将其改组为一般社团法人，恢复基层农协的经营自主性；第二，进行全国农业协同组合联合会公司

① “The Council to Promote the Revitalization of Food, Agriculture, Forestry and Fisheries”, Interim Report for the Revitalization of Japan's Food, Agriculture, Forestry and Fisheries, August 2, 2011, http://www.bioin.or.kr/upload/policy/1316508368652.pdf.

② 吕铀、崔岩:《日本推动 TPP 谈判的动因及制约因素》,《现代日本经济》，2013 年第 3 期，第 44-50 页。

化改制，以提高日本农业国际竞争力；第三，实现单位农协的专业化、健全化，逐步将基层农协的信用、保险业务剥离，分别交由农林中央金库和全国共济农业协同组合联合会管理，基层农协只作为上述业务的代理窗口；第四，改善理事会治理结构，允许外界人士参加；第五，推进农协组织形式多样化；第六，调整社员关系，准社员（非专业化的零散农户）利用农协各种业务设施的总额不得超过正社员（农民）利用总额等。①

此次安倍政府农业改革的最核心内容就是将农协全国中央会从特殊民间法人降格为一般社团法人，废除农协全国中央会对日本全境 700 多个基层农协的审计权和管理指导权，使得日本基层农协可以自由选择独立会计师实施审计，而日本农协全国中央会将可能损失高达 80 亿日元（折合 6700 万美元）的费用收入，②这将使农协全国中央会丧失游说政治的活动经费，并极大地削弱了日本农业利益集团对日本对外经济政策的影响力。通过此次农业改革，日本政府在 TPP 谈判中的回旋余地得到了提高，有助于日本政府在谈判中更好地维护汽车等制造业部门的利益。

综上所述，从经济角度看，日本区域经济合作的最佳谈判策略应该是同时参与 TPP 和东亚合作，并根据美国或中国的妥协情况，优先推进加入成本较小的 FTA。当然，如果纳入非传统收益的考虑，那么加入 TPP 将有助于加强美日同盟关系，例如 2011 年 9 月，美国总统奥巴马与日本首相野田佳彦会晤时，表示“TPP 不仅仅是经济问题，更是美日同盟的战略问题”。2013 年 3 月，日本 TPP 担当大臣甘利明表示，TPP 是“从亚太到东亚的重要安定因素，可以发挥安全保障、去除东亚不安定因素的作用”。③ 如果考虑到上述因素的话，日本显然会在同时参与 TPP 与东亚合作时，优先推进 TPP 的相关谈判。

（三）中小国家的利益分析

相对于大国，经济小国囿于自身有限的市场规模、较高的国际市场依存度、较弱的抵御外部冲击的能力和有限的参与国际经济事务的谈判交易能力，一般而

① 高强、彭超：《日本农协改革的最新趋势及展望》，《农民日报》，2015 年 1 月 24 日第 3 版。

② Mina Pollmann，“Agricultural Reforms in Japan Pave the Way for TPP”，The Diplomat，February 12，2015，http://thediplomat.com/2015/02/agricultural-reforms-in-japan-pave-the-way-for-tpp/.

③ 转引自倪月菊：《日本参加 TPP 谈判的动因、前景及影响》，《中国市场》，2013 年第 15 期，第 34 页。

言，这些国家参与区域经济合作的主要动力在于获得以市场准入机会为主的经济收益。当然，小国从区域经济合作获得收益的同时，也必须提供单方支付（side-payments），即小国与大国签署自由贸易协定实际上是利用单方支付购买了进入大国市场的“保险”。[①] 目前，全部TPP12国中，除美国和日本外，基本都属于中小型经济体，这些经济体参与TPP的主要目的应该可以归结为获得以市场准入为主的经济收益，尽管还可能希望获得其他非传统收益。

最初，智利通过TPP9可以获得越南、马来西亚市场，而秘鲁可以获得新西兰、文莱、澳大利亚、越南和马来西亚市场，因此智利、秘鲁两国参与TPP的福利收益比较明显。需要指出的是，长期以来，智利、秘鲁明显被排除在东亚合作进程之外，为了规避贸易转移效应等负面影响，这些南美小国一直在构建以自身为“轮轴国”的FTA网络，并试图以双边FTA等形式获取东亚市场准入机会。考虑到这两个国家已经与美国签署并实施双边FTA，因此不存在与美国进行双边谈判的困难，它们参加TPP的成本并不大，因而智利、秘鲁等南美小国是TPP的积极参与者。当然，伴随着智利与TPP12国全部实现双边FTA后，该国从TPP中获得的福利收益大幅下滑，因此智利与秘鲁等其他国家在TPP谈判中的立场在不断分化。

尽管同属于大洋洲国家，澳大利亚、新西兰参与TPP9的立场却不一致。对于新西兰而言，通过TPP可以获得美国、秘鲁的市场准入机会，即能从TPP获得比较显著的福利收益。但是由于新西兰从未与美国达成双边FTA，因此加入TPP的成本也是比较明显的，特别是在药品专利、版权等知识产权谈判，以及投资条款谈判等方面，新西兰将面临相当的挑战。但是伴随着TPP谈判扩容，特别是加拿大、墨西哥和日本的加入，新西兰能够从TPP中获得的市场准入机会变得越来越大，直接导致其获得的福利收益大幅提高，因此新西兰对TPP谈判的态度正在变得越来越积极。与此同时，新西兰也获得了进入RCEP的机会，理论上，新西兰加入RCEP的成本和收益均比较有限，因此新西兰将在东亚合作与TPP中保持平衡，即通过区域经济合作尽可能获得更多的市场准入机会，这是新西兰最关注的利益所在。

---

① 关于小国的定义以及小国参与区域经济合作的战略参见李向阳：《区域经济合作中的小国战略》，《当代亚太》，2008年第3期，第42页。

澳大利亚是一个中等经济体，该国既不同于小型经济体，又与美国、日本等大型经济体有所区别。最初，有限的市场准入机会绝非该国参与 TPP9 的主要目的，因为通过 TPP9 澳大利亚仅能获得秘鲁的市场准入机会，其获得的福利收益非常小。在此背景之下，美国不能满足澳大利亚在蔗糖、奶制品等美国—澳大利亚 FTA 下敏感商品项的利益，却强迫澳大利亚接受知识产权、“投资者—国家争端解决”等规则，澳大利亚加入 TPP 的成本收益将变得不平衡，可以说澳大利亚参与 TPP9 的经济意义非常有限。尽管伴随着加拿大、墨西哥和日本的加入，澳大利亚在 TPP12 中又获得了加拿大和墨西哥的市场准入机会，澳大利亚参与 TPP 的经济意义得到了提高，但是不可否认，最初澳大利亚参加 TPP9 很难说是完全出于经济考虑。特别是作为美国的盟友，澳大利亚非常重视与美国的双边关系，澳大利亚将 TPP 视为美国介入东亚地区的重要途径，因此某种程度上，澳大利亚参与 TPP 是在追随美国的意愿。澳大利亚作为一个中等国家，长期以来一直谋求获得全球治理中的重要地位，通过亚太经合组织和 G20 机制，澳大利亚希望在全球治理中发挥更重要的作用。以 FTA 为代表的区域经济合作也是澳大利亚发挥作用的平台之一，正如澳大利亚生产力委员会 2010 年的《双边和地区贸易协定》报告所称，澳大利亚的 FTA 经济效益适中，并没有获得很大的贸易收益，澳大利亚签署的 FTA 与其说是贸易协定不如说是政治协定。① 可见，尽管最初 TPP9 的经济收益有限，但是加入 TPP 有利于获得包括政治收益在内的非传统收益，因此澳大利亚仍然积极参加了 TPP。

另外，鉴于亚洲地区在经济上的重要性越来越高，澳大利亚从 20 世纪 80~90 年代就强调融入亚洲。尽管先后尝试亚太经合组织，甚至亚太共同体，但是澳大利亚始终没有真正获得进入东亚合作的“合法”身份。当美国宣布加入 TPP 后，澳大利亚也希望通过 TPP 进一步融入该地区的经济一体化，作为一个亚太国家，澳大利亚参与 TPP 显然是有合法性的。当东盟宣布了 RCEP 倡议后，澳大利亚非常积极地表示支持和参与。多数福利分析均表明，澳大利亚参加 RCEP 会得到显著的经济收益，甚至比参加 TPP12 的经济收益还要多；而且澳大利亚作为发达国家，参与 RCEP 的谈判成本并不大，特别是该国已经与地区内的日本、韩国

① 转引自孙玉红：《多国博弈视角下 TPP 谈判引发的政策互动和中国的战略选择》，对外经济贸易大学出版社，2014 年 9 月版，第 78 页。

和中国等重要国家完成了双边 FTA 谈判，因此成本收益分析表明，澳大利亚参与 RCEP 有经济意义。可见，澳大利亚在本地区内，将继续延续其“桥梁”和“纽带”作用，通过不同的区域经济合作渠道继续融入亚洲经济，并且支持美国“重返”亚洲，以强化澳大利亚的中间地位。

部分东盟经济体参与 TPP 的目的各不相同。福利分析表明，对多数参与 TPP 的东盟国家而言，通过 TPP 与 RCEP 获得的经济收益均比较显著，但是从谈判内容来看，以 RCEP 为代表的亚洲轨道 FTA 侧重于货物贸易自由化以及经济合作，以 TPP 为代表的“跨太平洋轨道”FTA 则侧重于服务贸易、投资、知识产权、电子商务、竞争政策等规制建设，显然参加 TPP 的成本会高于参加 RCEP 的成本，因此不仅柬埔寨、老挝、缅甸等较落后的发展中国家未加入 TPP，就连泰国、印度尼西亚亦表示目前未考虑加入 TPP。①

当然，参加 TPP 不仅可以获得美国市场准入机会，有助于在一定程度上减轻对中国市场的依赖；而且小国还可以通过 TPP 获得信号效应所带来的收益，即向外部世界发出清晰的市场开放和政策可信的信号，以吸引外资的流入，② 这对于越南、马来西亚可能非常重要。2008~2009 年国际金融危机以来，马来西亚处于经济转型的关口，如果该国希望跃升成为发达国家，就必须保持其经济可持续发展，并及时升级产业以规避来自中国的激烈竞争。长期以来，该国 20%左右的投资率表明其经济结构中投资不足，加入 TPP 的重要原因或许在于马来西亚希望通过 TPP 的信号效应，以 TPP 促使完善国内法规，改善国内投资环境，从而吸引外资以补充国内投资不足，并实现经济可持续发展。但不可否认的是，马来西亚在 TPP 谈判中亦面临着来自知识产权、国有企业、外资股权比例、服务贸易等多方面的加入成本，从过去的经验来看，2006~2008 年马来西亚与美国进行了八个回合的双边 FTA 谈判，然而最终却不得不中止谈判。在 TPP 谈判中，马来西亚仍然面临着同过去该国与美国双边 FTA 谈判类似的多重问题与障碍，马来西亚最终能否成功完成 TPP 谈判，取决于该国国内产业甚至该国政治与社会对上述加

① Bryan Cave Consulting Company，“Thailand in the TPP?” Paper Presented at CNCPEC Seminar “TPP and Its Implications for Regional Economic Cooperation”，Beijing，China，December 8-9，2011；Raymond Atje，“Trans-Pacific Partnership Initiative and Indonesia”，Paper Presented at CNCPEC Seminar “TPP and Its Implications for Regional Economic Cooperation”，Beijing，China，December 8-9，2011.

② 李向阳：《区域经济合作中的小国战略》，《当代亚太》，2008 年第 3 期，第 42 页。

入成本的容忍程度。

长期以来，作为一个经济增速较高的新兴经济体，越南经济结构中30%左右的投资率表明该国亦同样面临投资不足的局面。加入TPP不仅可以使得对美出口获得优惠关税待遇，更重要的是可能会引发更多劳动密集型产业转移至该国，这将有利于越南经济长期可持续发展。福利分析表明，越南可能是从TPP中受益最多的国家之一，但是该国面临的加入成本同样十分显著，不仅在货物贸易市场准入、服务贸易、投资、知识产权等多个方面面临严峻挑战，而且在劳工条款、国有企业[①]等方面亦面临重大挑战，除非美国能够给予越南特殊的过渡期、例外以及能力建设等，否则从经济角度，越南目前加入TPP成本过高。

然而越南却积极参加了TPP9的谈判，可见仅仅是传统收益已经很难解释越南的行为逻辑。但是如果纳入非传统收益的分析，就不难理解越南参加TPP的决定。越南的革新开放已经进入瓶颈阶段，不仅面临着如何进一步完善法规制度，还面临着如何改革其臃肿、低效的国有企业等问题。加入TPP显然会使越南面临强大的国有企业改革压力，但是这种外部压力将减轻越南政府推动国内经济体制改革中的阻力。尤其是调查结果显示，越南国内企业对加入TPP的支持率高达96%，[②]工商界的支持将进一步助推越南政府的改革决心。另外，越南加入TPP也不能排除其政治意图，即通过加入TPP，加强与美国之间的双边关系。近年来，伴随着南海问题的升温，越南与美国的关系得到了迅速改善，越南希望以TPP为手段加强越美双边关系，同时借助美国重返亚洲平衡中国在本地区的影响力。可见，如果将上述非传统收益纳入成本收益分析中，就不难理解为什么越南积极加入TPP了。尽管如此，越南仍需十分谨慎，因为越南经济尚处于起飞阶段，加入TPP也许有助于越南获得其梦寐以求的美国市场，但是过早地实施高强度的贸易投资自由化，对越南经济也是极大的挑战。

有意思的是，Petri（2011）的福利分析表明，新加坡从TPP中获得的福利收益远高于东亚合作，特别是东亚合作会导致新加坡福利损失，这一结论与大多数相关研究的结论相悖。即使Petri（2014）做出了调整，其研究结果仍然显示，新

① 包括面临困境的越南造船工业集团等在内的30多家越南大型国有企业可能面临TPP国有企业条款的冲击，这些大型国有企业占到了越南排名前50位规模最大企业中的60%以上。Economist Intelligence Unit，Country Report Vietnam，November 2011，pp.11–12.

② 转引自唐奇芳：《东盟国家TPP政策探析》，《和平与发展》，2012年第4期，第44页。

加坡加入 TPP 获得的福利收益远大于该国加入 RCEP 获得的福利收益。作者给出的解释是，TPP 谈判做出的服务贸易市场开放使得新加坡能在已有双边 FTA 市场上继续获益，但是以 RCEP 为代表的东亚合作集中于货物贸易开放，新加坡很难从中继续获益。当然，即使不考虑上述福利分析，新加坡亦完全有理由积极加入 TPP，这是因为从成本角度而言，新加坡同所有 TPP9 国家均已签署实施双边 FTA，高度开放的小国新加坡参与 TPP 的成本非常小；从经济角度看，参与 TPP 或多或少能帮助新加坡从服务贸易方面获得经济收益，而且一个高标准的贸易协定，将有利于新加坡企业强化其国际竞争力；更为重要的是，长期致力于巩固自身"轮轴"地位的新加坡，非常希望将美国纳入本地区内，新加坡不仅欢迎美国重返亚洲，而且通过积极加入和推动 TPP 谈判，促进美国与亚洲的经济联系并强化本地区大国间的竞争，进而保证新加坡可以长期从"大国平衡"中维护其特殊利益。

墨西哥与加拿大于 2012 年加入 TPP 谈判，现有的福利分析表明，墨西哥与加拿大加入 TPP 的福利收益均比较有限，但上述两国都是北美自贸区的成员，这两个国家加入 TPP 的成本也相对较低，因此墨西哥与加拿大加入 TPP 的经济动机有限。但是当越来越多的国家加入 TPP 时，原本独享美国市场的墨西哥和加拿大，将不得不面对来自其他国家的贸易竞争，事实上这将削弱墨西哥和加拿大的相对贸易竞争力。在不能阻止美国继续增加 FTA 贸易伙伴的前提下，墨西哥和加拿大选择加入 TPP 是一个次优选择。如果再考虑到 TPP 能够为墨西哥和加拿大提供马来西亚等国的新市场准入机会，尤其是潜在的还未加入 TPP 的广大亚洲市场，就不难理解上述两国后来加入 TPP 的决定了。

在 TPP9 阶段，对于韩国而言，追求双边 FTA 或许比参加 TPP 谈判更为有利：毕竟通过美国—韩国 FTA，韩国已经获得了美国的市场准入；当时，TPP9 内澳大利亚、新西兰的市场准入机会也通过正在谈判中的双边 FTA 获得，而且从谈判策略角度看，一对一的双边 FTA 谈判显然比 TPP 内同时面对多个农业强国要好得多。因此，从成本收益角度看，韩国的重心仍然在于按计划逐步缔结双边 FTA，打造韩国的"轮轴"地位，[①] 而非迅速加入 TPP。但是从中长期来看，

① Kim Sangkyom，"Korea and TPP：Options and Strategies"，Paper Presented at CNCPEC Seminar "TPP and Its Implications for Regional Economic Cooperation"，Beijing，China，8–9 December，2011.

韩国是否加入 TPP 将取决于区域内其他重要经济体的行动。长期以来，韩国与日本在多个产业部门上竞争激烈，一旦日本选择加入 TPP，那么韩国通过双边 FTA 获得的国际竞争优势将大打折扣，韩国将不得不通过加入 TPP 防止自身的利益受到侵蚀。另外，韩国高度重视中国经济的重要性，韩国在加入 TPP 前先与中国完成韩国—中国 FTA，不仅有助于通过 TPP 迫使中国在双边 FTA 谈判上做出更大的让步，而且能够强化与中国的双边关系。因此，在日本宣布加入 TPP 和中韩完成双边 FTA 谈判后，韩国选择加入 TPP 是理性的选择。

（四）TPP 的发展展望

客观地看，TPP 谈判的发展受到了一系列因素的制约。从质量角度看，鉴于谈判争议不仅触及农业、金融服务等传统敏感部门，而且还涉及竞争政策、知识产权、劳工条款、环境条款等边界内措施，这些领域不仅涉及国内法规的修订，更可能从规则上改变一国的国际竞争力，如果坚持保证理论上的“高标准”要求，那么 TPP 谈判将会漫长而充满争议，甚至有可能搁浅。当然，另一种可能性就是 TPP 最终沦为一个妥协产物，其“白金标准”被大打折扣，即给予不同程度的过渡期或者例外。

从数量角度看，TPP 目前的扩大机制很有可能约束亚太地区的经济大国的参与，进而局限了 TPP 的影响力。TPP 谈判从小范围的 FTA 扩大至大范围的 FTA 的特点是，后来者基本要全盘接受先入者制定的规则，这样做的好处在于减少了相应的谈判成本。但是后来者往往丧失了参与制定规则的权力，这在大国看来是难以接受的。正如欧盟成功实现扩大，其前提是吸收的基本是经济小国；而美国—加拿大 FTA 扩大为北美自贸区也在于墨西哥是经济小国，一旦涉及类似于巴西、阿根廷这样的南美经济大国，其扩大为美洲自贸区的梦想只能以搁浅告终。而且，经济小国一旦与美国达成 TPP 之后，事实上很难再接受新的经济体加入。这是因为，经济小国除了获得美国的市场准入机会外，更大的“蛋糕”来自于其他国家希望规避 TPP 的贸易壁垒而对率先加入 TPP 的小国进行的投资（即投资替代贸易）。以北美自贸区为例，墨西哥加入美国—加拿大 FTA 之后，就吸收了大量的外来投资。显然，如果率先加入 TPP 的经济小国轻易接受后来者的加入，那么这些经济小国对以规避贸易壁垒为目的的外资的吸引力将大打折扣。当然，上述判断必须符合如下假设：①继续保证采用全票通过的方式接纳新成员；

②后申请加入的国家如果是经济小国，将不能付出足够的市场准入机会以换取先入者的选票；③后申请加入的经济大国难以接受已经制定好的经济规则，即使该国愿意付出足够的市场准入机会，同时先入者也愿意放行，但是经济大国不会为了寻求加入而放弃规则制定权。

第五章　未来区域及全球主要贸易安排展望

第二次世界大战以后，国际经贸规则主要是由发达国家制定的，其中美国起到了主导性的作用。随着发展中国家越来越多地加入世界经济体系，它们也必然参与国际规则的制定，乌拉圭回合的成果在一定程度上反映了发展中国家参与的结果。但是，本应更多反映世界经济结构变化和发展中国家参与成果的多哈回合却因为以美国为首的发达国家反对而停滞，如今，美国和欧洲希望通过区域经济合作机制来主导新规则的制定，把由发达国家主导的区域新规则推行为多边机制，以在新的国际竞争中占据主导权。未来一个时期，围绕货物贸易、服务贸易和投资新规则制定的角力将会成为国际经济关系的一个焦点。维护发展中国家对国际新规则制定的参与权，反映发展中国家的利益诉求，也将成为发展中国家争取有利的国际环境、实现经济持续发展的重要战略。

一、全球区域经济合作的发展趋势

自从 1947 年关贸总协定成立以来，多边贸易体系为全球的国际贸易和经济发展起到了极为重要的推动作用，关贸总协定/世界贸易组织机制（GATT/WTO）不仅推动成员方大幅削减最惠国关税税率，为全球自由贸易打下了坚实的基础，而且其贸易争端解决机制和政策审议机制对各成员方都具有相当的约束力，有力地维护了全球层面自由贸易环境。但是，从乌拉圭回合开始，由于最惠国关税已经削减至较低水平，而发达国家又极力推动诸如知识产权、服务贸易、投资等非传统贸易议题，导致多边贸易谈判难度不断提高，在此背景下，美国、欧盟等全

球主要经济体纷纷开始转向以 FTA 为代表的区域经济合作。

21 世纪以来，世界贸易组织开启了新一轮的多哈发展回合谈判，谈判之初多哈回合计划讨论农业、服务贸易、非农产品、知识产权、政府采购透明度、投资、竞争政策、贸易便利化、环境、电子商务、能力建设等 21 个议题，据世界贸易组织估算，多哈回合每年将为全球经济带来 500 亿~1000 亿美元的福利。但是，世界贸易组织“一票否决”决策机制的固有局限和贸易集团间复杂的利益博弈（美、欧就农业问题，发展中国家与美、欧就农业和超 WTO 条款问题等）等，造成多哈回合经历了十多年而未能完成谈判的局面。

在此背景下，以 FTA 为代表的区域经济合作越来越成为全球各经济体积极参与和推动的重要战略。特别是美国、欧盟等发达经济体把构建它们之间的 FTA 和由它们领导的 FTA 作为应对新兴经济体挑战，制定新的货物贸易、服务贸易和投资规则的重要政策工具，并且试图把这些新规则作为未来多边规则的范本。尽管 2014 年 11 月 WTO 框架下的《贸易便利化协议》获得通过，这为世界贸易组织进一步推动多哈回合整体谈判进程提供了动力，但是在新兴经济体群体性崛起的背景下，美国、欧盟等发达经济体推动国际新规则的努力不仅不会减弱甚至会继续加强，发达经济体将继续通过区域经济合作影响未来多边贸易谈判的进程和内容。

（一）全球范围 FTA 发展现状

从经济角度看，全球范围内的区域经济合作发展过程主要经历了两个阶段，第一阶段即从第二次世界大战后直至“冷战”结束，这一时期区域经济合作发展比较缓慢，直到 1990 年全球约有 70 个自由贸易协定处于实施阶段。第二阶段，从 1990 年以来，全球范围内自由贸易协定增速明显，截至 2014 年 6 月，在通报世界贸易组织的全部 585 个自由贸易协定中，有 379 个协定已经处于实施阶段。①目前，除蒙古国以外，全部 WTO 成员至少参加了一个或一个以上的自由贸易协定。2008 年全球 35%的货物贸易已经被自由贸易协定所覆盖，而 1990 年该数字仅为 18%；② 主要经济体如欧盟在 2009 年就有 44.6%的贸易被自由贸易协定所覆

① http://www.wto.org/english/tratop_e/region_e/region_e.htm.

② WTO, World Trade Report 2011 The WTO and Preferential Trade Agreements: From Co-existence to Coherence, 2011, p.7, http://www.wto.org/english/res_e/booksp_e/anrep_e/world_trade_report11_e.pdf.

盖，同一时期美国为 41.6%，[①] 如果将美—韩 FTA 纳入计算的话，该数字则上升至约 50%，从影响范围上来说，区域经济合作越来越有可能成为与多边贸易体系并驾齐驱的国际贸易机制。

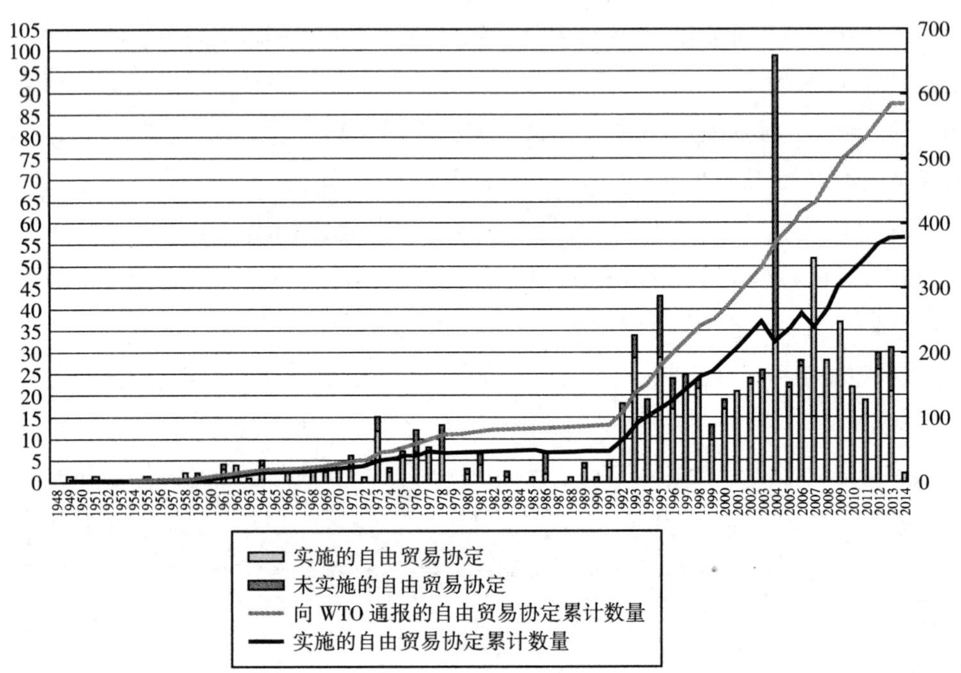

图 5-1　全球自由贸易协定发展情况（1948~2014 年）

资料来源：世界贸易组织自由贸易协定信息系统。

对于区域经济合作兴起的原因，虽然传统贸易理论也进行了解释，如自由贸易协定有助于改善一国的贸易条件、加强竞争、吸引外资等，但是不少经验研究表明传统贸易理论对区域经济合作的解释力有限，而非传统收益角度的解释则越来越受到重视：一方面，自由贸易协定有助于保证市场准入。自由贸易协定往往带有歧视性影响，任何没有加入的国家都可能遭受如贸易转移效应等负面影响，为了克服这些负面效应，非成员国一般可以采用三种方法，即加强多边贸易谈判；缔结新的自由贸易协定；或者加入到已有的自由贸易协定中。鉴于多边贸易谈判困难较大，非成员国一般都会采用后两种方式，正是如此，区域经济合作往

① Craig VanGrasstek，"The Political Economy of Services in Regional Trade Agreements"，OECD Trade Policy Working Papers，2011，http://dx.doi.org/10.1787/5kgdst6lc344-en.

往会产生“自我加速”，即由于担心被其他国家的区域经济合作排除在外，越来越多的国家加入到区域经济合作中，这一过程也被称为“多米诺骨牌效应”。特别是当大型经济体如欧共体实现了自身经济一体化，美国缔结了北美自贸区以后，全球其他经济体纷纷被迫加强了区域经济合作的参与力度。另一方面，自由贸易协定有助于填补多边贸易体系的空白，影响国际经贸规则。伴随着国际贸易中新事物或新问题的出现，原有的多边贸易体系往往难以快速适应。由于自由贸易协定涉及成员方较少，更容易达成妥协，因此自由贸易协定往往更容易满足上述新需求，而且自由贸易协定比多边贸易谈判包含了更为广泛的内容，例如服务贸易、投资条款、知识产权等不同的内容。在实践中，由于发达国家特别是美国往往通过不对称谈判实力，迫使其他国家在区域经济合作中接受其贸易提案或议题以换取美国的市场准入机会，随着越来越多的国家接受了该贸易条款，该议题便自然而然地上升为多边贸易谈判的内容，甚至成功演化为 WTO 规则。

（二）FTA 的基本特征

20 世纪 90 年代以来，区域经济合作发展迅速，各国特别是开放经济体为了保障自身获得足够的市场准入，纷纷对外签署自由贸易协定。这一时期区域经济合作逐渐表现出如下特征：

第一，引发各国积极参与和推动自由贸易协定的动因不限于传统的贸易转移效应和贸易创造效应，更多是受政治动因的影响，即自由贸易协定有助于加强双边或者区域互信关系，同时也有利于自由贸易协定伙伴国作为一个整体出现在多边贸易谈判中。以美国为例，美国对外签署的自由贸易协定对象基本都不是该国的主要贸易伙伴，其政治、安全等综合战略意图比较明显。具体而言，美国区域经济合作的政治经济目标包括促进伙伴国民主发展、推动经济体制改革、强化双边安全联系、确立地区领袖地位等。

表 5–1 美国区域经济合作的政治经济目标

经济体	民主体制	经济改革	安全利益	地区领袖
加拿大	是	是	是	否
墨西哥	是	是	是	是
智利	是	是	是	是
新加坡	否	是	是	是

续表

经济体	民主体制	经济改革	安全利益	地区领袖
中美洲	是	不完全	是	否
澳大利亚	是	是	是	否
美洲自贸区	是	是	是	—
亚太经合组织	不完全	不完全	是	—
以色列	是	是	是	是
约旦	否	不完全	是	否
南部非洲关税同盟	是	不完全	是	是
摩洛哥	否	不完全	是	否
巴林	否	不完全	是	否
哥伦比亚	是	是	是	是
韩国	是	是	是	是
阿曼	否	不完全	是	否
巴拿马	是	是	是	否
秘鲁	是	是	是	是
跨太平洋伙伴关系协定	不完全	是	是	是

资料来源：Richard Feinberg，“The Political Economy of United States' Free Trade Arrangements”，The World Economy，Vol.26，2003，p.1028 以及笔者根据 www.ustr.gov 信息归纳。

以墨西哥为例，美国通过与墨西哥签署北美自贸区协定，不仅帮助、奖励了墨西哥实施国内经济改革，也有助于促进墨西哥的民主转型，加强了与墨西哥的安全联系，特别是与墨西哥这样一个连接北美与南美的重要国家签署自由贸易协定，有助于激励南美地区其他国家实施贸易投资自由化。[①] 而美国在中东地区推动的区域经济合作，如与约旦、巴林、阿曼、摩洛哥签署的自由贸易协定则更多地体现为美国试图以此加强与中东地区的安全联系，即使这些自由贸易协定并未促进某些国家的民主转型，而且这些国家也不是地区重要经济体，无助于推动地区的贸易投资自由化，但是美国与这些国家进行区域经济合作仍有助于推动这些国家在部分领域内的经济改革。尽管澳大利亚并非地区领袖，但是由于该国支持美国对伊拉克的战争，符合美国的安全利益，因此美国与该国迅速谈判签署了自由贸易协定；而新西兰却因为反对美国核动力舰艇进入该国港口，且反对美国的反恐战争，其自由贸易协定谈判请求遭到了美国的拒绝。至于地处南美洲的哥伦

① Richard Feinberg，“The Political Economy of United States' Free Trade Arrangements”，The World Economy，Vol.26，2003，p.1033.

比亚、秘鲁、智利三国，美国与这些国家签署自由贸易协定不仅是对于上述三国接受“华盛顿共识”的奖励，有助于鼓励它们更进一步实施经济自由化；而且这些自由贸易协定也有助于维护其民主体制，特别是对于毗邻委内瑞拉的哥伦比亚而言尤为重要；不仅如此，通过与上述南美国家加强区域经济合作，还可以推动美洲国家在地区事务上的合作，有助于维护美国的安全目标。

虽然跨太平洋伙伴关系协定包括了所谓非民主国家，但是该倡议的“白金标准”将有助于推动这些国家的经济自由化和经济改革；作为美国“重返亚洲”的经济工具，跨太平洋伙伴关系协定在战略上满足了美国的外交安全需求；同时，该 FTA 涉及多个亚洲国家，而且吸纳了日本等重要的地区经济体，有可能在亚洲地区引发“多米诺骨牌”效应，进而推动亚洲地区的贸易投资自由化进程。总之，以美国为例的区域经济合作动因分析表明，一国参与区域经济合作可能并不仅仅是出于经济收益，也可能服务于更广泛的政治外交目标，尤其是这些目标并不能通过多边贸易体系获得，因此加强区域经济合作就成为满足上述多重目标的重要政策工具。

第二，全球范围内的区域经济合作中，超过半数的自由贸易协定是以双边自由贸易协定形式缔结的，并辅以区域贸易协定，可以说双边自由贸易协定已经成为区域经济合作的主要载体。与此同时，越来越多的事实表明，巨型自由贸易协定（Mega-FTA）正在成为国际贸易体系内不可忽视的发展趋势。以亚太地区为例，2001 年亚洲区域经济合作开始加速发展，当年全部 58 个自由贸易协定中，双边自由贸易协定 51 个，区域贸易协定只有 7 个；而 2014 年，全部 278 个自由贸易协定中，双边自由贸易协定为 203 个，区域贸易协定仅 75 个，以双边自由贸易协定为主的亚洲区域经济合作格局并未发生改变。虽然双边自由贸易协定更容易谈判，但是双边自由贸易协定的盛行也造成了相当程度的负面影响，即由于复杂的、多重自由贸易协定网络，造成不同的降税安排、不同产品/不同自由贸易协定间关税优惠幅度不同以及复杂的原产地规则和规章制度等，最终引发所谓的“意大利面条碗效应”。①

① Masahiro Kawai and Ganeshan Wignaraja，“The Asian ‘Noodle Bowl’：Is It Serious for Business?”，ADBI Working Paper Series No. 136，April 2009，pp.6-9. 关于“面条碗效应”，参见 Jagdish Bhagwati，“U.S. Trade Policy：The Infatuation with Free Trade Areas”，in Jagdish Bhagwati and Anne O. Krueger（eds），The Dangerous Drift to Preferential Trade Agreements，Washington，D.C.：AEI Press，1995，以及 Richard Baldwin，“Managing the Noodle Bowl：The Fragility of East Asian Regionalism”，ADB working paper No.7，2007.

经验研究表明，“意大利面条碗效应”与企业对自由贸易协定优惠关税的利用率不高之间高度相关。所谓 FTA 出口利用率大致分为两种：一种是指 FTA 缔约一方的出口商利用该 FTA 规定的优惠税率所涉及的商品出口额占当年对该贸易伙伴的出口总额的比例，该比例称为 FTA 出口特惠利用率。另一种 FTA 利用率，即 FTA 出口覆盖率，是指利用了 FTA 优惠的出口企业数占所有拥有相同目标市场的出口企业总数的比例。实际操作中，FTA 出口特惠利用率采用原产地证书发放单位年度发放所有相关原产地证书涉及的出口额加以计算；但是更多时候，为了方便和及时而采用问卷调查的形式对企业进行抽样调查，这时就是 FTA 出口覆盖率。无论采用哪种方式，根据这一比例的高低，可以大致衡量各种 FTA 的利用水平，并进行横向国际比较或纵向时间序列的比较。进口利用率的定义同理得知。若无特别说明，本书的 FTA 利用率一般指出口覆盖率。例如，2006 年日本企业 FTA 利用率为 5.1%；2007 年日本企业 FTA 利用率为 11.9%；2008 年日本企业 FTA 利用率为 18.9%。[①] 2008 年新加坡企业 FTA 利用率为 18.7%；2008 年韩国企业 FTA 利用率为 20.8%；亚洲开发银行研究所（ADBI）基于中国、日本、韩国、新加坡、泰国、菲律宾六国全部 841 家企业样本，得到 FTA 平均利用率为 28%左右。[②] 也正因为如此，当前更大范围的区域经济合作正在全球范围内展开，特别是以 TPP、TTIP、RCEP 等巨型自由贸易协定为代表。这种巨型自由贸易协定的出现，不仅与解决复杂、重叠的自由贸易协定规则有着直接联系，而且也与当前各国希望更好地解决全球价值链和供应链管理的意愿有着直接联系。如果巨型自由贸易协定覆盖的国家越多，那么将更有利于处理区域内部的国际生产分工合作，可以有效利用累积制度，有助于减轻区域内企业的国际交易成本。

第三，自由贸易协定的广度和深度都在发生重大变化。全球范围内的自由贸易协定谈判对象不再局限于地理邻近国家，越来越多的自由贸易协定表现为跨区域。以亚太地区为例，2000 年当时全部 33 个自由贸易协定中，亚洲内部自由贸易协定 16 个，跨区域自由贸易协定 17 个；而 2014 年，全部 278 个自由贸易协定中，亚洲内部自由贸易协定 97 个，跨区域自由贸易协定却高达 181 个。不仅

① 参见 JETRO，Survey on International Operations of Japanese Firms（FY2008），2009，p.21，以及Katsuhide Takahashi and Shujiro Urata，“On the Use of FTAs by Japanese Firms：Further Evidence”，RIETI Discussion Paper Series 09-E-028，2009，p.3.

② Masahiro Kawai and Ganeshan Wignaraja，“Free Trade Agreements in East Asia：A Way toward Trade Liberalization?”，ADB Briefs No.1，June 2010，p.5.

是亚太地区的区域经济合作，全球范围的区域经济合作都在跨越洲际和原有的地理界线向外发展。区域经济合作之所以出现这种特征，不仅与部分国家的主要贸易对象在区域外有关，更为重要的是越来越多的国家希望与具有“相同理念”（Like-Minded）的国家加强合作，这样不仅贸易谈判更容易达成一致，而且更有助于在全球层面的多边贸易谈判中形成统一立场，有助于维护自身的贸易利益，TPP 和 TTIP 都是这方面的例子。

伴随着越来越多的具有“相同理念”的国家倾向于相互缔结自由贸易协定，北—北合作越来越成为影响全球贸易格局和国际贸易规则的重要载体。而北—北合作的结果就是导致全球范围内区域经济合作越来越向深化方向发展。研究表明，目前的自由贸易协定中，多数贸易协定包含了超越 WTO 的条款内容，即在 WTO 条款上有所深化，并在投资条款、服务贸易、知识产权、争端解决等方面都不同程度深化了开放承诺。例如 20 世纪 90 年代，当时只有 1/10 的自由贸易协定涉及服务贸易，但是目前这一数字已上升至 1/3。[①] 不仅如此，发达国家签署的自由贸易协定（北—北合作）还从广度上拓展了贸易议题，不断增加诸如劳工条款、环境条款、竞争政策、电子商务等新内容。

二、新一轮全球贸易体系重构的背景

长期以来，美国是多边贸易体系的主要推动者和受益者，然而进入 21 世纪以来，以中国、巴西、印度为代表的新兴经济体经济发展迅速，其群体性崛起趋势不可忽视，[②] 美国在多边贸易体系内的地位不断受到冲击。特别是 2000 年 11 月，中国率先提出中国—东盟自由贸易协定倡议，得到了东盟国家的积极响应，并在东亚地区内引发了一系列的区域经济合作连锁反应，而上述绝大部分自由贸

① WTO，World Trade Report 2011 The WTO and Preferential Trade Agreements：From Co-existence to Coherence，2011，p. 7.

② 20 世纪 90 年代以前，金砖国家对全球经济增长的贡献率不足 20%，而进入 21 世纪以来，金砖国家对全球经济增长的贡献率已经高达 50%；基于上述高速增长的事实，包括世界银行在内的多个国际组织的相关研究表明，最乐观估计中国将于 2017 年在经济总量上赶超美国，即使悲观估计也将在 2026 年左右实现赶超；如果采用购买力平价计算，金砖国家整体经济规模占世界 GDP 的比重将在 2050 年达到 40%左右。

易协定都未包括美国，以“东盟+3”自由贸易协定为基础计算的排他性（主要是排除美国）东亚贸易集团在2004年GDP总量就已达到美国的69%，以“东盟+6”自由贸易协定为基础计算的东亚贸易集团GDP总量在2006年更达到美国的82%；尤其值得注意的是，以中国、东盟、印度等为代表的新兴东亚经济体，其经济总量在2004年还只是美国GDP水平的28%，2008年就已飙升至50%的水平。

虽然不少研究表明，以“东盟+3”FTA和“东盟+6”FTA为主要方案的东亚合作对美国产生的贸易转移效应微乎其微，但是美国有理由防止另一个欧盟的出现。理论上，在国际贸易领域，一国对国际经贸规则的影响力取决于该国能够向世界提供多大的出口市场。历史经验证明，当欧洲国家通过欧盟的形式克服了单一国家市场规模较小的局限，一个拥有与美国同等市场地位的欧盟构成了对美国取得国际经贸规则主导权的挑战。现在，东亚国家正通过东亚合作进一步加强经济联系，并有可能形成一个挑战美国国际经贸规则主导权的新的贸易集团，这一局面是美国不愿意看到的。

面对以中国为代表的新兴经济体经济崛起引发的冲击，美国在国际贸易层面上仍然采用一贯的做法，即以双边和多边方式同时并举的方法加以应对。具体而言，双边或区域层面缔结自由贸易协定，凭借美国相对强势的经济实力在双边谈判中往往能迫使对方，特别是中小型经济体全面接受美国的要求；[①] 当然鉴于这些经济体在经济上并不重要，因此美国签署双边或区域自由贸易协定的意图通常并不完全是为了获得对方的市场准入机会，而往往是作为贸易新规则的“孵化器”，为更大范围的贸易谈判增强贸易集团实力，并提供未来谈判的模板。[②] 另外，同时以多边方式加以处理，所谓的多边方式主要是WTO层面的多边贸易谈判，制定国际规则克服国际贸易新问题并约束新兴挑战者。然而，鉴于中国的经济实力迅速上升，美国利用不对称实力与中国双边谈判的有效性迅速下降，[③] 中

① 进行双边战略经济对话、单方面采取贸易制裁措施等也有助于处理双边事务，但是并不能全面规范。

② Matthew P. Goodman, “U.S. Economic Strategy in the Asia-Pacific Region: Promoting Growth, Rules, and Presence”, Paper Prepared for CNCPEC Seminar “New Development and Future Direction of Asia Pacific Regional Economic Integration”, Beijing, China, 14-15 November, 2013, p.4.

③ 根据中国社会科学院亚太与全球战略研究院创新工程项目“未来5~10年中国周边环境评估”的预测，如果不考虑汇率变动，2017年中国的名义GDP将达到13.5万亿美元，相当于同时期美国经济总量的71%（与国际货币基金组织WEO数据库预测结果完全一致）；2022年将达到20.8万亿美元，相当于美国的78%。

国等新兴经济体在双边或区域谈判层面上全面接受美国标准的困难较大，因此签署双边或区域自由贸易协定的可能性较小。只有在多边贸易谈判中，美国利用与其他国家组成的贸易集团才能更有效地平衡以中国为代表的新兴经济体集团，在迫使新兴经济体接受其贸易规则的同时，将开放自身国内市场准入机会这一贸易谈判成本在全球范围内由所有 WTO 成员“摊平”，而非美国一家独自承担。因此，理论上规制中国等大型经济体的主要方式只能是多边方式而非双边方式。

第二次世界大战以来，尽管不时有经济体对美国经济地位构成了挑战，但是以 GATT/WTO 为代表的多边贸易体系对维护美国的全球利益发挥了极为重要作用，这体现在：第一，第二次世界大战结束后，多轮 GATT 谈判有效地削减了全球范围的关税水平，为美国商品打开了全球市场。第二，肯尼迪回合有效地缓解了由于欧共体经济一体化引发的欧洲国家对美国商品的歧视性待遇。第三，东京回合制定了针对日本的反补贴政策和约束商品进出口的国际贸易规则，有效地抵御了日本经济崛起对美国制造业竞争力的打击。第四，乌拉圭回合时期，一方面在农产品上对欧盟的农业补贴政策进行了约束；另一方面将更多的主要发展中国家纳入到多边贸易体系中，并根据美国自身国际竞争力的变化，将知识产权、服务贸易等新议题在 WTO 中进行了推进，并成功制定了新的国际规则。第五，通过中国入世谈判对中国的农业、制造业和服务业市场成功实施了较大规模的贸易投资自由化。因此，面对中国等新兴经济体的群体性崛起，在国际贸易层面上，美国应该采取的最佳应对措施是沿用过去类似东京回合的做法，利用多边贸易谈判平台，针对中国等新兴经济体展开所谓的“北京回合”谈判。①

事实上，所谓在 WTO 层面展开新一轮的“北京回合”谈判已不是新话题了，早在 2009 年以前，就有不少美国学者建议利用 WTO 框架对崛起中的中国进行全面约束，主要约束领域涉及中国的汇率政策、农产品市场准入、稀土政策、政府采购、技术标准、贸易和气候变化等。需要指出的是，中国的政府采购市场是美国的重点关注对象，美国方面预计该市场蕴含着 1 万亿美元左右的市场潜力，美国宣称中国的政府采购市场透明度低，要求中国进一步放开政府采购市场。

① Arvind Subramanian，“A Muscular Multilateralism to Engage China on Trade”，Testimony Before the Joint Economic Committee of the United States Congress，Hearing on “Manufacturing in the USA：How Trade Policy Offshores Jobs”，September 21，2011.

中国从2001年开始不断缔结自由贸易协定，增强了在多边贸易谈判中的集体声音，导致美国在目前的WTO框架内很难推动直接针对中国等新兴经济体的多边贸易新规则。因此，美国不得不采用过去应对欧洲一体化的办法，即采用“竞争性自由化”的做法，利用双边、区域和多边并用的方式迫使中国最终在多边贸易谈判框架内与美国达成妥协，进而接受美国的多边贸易新规则。为了应对中国的经济崛起和不断强化的东亚贸易集团，美国在其“开创东盟事业倡议”谈判搁浅的情况下，一方面与韩国展开了双边自由贸易协定谈判；另一方面在2008年2月宣布加入跨太平洋战略经济伙伴关系协定投资条款的谈判，随后于2009年正式加入了跨太平洋伙伴关系协定谈判。

2011年，在TPP谈判压力下，东盟推出了RCEP倡议，东亚合作进程又一次得到了加强。在此背景下，美国为了增强在多边贸易体系内的谈判实力，一方面在TPP9基础上吸纳了加拿大、墨西哥、日本三国，实现扩围至TPP12，并计划逐步将成员扩大至韩国、泰国、菲律宾、中国台湾地区等其他亚洲经济体，甚至拉美经济体等其他APEC成员。除此之外，更重要的是在2011年11月与欧盟联合举行的美欧峰会上，美国和欧盟提出建立欧美就业和增长高级工作组，以研究如何维护和加强当前的多边贸易体系。随后，在2013年RCEP开始谈判之际，《欧美就业和增长高级工作组报告》最终版本出炉，建议美国和欧盟就“跨大西洋贸易与投资伙伴关系协定”（TTIP）进行谈判，不久TTIP成立并正式进入谈判。TPP与TTIP有助于美国在多边贸易体系内形成实力更为强大的发达国家贸易集团，维持其不对称的经济实力，相应地会对新兴经济体造成更为强大的谈判压力，这不仅有利于迫使以中国、印度为代表的新兴经济体在多边贸易谈判中妥协，更有助于为下一轮多边贸易谈判设定规则模板。①

① Matthew P. Goodman, “U.S. Economic Strategy in the Asia-Pacific Region: Promoting Growth, Rules, and Presence”, Paper Prepared for CNCPEC Seminar “New Development and Future Direction of Asia Pacific Regional Economic Integration”, Beijing, China, 14-15 November, 2013, p.4.

三、美国全面打造“21 世纪贸易规则”

（一）“21 世纪条款”的实质

从战略角度看，TPP 已经不再是普通的自由贸易协定，因为货物贸易市场准入谈判仅占 TPP 谈判的很小部分，相比之下 TPP 真正的竞争力来源于其高标准的贸易规则模板，即所谓的“21 世纪条款”。① 目前来看，这种高标准至少应该包含以下几个方面的因素：①全面覆盖自由贸易协定谈判领域，除了货物贸易外，还包括服务贸易、投资、知识产权等领域；②不仅涉及关税削减，还涉及非关税壁垒、国内规制等边界内措施；③涉及一些非传统自由贸易协定条款，如劳工条款、环境条款以及中小企业、国有企业等横向条款。② 具体而言，跨太平洋伙伴关系协定可能出现的全部 26 个贸易议题中，有 50%的议题在过去亚太地区签署的全部 38 个自由贸易协定③ 内是较少出现的（低于 50%的出现率），而农业、劳工、环境、安全标准、中小企业等条款的出现率则低于 10%，特别是商业便利化、文化和科技更是全新的贸易议题。值得一提的是，跨太平洋伙伴关系协定包含的贸易议题绝大部分都是边界内议题，如竞争政策、劳工、环境、知识产权等，这些议题占全部议题的比重高达 70%，而这些议题无不涉及国内法规或政策的调整。从这个角度看，跨太平洋伙伴关系协定所涉及的贸易议题已经远远超出了传统的自由贸易协定范畴，它要规制的问题也远远超出了传统的关税、海关措施、贸易救济、争端解决等边界议题，可以说，对中国在内的多数新兴经济体或亚太经济体而言，跨太平洋伙伴关系协定是一套全新的贸易规则。

① Peter A. Petri and Michael G. Plummer, “The Trans-Pacific Partnership and Asia-Pacific Integration: Policy Implications”, PIIE Policy Brief, No. 12-16, June 2012, pp.2-3.

② Peter A. Petri et al., “The Trans-Pacific Partnership and Asia-Pacific Integration”, Paper Presented at CNCPEC Seminar “TPP and Its Implications for Regional Economic Cooperation”, Beijing, China, December 8-9, 2011.

③ 具体自贸区情况参见 Peter A. Petri and Michael G. Plummer, “The Trans-Pacific Partnership and Asia-Pacific Integration: Policy Implications”, PIIE Policy Brief, No. 12-16, June 2012, p.4.

表 5-2 部分跨太平洋伙伴关系协定“21 世纪条款”

议题	过去是否涉及	边界内措施	谈判内容	争议领域
货物贸易	100	否	5~10 年内削减 95%以上的关税；调整海关估价办法；设置敏感产品目录等	敏感产品目录和关税减让时间安排谈判困难
服务贸易	91	是	要求国民待遇和最惠国待遇；资金自由转移和支付；透明度要求；禁止业绩要求等	外资股权限制有争议
技术壁垒	69	是	要求实行世界贸易组织相关规定；推动技术标准、规则的相互认可；建立合作机制	
竞争政策	66	是	采取措施抵制反竞争行为；确保对国有企业仅采取竞争性中性政策；要求实施国民待遇	竞争政策落后的国家或国有企业较多的国家将面临显著的改革要求
知识产权	77	是	要求签署相关国际条约；确保对侵权行为严格执行惩罚；反盗版和仿造	药品专利和版权保护期争议大
投资	74	是	国民待遇和最惠国待遇；禁止业绩条款；确保自由和及时的资金转移；争端解决	开放部门和所有权限制；投资者—国家争端解决机制
政府采购	66	是	国民待遇；符合世界贸易组织规则；明确原产地规则；透明度要求等	包括日本在内仅四个国家签署 GPA，其中三国是观察员；开放省级政府采购争议大
检验检疫标准	69	是	确保对人、动物、植物合适地保护；建立合作委员会；食品安全规则	
争端解决	91	否	设立争端解决专家组程序；确定惩罚机制；国际仲裁	具体规则的解释仍有争议
原产地规则	94	否	确实原产地的规则；微量条款；例外等	累积制度、纱线的原产地规则争议
贸易救济	66	否	暂时、双边的保障措施及其适用限制	临时保障措施有争议
海关措施	86	否	透明度和提高监管水平	
人员短期流动	54	否	加速实施商务人员短期流动	
机制建设	43	否	建立监管实施委员会	
金融服务	26	是	国民待遇和最惠国待遇；约束对机构和交易的限制措施；允许跨境交易；争端解决	属于敏感部门
电子商务		是	确保信息跨境自由流动；禁止电子商务关税；确保信息保密	利用信息技术开展商务活动的相关规则有争议
电信服务		是	取消投资限制；对电信网络的自由、非歧视接入；相互认可等	
农业	9	否	关税配额；限制出口补贴；规范出口税和出口限制；限制保障措施	在特定产品如蔗糖、奶制品、大米上存在争议
劳工条款	9	是	签署国际劳工组织公约；确保国内法与国际标准一致等	

续表

议题	过去是否涉及	边界内措施	谈判内容	争议领域
环境	9	是	建立环境保护法规；补偿机制；确保公众参与；鼓励技术合作；设立联合委员会	接受多边环境协定；渔业补贴以及森林环境保护等
安全标准	3	是	确保产品及服务安全的法规	发展中国家强调微量原则而非最佳实践
规制一致性		是	国民待遇；透明、开放的政策环境	
中小企业	3	是	支持中小企业的联合战略；能力建设	
商业便利化	0	是	贸易投资、海关清关、检验检疫等方面合作；提高贸易相关规则的透明度；建立联合工作组	
文化	0	是	文化合作；规范对电影及其他文化产品进口的限制措施	涉及电影、音乐等进口限制措施
科技	0	是	在信息产业、采矿业等关键产业开展联合工作和技术转让	

资料来源：Peter A. Petri，Michael G. Plummer and Fan Zhai，"The Trans-Pacific Partnership and Asia-Pacific Integration：A Quantitative Assessment"，East-West Center Working Papers，Economics Series，No. 119，October 24，2011，pp.9-11，以及 Masahiro Kawai，"Japan's TPP Approach and Challenges"，Paper Prepared for CNCPEC Seminar "New Development and Future Direction of Asia Pacific Regional Economic Integration"，Beijing，China，14-15 November，2013，以及 Peter A. Petri，"The New Landscape of World Trade Policy"，Paper Prepared for CNCPEC Seminar "New Development and Future Direction of Asia Pacific Regional Economic Integration"，Beijing，China，14-15 November，2013.

（二）利用国际新规则约束新兴挑战者

从整体上看，美国通过跨太平洋伙伴关系协定强调边界内议题而非传统边界议题，试图对服务贸易、投资条款、知识产权、竞争政策、电子商务等涉及国际贸易发展新趋势的贸易规则进行规范。在为本国企业开拓新市场准入机会的同时，美国试图以更严格的贸易标准或规则增加其他国家企业的经营成本并削弱新兴经济体的国际竞争力。与此同时，弱化货物贸易、贸易救济等传统边界议题谈判，例如利用复合谈判方式最大化保护美国货物贸易市场准入，利用"纺纱前沿"等严格的原产地规则削弱 TPP 其他国家的纺织业等劳动密集型产业的国际竞争力等，尽可能减少 TPP 对美国相关产业造成的冲击。

具体而言，与制造业相比，可贸易服务业能为美国提供 4 个百分点左右的更多就业，同时能提供平均约 5.6 万美元（比制造业更高）的高薪就业机会，特别是美国的服务业具有显著的比较优势，[①] 因此美国重点对服务贸易规则进行了规范。首先，跨太平洋伙伴关系协定的服务贸易谈判要求全面实现国民待遇，特别是准入前国民待遇，取消其他国家对外国直接投资的审批，这将有助于防止新兴经济体承诺开放服务贸易市场，但是借由审批环节造成事实上的不开放。其次，推动采用“负面清单”，除不符措施外，其他所有部门一律开放。与“正面清单”比较，通过“负面清单”方式，美国不仅可以获得更多的服务贸易市场准入机会，任何未来出现的新服务部门也将对美国自动开放。最后，跨太平洋伙伴关系协定服务贸易谈判强调取消股权限制以及业绩要求，减少各国对国内企业的保护。

事实上，跨太平洋伙伴关系协定已经对多边贸易谈判产生了重大影响，由美国和澳大利亚等国发起，2013 年正式开始谈判的服务贸易协定（TiSA）基本上采用了跨太平洋伙伴关系协定服务贸易谈判的内容，即全面给予外资国民待遇，部门开放采用“负面清单”方式，原则上取消必须设立合资企业的各种要求，不得限制外资在金融、证券、法律服务等领域的控股比例和经营范围。尽管前期包括中国在内的不少新兴经济体一直未加入 TiSA 谈判，但是鉴于未来 TiSA 很有可能多边化成为 WTO 的服务贸易协定，中国已经在 2013 年 9 月宣布申请加入该谈判，可以说 TPP 和 TiSA 在利用服务贸易规则规范新兴经济体方面已经迈出了重要一步。

据《财富》杂志统计，2005 年世界 500 强名单中仅 67 家是国有企业，而 2011 年该数字已提高至 106 家，特别是全球 100 家最大的跨国公司中国有企业已高达 19 家，而来自中国等新兴经济体的国有企业在其中占据了重要地位。面对来自新兴经济体国有企业的强有力竞争，[②] 美国相应加强了竞争政策方面的“国际造法”行动。一方面，跨太平洋伙伴关系协定的国有企业议题包括要求消除国有企业补贴、消除对国有企业海外投资所给予的特惠融资措施、保护外国私营企业经济活动、撤销政府采购的优惠偏好等内容。另一方面，该规则要求无论在国内或国外市场，需确保美国公司能够与国有企业公平竞争。[③]

2011 年美国副国务卿罗伯特·霍马茨提出将“竞争中立”（Competitive Neu-

---

① J. Bradford Jensen, “Global Trade in Services: Fear, Facts, and Offshoring”, September 2011, http://bookstore.piie.com/book-store/6017.html.

② Robert D. Hormats, Ensuring a Sound Basis for Global Competition: Competitive Neutrality, 2011, http: //www.state.gov/e/rls/rmk/2011/163472.htm.

③ 沈铭辉：《跨太平洋伙伴关系协议（TPP）的成本收益分析：中国的视角》，《当代亚太》，2012 年第 1 期，第 9 页。

trality）拓展至竞争法以外的其他领域。“竞争中立”旨在调整当前国际贸易领域的相关规则，以弥补现有的国际经贸规则无法保证国有企业和私营企业公平竞争的缺陷。在美国的推动下，“竞争中立”原则已经进入多边机制——经济合作与发展组织（OECD）的研究领域，根据OECD发布的报告，OECD对国有企业的竞争优势进行了识别，并指出了“竞争中立”的政策目标，即需要确保税收中立、信贷中立、规则中立，保证国有企业与私营企业的利润率具有可比性，保证国有企业的价格形成方法反映其实际成本，保证非歧视性的政府采购等。[①] 2012年4月，美国与欧盟联合发布了《欧盟与美国关于国际投资共同原则的声明》，欧盟和美国表示支持OECD在“竞争中立”领域的工作，认为该工作强调了国有企业和私营企业在既定市场上进行公平竞争的重要性。[②] 相应地，这一声明的影响已经体现在《欧美就业和增长高级工作组报告》中，跨大西洋贸易与投资伙伴关系协定（TTIP）谈判已经明确纳入“竞争中立”议题。

不难看出，美国通过区域经济合作在TPP和TTIP中制定“竞争中立”规则，同时将其进一步推广至OECD中，推动OECD制定“竞争中立”框架，希望推动“竞争中立”规则的多边化，美国甚至还提出OECD各成员国应对该问题做出“政治性承诺”。[③] 在WTO关于中国的特殊保障条款和市场经济地位等问题即将到期之时，美国强力推动“竞争中立”原则，无疑是在针对来自中国等新兴经济体的对外投资进行“国家安全审查”后提出的又一重大约束性规则，该规则旨在从投资主体方面推动现有国际和国内的竞争规则和反垄断规则谈判，并进行多方面补充和修订，该规则一旦成功上升为多边贸易规则，将全面削弱包括中国在内的国有企业或政府关联企业的国际竞争力，并大幅增加这些企业对外直接投资的难度。

另外，美国通过在TPP内推动严格的知识产权、劳工条款以及环境条款等规

① 参见 Antonio Capobianco and Hans Christiansen，“Competitive Neutrality and State-Owned Enterprises: Challenges and Policy Options”，OECD Corporate Governance Working Papers No.1，2011，http://www.oecd-ilibrary.org/governance/competitive-neutrality-and-state-owned-enterprises_5kg9xfgjdhg6-en 以及 OECD，Competitive Neutrality: Maintaining a Level Playing Field Between Public and Private Business，2012，http://www.oecd.org/daf/ca/corporategovernanceofstate-ownedenterprises/50302961.pdf.

② 转引自王婷：《竞争中立：国际贸易与投资规则的新焦点》，《国际经济合作》，2012年第9期，第75页。具体参见 USTR，“United States，European Union Reaffirm Commitment to Open，Transparent，and Non-Discriminatory Investment Policies”，http://www.ustr.gov/webfm_send/3337.

③ 黄志瑾：《国际造法过程中的竞争中立规则——兼论中国的对策》，《国际商务研究》，2013年第5期，第56页。

则，也将从削弱新兴经济体企业竞争力角度对新兴经济体造成深刻影响。研究表明，美国知识产权的保护标准远超 TRIPs 水平，①并在其签订的自由贸易协定中制定了不少具体条款进行约束。如果 TPP 采用美国的知识产权模板，不仅会影响 TPP 国家的相关行业，而且在未来可能对广大新兴经济体的部分特定产业如医药行业（新兴经济体大量存在的仿制药行业）②、互联网行业（盗版等）等产生极大的不利影响。美国坚持 TPP 谈判方承诺采用和维持国际劳工组织“工作的基本原则和权利宣言”及其后续文件规定的五大劳工标准，③该规则不仅赋予美国以人权、劳动环境等为由启动针对新兴经济体的贸易保护主义措施的权力；更重要的是，该规则允许劳工问题适用争端解决机制，这意味着来自新兴经济体的企业将可能因为劳工问题受到其竞争对手发起的仲裁诉讼，这将可能严重限制新兴经济体企业的竞争力。TPP 环境条款要求成员方承诺履行各自已经加入的保护濒危野生动植物等多边环境协定的义务。根据此条款，美国要求所有缔约方均建立相关的环境仲裁机构，④并允许企业以相关环境问题为由提起针对其他企业或者国家的贸易仲裁，这将导致来自新兴经济体的同行企业可能遭遇大量的仲裁诉讼，大幅增加其成本投入而导致竞争力下降。不仅如此，根据环境条款，缔约国还被相应地分级，如果缔约国在分级中落后，则必须通过自身或者他国的协助，对其相关的环境法规进行修订，例如秘鲁、智利等国都在美国的压力下，对其国内环境立法进行了修订和改革。

总之，美国推动 TPP 的直接原因是为了应对在东亚地区出现的日益明显的排他性贸易安排。但是战略上，美国利用有顺序的谈判和竞争性自由化，以 TPP 构建增强的贸易集团，以便对中国、印度、巴西等新兴经济体集团造成不对称的经济实力，进而在以多边贸易体系为代表的全球范围内推进美国

---

① Flynn Sean, Margot Kaminski, Brook Baker and Jimmy Koo, “Public Interest Analysis of the US TPP Proposal for an IP Chapter”, Draft Version 1.3, December 6, 2011, http://insidetrade.com//index.php? option=com_iwpfile& file=dec2011/wto2011_4302.pdf.

② Flynn Sean, Aidan Hollis and Mike Palmedo, “An Economic Justification for Open Access to Essential Medicine Patents in Developing Countries”, Journal of Law, Medicine and Ethics Vol.37, 2009, pp.184-208.

③ 参见 International Labour Organization (ILO), “Declaration on Fundamental Principles and Rights at Work”, http://www.ilo.org/public/english/standards/index.htm.

④ Joshua P. Meltzer, “The Trans-Pacific Partnership Agreement, the Environment and Climate Change”, in Tania Voon (ed.), Trade Liberalisation and International Cooperation: A Legal Analysis of the Trans-Pacific Partnership Agreement, http://www.brookings.edu/research/papers/2013/09/trans-pacific-partnership-meltzer.

的贸易标准，不仅旨在从经济角度规范中国、印度、巴西等新兴经济体，更试图从战略上通过国际新规则全面制约新兴经济体企业竞争力，削弱新兴经济体的经济实力，维持美国的相对经济实力和地位。

四、区域规则上升为多边贸易规则的可行性

(一)"有顺序的谈判"是美国推动建立国际经贸规则的手段

为了保障其全球贸易竞争优势，美国极力维护在多边贸易体系内的优势地位，通过主导 GATT/WTO 谈判进程，推行美国版本的贸易方案并影响国际经贸规则的制定。在 20 世纪 80 年代以前，西方世界内美国一极独大，基本可以主导 GATT 谈判的进程；但是从 20 世纪 80 年代开始，欧洲国家通过经济一体化使得其整体经济实力大增，成为战后首个与美国经济实力相当的经济体，国际市场上美国越来越感受到来自欧共体的竞争压力。这体现在 20 世纪 80 年代初美国希望开启新一轮多边贸易谈判的努力由于欧共体的阻拦而遭到失败，即使后来启动了乌拉圭回合谈判，又由于欧盟在农产品问题上拒绝妥协，导致乌拉圭回合久拖不决。为打破这一僵局，美国决定与加拿大、墨西哥等北美国家进行区域经济合作。

具体而言，当 1986 年欧共体宣布建立欧洲单一市场，作为战略反应，美国宣布与加拿大启动美国—加拿大 FTA 谈判。当 1992 年欧盟签署《欧洲联盟条约》时，美国—加拿大 FTA 扩展为北美自贸区。此后，为了回应欧盟东扩，美国决定启动美洲自由贸易区的谈判。[①] 然而我们不禁会问，为了规避欧洲一体化可能产生的贸易转移效应，美国为什么会选择美洲国家作为区域合作对象而非欧洲国家呢？

如果将影响国际经贸规则的能力纳入新区域主义的视野，则极大地有助于这一难题的解决。新区域主义理论表明，一国追求区域经济合作，除了获得传统经

---

① 李向阳：《跨太平洋伙伴关系协定：中国崛起过程中的重大挑战》，《国际经济评论》，2012 年第 2 期，第 25 页。

济收益外，还可以获得非传统收益，而影响国际经贸规则的能力可能是大国更为看重的区域经济合作目标。[①] 尽管美国当时可以通过与欧盟国家分别谈判双边自由贸易协定，规避欧盟扩大对美国产生的贸易转移效应等负面影响，但是由于美国与欧盟国家在农产品贸易等问题上一直存在不可逾越的障碍，甚至成为影响 GATT/WTO 谈判进程的主要障碍之一，因此，与欧洲国家开展区域经济合作，美国完全不能确保顺利完成谈判；面对已经形成的欧盟，更不可能借此再形成贸易集团以获得影响国际经贸规则的能力。但是与加拿大、墨西哥等美洲国家进行区域经济合作的话，局面则完全不同，不仅这些国家主动要求与美国进行自由贸易协定谈判，而且加拿大、墨西哥经济实力较小，在双边谈判中基本全面接受美国的要求。[②]

具体而言，与加拿大建立双边自由贸易协定的好处不仅在于与加拿大进行谈判可以对乌拉圭回合中的日本、欧共体造成谈判压力，迫使它们在谈判中做出妥协；而且，美国—加拿大 FTA 也包括了美国希望在 GATT 中推动的知识产权、投资、政府采购等一系列新条款。[③] 随后，1992 年《欧洲联盟条约》签署时，欧盟经济总量已经可以和美国媲美，这更增加了美国推动乌拉圭回合谈判的难度，为此，与墨西哥谈判达成北美自贸区将会对欧盟造成谈判压力；而且墨西哥还接受了美国关于劳工和环境的合作文件、知识产权以及服务贸易等条款。可见，美国与这些美洲国家开展区域经济合作，不仅能够获得传统福利收益，有效地弥补、平衡欧共体经济一体化引发的贸易转移效应；而且可以利用不对称的经济实力，迫使这些经济小国接受美国的贸易规则，有利于在乌拉圭回合谈判时形成“相同理念”的贸易集团，进而对欧盟构成谈判压力，最终获得影响国际经贸规则的能力。

事实上，在国际贸易领域，一国对国际经贸规则的影响力取决于该国能够向世界提供多大的出口市场。欧洲国家通过欧盟的形式克服了单一国家市场规模较小的局限，一个拥有与美国同等市场地位的欧盟构成了对美国取得国际经贸规则

① 李向阳：《新区域主义与大国战略》，《国际经济评论》，2003 年第 4 期，第 7 页。

② 关于美国与自贸区谈判对象的经济实力对比及不对称性，可以参见何永江：《竞争性自由化战略与美国的区域贸易安排》，《美国研究》，2009 年第 1 期，第 104–106 页。

③ Richard E. Feinberg, “The Political Economy of United States’ Free Trade Arrangements”, The World Economy, Vol. 26, No. 7, July 2003, p.1024.

主导权的挑战，美国如果不通过区域经济合作形成更大的贸易集团，将有可能会失去对 GATT/WTO 的影响力（尽管美国的影响力确实正在衰减）。事实上，上述美国的区域经济合作路径，即通过区域经济合作形成贸易集团，进而扩大美国在多边贸易谈判中的筹码，最终获得国际经贸规则制定过程中的主导权，这一将自由贸易协定内的规则推广为多边贸易规则的过程亦被称为有顺序的谈判（Sequential Negotiation）。[①] 正如美国经济学家吉弗里·J·肖特在《自由贸易区与美国贸易政策》一书中写到的："美国一直在用双边主义作为'胡萝卜'和'棍子'来推进贸易自由化的进程。在'关贸总协定'的谈判取得结果之前，双边主义既被用来弥补多边体制之'漏'，又被用来为'关贸总协定'的新一轮更为广泛的多边谈判建立样板"。[②]

（二）"冷战"以来美国区域合作议题与多边贸易规则的关系

作为 TPP 的主要推动者，美国至今未明确放弃多边贸易体系，正如 2004 年萨缪尔森所言，尽管其他国家的技术变动导致美国的贸易条件有所恶化，造成美国的福利有所下降，但是即使这样，也比没有贸易时要强。[③] 可见，美国参与区域经济合作更多是为了补充多边主义的不足，而非取而代之。美国之所以从 20 世纪 80 年代开始从多边主义转向区域主义，主要在于与欧盟、东亚或以中国为代表的新兴经济体相比，美国的相对经济实力有所下降，在推动多边贸易谈判时，往往力不从心。特别是从乌拉圭回合开始，美国就必须借助形成北美自贸区、亚太经合组织等贸易集团，依靠集体实力才能撬动乌拉圭回合中欧盟、日本等贸易集团的谈判立场，进而完成谈判。

通过这一策略，美国首先在小范围区域经济合作中通过其不对称的经济优势，以自身的市场准入机会作为交换条件，制定并迫使 FTA 谈判对象接受有利于维护美国国际竞争力的贸易规则，进而增强全球贸易谈判中美国贸易议题的支持率，同时利用以美国为中心的贸易集团作为谈判策略工具，威胁其他贸易集团如果不接受多边贸易谈判中的美国主张，美国将用区域合作取代多边贸易谈判。

---

① 李向阳：《新区域主义与大国战略》，《国际经济评论》，2003 年第 4 期，第 6-8 页。

② 转引自周茂荣：《论"美加自由贸易协定"对美国经济的影响》，《美国研究》，1992 年第 2 期，第 93-106 页。

③ 转引自王冬：《美国多规制贸易政策的动因分析及对我国的启示》，《当代经济》，2011 年 9 月上半期，第 63 页。

如此，由于美国及其贸易集团所代表的巨大市场，美国的有顺序的谈判往往都会成功，例如，美国通过将美国—加拿大 FTA 扩大成为北美自贸区，把知识产权、服务贸易和投资等当时的贸易新议题推广至北美自贸区的范围内。与此同时，美国政府提出“开创美洲事业倡议”，希望将北美自贸区扩大至美洲自贸区，并在乌拉圭回合谈判问题上与南美国家保持合作；① 美国也在亚太地区积极参与 1993 年召开的首届亚太经合组织领导人峰会，强烈推动自由贸易与投资，并推动该峰会对乌拉圭回合表示支持。② 通过上述区域经济合作行为，美国以增强的贸易集团压力最终撬动了乌拉圭回合谈判，并成功地将包括知识产权、服务贸易、投资等在内的贸易新规则推广至多边贸易体系。此时，我们发现，虽然美国推动的部分区域经济合作谈判中止或失败了，但是在全球层面，美国版本的贸易规则却在一定程度上得以进一步推广。从这个角度看，与欧盟不同，区域经济合作对美国而言并非最终目标，它不过是美国在其相对实力下降的背景下，在全球层面推动美国贸易标准并影响国际经贸规则的政策工具而已。

表 5–3　有顺序的贸易谈判

议题	美国—以色列 FTA	美国—加拿大 FTA	北美自贸区	乌拉圭回合	美国—约旦 FTA	美国—新加坡 FTA	多哈回合
知识产权	第 4 条针对知识产权提供了连续的最惠国待遇和国民待遇	第 2004 条规定针对该领域在乌拉圭回合中协调立场	第 6 部分把国民待遇扩展到知识产权，并制订了具体的纪律	在与贸易有关的知识产权协议（TRIPs）中制定具体的纪律	第 4 条确立国民待遇原则，并制定了具体的纪律	第 18 章把国民待遇扩展到知识产权，并制定了具体的纪律	拓展了地理标志制度等
服务	与非约束性服务贸易宣言相伴随	第 14 章把国民待遇扩展到服务领域；对金融服务有专门的章节	第 12 章把国民待遇扩展到服务领域；对金融和电信服务有专门章节	贸易总协定把最惠国待遇扩展到服务领域	第 3 条把国民待遇扩展到服务领域；并制定了纪律	第 8 章把国民待遇扩展到服务领域；对金融和电信服务有专门章节	将服务贸易总协定（GATS）下保障措施、政府采购、补贴等规则纳入多边谈判

① 徐世澄：《评布什的“开创美洲事业倡议”》，《拉丁美洲研究》，1990 年第 6 期，第 12 页。

② 亚太经合组织 1993 年西雅图领导人峰会对乌拉圭回合所表示的支持，被视为美国就乌拉圭回合向欧盟的施压工具。参见 John Ravenhill，APEC and the Construction of Pacific Rim Regionalism，Cambridge：Cambridge University Press，2002，pp.93–94.

续表

议题	美国—以色列 FTA	美国—加拿大 FTA	北美自贸区	乌拉圭回合	美国—约旦 FTA	美国—新加坡 FTA	多哈回合
投资	阐明早期的一个双边条约限制使用与出口相关的绩效要求	第 16 章提供了国民待遇；禁止绩效要求；确立了没收、争端解决等领域的规则	第 11 章提供了最惠国待遇和国民待遇；禁止绩效要求；确立了没收、争端解决等领域的规则	与贸易有关的投资措施协议（TRIMs）章节只禁止某些绩效要求	（无对应条款）	第 15 章提供了最惠国待遇和国民待遇；禁止绩效要求；确立了没收、争端解决等领域的规则	成立工作组研究透明度、非歧视性、发展、保障条款、咨询、争端解决等领域规则（2004 年该议题未进入谈判）
环境条款	（无对应条款）	（无对应条款）	在自由贸易协定中的某些条款得到了 1993 年北美环境合作协定的补充	（无对应条款）	第 5 条确立环境法等相关纪律	第 18 章制定了环境法等具体纪律	就环境产品和服务展开谈判；设立贸易与环境委员会
劳工条款	（无对应条款）	（无对应条款）	在自由贸易协定中的某些条款得到了 1993 年北美劳工合作协定的补充	（无对应条款）	第 6 条确立遵守国际劳工组织“工作基本原则和权利宣言及后续”等纪律	第 17 章在国际劳工组织宣言基础上制定了纪律和合作机制	（无对应条款）
竞争政策	（无对应条款）	（无对应条款）	第 15 章确立了垄断和国有企业（尤其是在能源部门）的纪律	（无对应条款）	（无对应条款）	第 12 章确立了反竞争行为、垄断和国有企业的纪律	成立工作组研究透明度、非歧视性、卡特尔、合作、能力建设等领域规则（2004 年该议题未进入谈判）
电子商务	（无对应条款）	（无对应条款）	（无对应条款）	（无对应条款）	第 7 条确立了相关纪律	第 14 章确立了相关纪律	理事会设立工作方案研究电子商务

续表

议题	美国—以色列 FTA	美国—加拿大 FTA	北美自贸区	乌拉圭回合	美国—约旦 FTA	美国—新加坡 FTA	多哈回合
政府采购	第 15 条以双边条约确立了部分纪律	第 13 章以确立了部分纪律	第 15 章确立国民待遇及相关纪律	（无对应条款；政府采购协议独立于乌拉圭回合谈判）	第 10 条约定待约旦加入政府采购协议后再行谈判	第 13 章确立相关纪律	成立工作组仅研究透明度原则（2004 年该议题未进入谈判）

资料来源：Craig VanGrasstek，“US Plans for a New WTO Round：Negotiating More Agreements with Less Authority”，The World Economy，Vol. 23，No. 5，2000，pp.673–700；以及笔者根据美国贸易代表办公室网站和世界贸易组织网站的相关信息归纳整理。

在亚太地区，美国既面临着持续不断的东亚合作的冲击，同时也面临着中国经济崛起这一新的挑战，在推动“开创东盟事业倡议”未果的情况下，美国选择了 TPP 作为应对上述挑战的政策工具。尽管研究表明 TPP 短期内能够带给美国的福利收益有限，但是它的“21 世纪条款”不仅反映了美国的优势产业利益，而且有助于提高其国际竞争力；更为重要的是，TPP 代表的是美国主导的贸易规则，[①] 其长期目标是通过 TPP 扩大至亚太地区后，进而将一系列新规则推广至以世界贸易组织为代表的多边贸易体系。

从战略角度看，无论 TPP 具体谈判进展如何，为了应对东亚贸易集团，特别是中国、印度、巴西等新兴经济体的崛起和继续维持其国际贸易主导者地位，美国势必加强对亚太地区区域经济合作的投入，以便形成该地区以美国为核心的增强的贸易集团，塑造针对中国等新兴大国的经济优势。只要上述新兴大国的经济实力持续增加，美国持续加强区域经济合作的政策导向理论上就不会发生动摇。从这个角度看，美国正在推动的 TTIP 也有助于从战略上配合 TPP，从而进一步在全球层面形成针对新兴大国的经济优势地位和谈判压力，迫使新兴大国接受其贸易规则，[②] 进而维护其全球贸易地位和利益。

---

① Peter A. Petri，Michael G. Plummer and Fan Zhai，“The Trans–Pacific Partnership and Asia–Pacific Integration：A Quantitative Assessment”，East–West Center Working Papers，Economics Series，No. 119，October 24，2011，pp.1–10.

② 事实上，这一做法已初见成效。中美战略与经济对话中双边投资协定已经取得一定突破，即同意对准入前国民待遇和负面清单进行谈判。这一突破也有可能延伸至 RCEP 的谈判，从这个角度看，跨太平洋伙伴关系协定已经成功地影响了新兴大国的贸易规则。

（三）TPP 等新倡议上升为国际规则的可能性

目前，根据《欧美就业和增长高级工作组报告》，TTIP 谈判将集中于三个方面，一是市场准入谈判，包括关税、服务贸易、政府采购、投资等。二是特殊行业的监管措施谈判，涵盖贸易壁垒的监管问题、不同国家的监管分歧以及国内监管过程中的协调问题。三是应对全球贸易共同挑战和机遇的规则谈判，将涉及知识产权、竞争政策、国有企业、环境、劳工等议题。显然，TTIP 在贸易规则方面的内容与 TPP 高度重合，这无疑表明了美国希望利用 TTIP 谈判来扩大美国版本国际经贸规则的影响范围，通过与欧盟达成共识形成更为强大的贸易集团，将有助于主导制定“下一代”贸易标准，为全球规则制定设置基准和范本，以便更好地在多边贸易谈判中以不对称的谈判实力迫使包括中国、印度在内的新兴经济体接受这些规则。

事实上，无论 TPP 最终是否能够达成，它的影响已经产生。具体来看，首先，不少小型经济体愿意加入 TPP，以期获得巨大的美国市场。其次，诸如中国、印度等大型经济体已经切实感受到了被排除在外的巨大压力，一如当年乌拉圭回合时期的欧洲国家，因此一些重要谈判领域如金融部门开放、准入前国民待遇、负面清单方式等规则或条款，在各种区域经济合作谈判场合中已经出现了松动迹象。最后，鉴于大型发展中经济体与美国很难达成双边自由贸易协定，同时短期内又很难加入 TPP，出于被排除在外的担心，这些经济体对于参加其他自由贸易协定或多边贸易谈判的热情变得更高，并且在此过程中愿意做出更多的开放承诺。

除了 TPP、TTIP 以及 TiSA 外，OECD 等其他多边机制也已经开始讨论当前国际贸易新情况和新问题，即如何应对新兴经济体引发的挑战，特别是来自中国的强大的国有企业问题等。这些发达国家共同面临的问题，迟早将会在 WTO 等多边机制上得到体现，未来的多边贸易谈判有可能会涉及国有企业条款的内容。

美国并未放弃多边贸易体系，只是希望通过自由贸易协定推动多边贸易谈判向新的方向发展。因此，美国的区域经济合作更多是为了补充多边主义的不足，而非取而代之。通过区域经济合作，美国可以较快地获取新的市场准入机会和制定新规则，同时通过有顺序的谈判方式，逐步将这些新规则再推广至多边贸易体系。值得一提的是，区域经济合作还能满足美国的政治外交目标，而这些目标是多边贸易体系难以达到的。因此，从结果上来看，只要世界上其他主要经济体在区域经济合作上不作为，美国会乐于维持现状，继续保持在多边贸易体系下的固有地位；一旦这些主要经济体通过区域经济合作行为损害美国利益，美国就会通过相应的区域经济合作行为加以应对，形成以美国为核心的贸易集团，以便在多边贸易体系内继续对其他贸易集团维持不对称的经济实力。根据这一逻辑，可以预测，伴随着新兴经济体群体性崛起，未来美国的区域经济合作趋势只会进一步加强。从这个角度看，无论 TPP 最终发展如何，即使 TPP 谈判失败，部分美国极力推动的内容如投资条款、服务贸易、知识产权等也将极有可能在未来上升为国际规则。

五、未来国际贸易机制展望

目前来看，TPP 是最受各界关注的自由贸易协定，不仅是因为 TPP 代表了“21 世纪”贸易标准，更是因为美国试图以 TPP 作为“撬动”未来多边贸易谈判的“垫脚石”，并以此作为国际新规则的模板。厘清 TPP 与其他区域经济合作和多边贸易体系的互动机制，有利于对未来国际贸易格局做出正确判断，并相应做出适当的策略调整。

（一）世界贸易组织

当前，有观点认为 TPP 大有取代 WTO 之势，其逻辑在于美国有可能会撇开 WTO，而与“相同理念”的国家缔结自由贸易协定，在此基础上构建国际新规则，并推出与 WTO 不同的一套新的多边贸易体系或规则，甚至未来可能会同时存在 WTO 与 TPP+N 两套不同的多边贸易体系。因此，如果中国现在不加入 TPP，未来将会面临“再次入世”的重大挑战。然而，未来多边贸易体系的发展未必会出现上述极端局面，从 WTO 在贸易领域发挥的独一无二的功能以及美国推动 TPP 的战略动机两个方面的分析表明，TPP 都不太可能取代 WTO。

首先，尽管 WTO 多哈回合谈判进展并不顺利，但是 WTO 仍然是目前参与国家最多的全球性多边贸易机制，而且是唯一一个能够包容全球不同发展阶段国家

或地区的多边贸易机制，WTO 拥有的最惠国关税（MFN）也是全球使用频率最高的优惠关税，其争端解决机制也在全球范围拥有约束力，这些独一无二的特征是当前任何其他贸易机制所没有的，因此任何一个国家都不可能轻易放弃 WTO。

其次，尽管 TPP 来势汹汹，但是其成员方目前仍然比较有限，TPP 谈判中暴露出来的在敏感产品市场准入、知识产权、服务贸易等重大问题上的分歧也是比较明显的，未来相当长一段时间内，能够接受其高标准的国家或地区数量有限。尽管 TPP 宣称将为下一代贸易规则制定模板，但是 TPP 开放的货物贸易市场准入有限，加入 TPP 付出的“高标准”代价却比较显著。中期内，以 TPP 为代表的自由贸易协定不太可能完全吸纳占世界经济总量 50%的发展中国家经济集团。因此，未来相当长时间内，TPP 只能是一个自由贸易协定而已。

最后，美国推动区域经济合作的意图，并非希望以 TPP 取代 WTO。从历史经验来看，美国从不是区域经济合作的鼓吹者，在第二次世界大战后到冷战结束前相当长时期内，美国一直对区域经济合作持反对态度，始终强调 WTO 机制的重要性。只是随着日本、欧盟经济实力提高，美国在多边贸易谈判（从乌拉圭回合开始）中很难再以非对称经济实力迫使其他国家接受国际规则后，美国开始转而通过缔结自由贸易协定（如美国—加拿大 FTA、北美自贸区等），作为逼迫日本、欧盟在多边贸易谈判中妥协的手段。这样做的好处在于：一方面，同时采用多轨道的方式，在全球、区域和双边层面上推动贸易自由化谈判，即所谓的“竞争性自由化”贸易政策，有助于逼迫多边贸易谈判中的主要对手妥协。（如果对方不妥协，美国将与“相同理念”的国家签署自由贸易协定，而不会仅仅只有 WTO 作为唯一选择）。另一方面，小范围的区域经济合作谈判中，美国更容易利用非对称的经济实力，迫使对方接受美国的主张，有助于进一步扩大多边贸易谈判中支持美国主张的贸易集团的实力。

因此，从上述分析来看，中期内 TPP 不太可能取代 WTO，尤其是 WTO 在货物贸易领域的功能是不可替代的。未来相当长时间内，TPP 仍将限于一个区域性的自由贸易协定，而 WTO 也将继续存在。但不可否认的是，如果 TPP 所代表的贸易规则未来获得越来越多的国家或地区的认可，那么 TPP 的部分条款例如服务贸易、投资条款、环境条款等将可能成为下一代国际经贸规则的模板，进而上升为未来多边贸易谈判中的新议题，甚至成功成为国际新规则。

（二）亚太经合组织

TPP与APEC机制之间存在一定程度的联系，虽然TPP宣称在APEC成员内完成机制化（即构建自由贸易协定）建设，但是TPP未必能够取代非机制化运作的APEC。早在2005年亚太自贸区设想被提出时，新加坡、新西兰、智利等小国就希望美国、澳大利亚等国能够加入跨太平洋战略经济伙伴关系协定谈判。尽管当时美国、澳大利亚最终没有加入，但是亚太地区特别是APEC内部实现机制化的探索从未停止。根据设想，TPP是在APEC范围内实现所谓的亚太自贸区的重要路径，特别是目前参加TPP的谈判国被限于APEC成员的范围内，可以说APEC是TPP的先决条件。更为重要的是，TPP与APEC在美国贸易战略上发挥了类似的作用。

从战略角度看，TPP与APEC都是规范亚太地区经济体的重要政策工具和载体。早在APEC成立之初，APEC就成为美国用来规范当时尚未进入多边贸易体系的中国等发展中国家的政策工具，一方面，APEC提供了中美之间进行经济对话的重要（唯一的）渠道，美国当时只能通过APEC影响中国的贸易投资自由化进程。另一方面，APEC也是当时美国应对潜在的东亚贸易集团的重要贸易安排。从加入APEC起，美国就希望能够在APEC内实现机制化的贸易安排，直至1997年APEC处理亚洲金融危机不力失去亚洲经济体支持后，美国才被迫搁置上述想法。而后又因为对伊战争美国在相当长时间内忽略了亚太地区，最终在2008年美国不得不选择加入TPP并“重返亚洲”，以应对迅速崛起中的中国和东亚贸易集团对美国的全球贸易利益带来的挑战。

尽管目前TPP并未包括中国，但是TPP的指向性非常强，从开放服务贸易、投资，到改革国有企业、政府采购、环境等，大多与当前中国经济需要改革的领域有所重合，可以说新一轮以TPP为代表的旨在改革国际经贸规则的区域主义浪潮实际上意在规范以中国为代表的新兴经济体。由于当前WTO多哈回合谈判迟迟未能完成，而现行WTO规则又未能有效地约束以新兴大国为代表的国际贸易新现象和新事物，所以美国不得不以TPP等自由贸易安排为手段，通过谈判压力迫使中国等新兴经济体在多边贸易谈判层面妥协，从而以新规则进一步约束和规范这些国家的贸易投资行为。

从功能角度看，TPP与APEC发挥着类似的国际贸易新规则“孵化器”的

作用。以 APEC 为例，1996 年达成的 WTO 信息技术协定（ITA）和 2014 年启动的 WTO 环境产品谈判等，都是有关国家先在 APEC 范围内达成一致，进而在 WTO 层面一致提出相关提案，推动相关议题成为多边贸易谈判议题，ITA 甚至从而成功上升为多边贸易规则。而 TPP 也旨在发挥同样的作用，目前 WTO 多哈回合谈判中，尚未包括的知识产权中的地理标志、投资、政府采购透明度、竞争政策、电子商务等一系列新议题，都是 TPP 谈判重点推动的领域。毫无疑问，乌拉圭回合以后，美国签署实施的自由贸易协定文本均强调了上述议题，如果 TPP 成功地达成了上述规则，那么这些议题进入下一轮全球多边贸易谈判的可能性将得到大幅提高。

对美国而言，虽然 APEC 和 TPP 发挥了类似的战略功能，但是 TPP 不太可能取代 APEC。这是因为，一方面，至今中国、印度尼西亚等新兴国家仍未加入 TPP，如果 APEC 消亡了，那么美国将会丧失一个借助中国等新兴经济集团推动美国版本贸易议题的规则“孵化器”；另一方面，TPP 与 APEC 在不同层面上发挥着作用，TPP 旨在推动全面的、高标准的贸易新规则，而 APEC 则侧重于从部门开放领域推动部门贸易自由化，这是一种更松散，但是更可能达成一致的准机制化方式，更有所谓的“亚洲特色”，而非纯粹的“盎格鲁—萨克逊模式”（即机制化）。因此，未来只要中国、印度尼西亚等 APEC 内重要的新兴经济体没有加入 TPP，那么 APEC 就会继续存在并发挥作用。

（三）东亚合作进程

进入 21 世纪以来，以中国、印度等为代表的新兴经济体经济增长迅速，尤其是中国提出建立中国—东盟自由贸易协定的倡议，迅速引发了区域内主要经济体竞相与东盟谈判签署自由贸易协定。为了防止东亚合作对美国商业活动引发歧视性负面影响，美国也积极与东盟展开自由贸易协定谈判，即所谓的“开创东盟事业倡议”，然而该谈判进展并不顺利，[①] 截至 2006 年，美国在亚太地区仅与新加坡、澳大利亚达成自由贸易协定，这意味着美国不仅未能规避中国、日本、韩国三国与东盟达成自由贸易协定引发的贸易转移效应，还面临着整个东亚形成贸易集团的风险。为了应对潜在的东亚贸易集团，更重要的是增强自身在多边贸易

① 泰国、马来西亚分别于 2005 年、2006 年与美国展开 FTA 谈判，但最终都以搁浅告终。

体系内的影响力，美国一方面与韩国展开了双边自由贸易协定谈判，另一方面于2009年正式加入了TPP。

由于TPP对东盟在区域经济合作中的完整性造成了损害，2011年底东盟发起了RCEP倡议，试图维护长期以来东盟在东亚合作的“中心地位”，并减轻TPP对东盟完整性造成的冲击。与此同时，美国一方面对TPP实现扩容，将加拿大、墨西哥等国纳入TPP；另一方面，2011年11月与欧盟提出建立欧美就业与增长高级工作组，研究如何维护和加强当前的多边贸易体系。随后，2013年年初RCEP正式谈判，就在此时，《欧美就业和增长高级工作组报告》最终版本出炉，该工作组报告建议美欧就TTIP进行谈判，不久之后TTIP正式进入谈判阶段。

表5–4 亚太地区自由贸易协定“多米诺”竞争

	东亚合作	跨太平洋轨道
2006年	“东盟+3”和“东盟+6”自由贸易协定一期可行性研究报告完成	APEC内接受并提倡先前被漠视的亚太自贸区
2008年	“东盟+3”和“东盟+6”自由贸易协定二期可行性研究报告出炉	美国宣布加入P4投资条款谈判
2009年	中、日、韩领导人达成尽快启动中日韩自由贸易区官、产、学联合研究的共识	美国宣布加入TPP谈判
2010年	中日韩自由贸易区官、产、学联合研究启动	马来西亚、越南加入TPP谈判
2011年	东盟提出建立RCEP倡议	建立欧美就业与增长高级工作组
2012年	中日韩自由贸易协定谈判启动	加拿大、墨西哥加入TPP谈判
2013年	RCEP开始正式谈判	日本加入TPP谈判 TTIP正式进入谈判阶段

资料来源：笔者整理。

上述一系列自由贸易协定时间安排上的“巧合”绝非偶然，这与当年乌拉圭回合谈判时美国采用区域经济合作作为手段“撬动”欧盟立场的情形如出一辙。值得注意的是，RCEP是全球范围内继欧盟之后出现的又一巨型自由贸易协定，它的出现对美国在全球贸易体系中的地位造成了重大挑战，因此美国不得不通过进一步扩容强化TPP加以应对，同时为了协调、统一在多边贸易谈判中的立场，美国还提出TTIP倡议与TPP相呼应。TPP与TTIP的出现，代表了当前和未来一段时期内发达国家之间“抱团”的趋势，即北—北合作的再次加强。这一趋势的出现，可以说与中国、印度等新兴经济体的崛起并加强区域经济合作的行为（如RCEP）有着直接的因果关系。

与此同时，作为东亚地区的经济核心——中国、日本、韩国三国也加强了之间的区域经济合作。事实上，早在 RCEP 提出之前，东亚合作已设想将已经存在的多个“东盟+1”自由贸易协定合并为东亚自由贸易区。但是在随后的相关研究中，却发现合并自由贸易协定的难度无异于重新谈判，上述设想完全不具有可操作性。因此，东亚合作进程理论上必须由占东亚经济总量 80%的中、日、韩三个国家先行达成统一，即完成所谓的中日韩自由贸易协定谈判，然后在此基础上，将各项原则和条款推广到东盟国家，并顺理成章地完成 RCEP 谈判，从这个角度看，中日韩自由贸易协定是 RCEP 谈判的“垫脚石”。

目前，韩国已经与美国签署韩国—美国自由贸易协定（KORUS）并表示了参加 TPP 谈判的意向，日本正在参加 TPP 谈判，因此日韩两国在与中国进行中日韩自由贸易协定谈判中处于相对有利地位。相应地，日、韩两国均在谈判中提出了较高的贸易自由化要求，而且要求在投资、服务贸易等条款上也采用负面清单和投资前准入待遇等，可以说 TPP 谈判已经影响到了中日韩自由贸易协定谈判。短期内，TPP 谈判将与中日韩自由贸易协定谈判继续平行发展。日本、韩国将在上述两个自由贸易协定上“两边下注”，以便在具体谈判上同时向中、美两国要价，掌握谈判优势。

应该说，RCEP、中日韩自由贸易协定与 TPP、TTIP 的出现与发展，代表着中国的经济崛起和美国对新兴经济体崛起做出的战略性调整两大趋势。为了维护美国的全球贸易利益和在多边贸易体系中的地位，美国一定会通过有顺序的谈判方式，不断推动其贸易倡议成为国际新规则，可以确定的是只要代表新兴经济体的区域经济合作不停止，类似于 TPP 或者 TTIP 的北—北合作就不会停止。从内容来看，RCEP 强调继续削减关税、开放市场准入等边界议题；而 TPP、TTIP 则侧重强调服务贸易、投资规则、知识产权等边界内措施，上述自由贸易协定对于中国、印度等新兴经济体和美国等发达国家都有其各自的现实经济意义，因此无论这些巨型自由贸易协定具体谈判进展如何，上述两种代表性的巨型自由贸易协定都将具有各自长期存在和发展的动力。

（四）未来全球贸易新格局的展望

短期内，由于目前 WTO 各成员国的最惠国关税平均水平已经较低，无论发展中国家还是发达国家，继续削减关税的难度都较大；与此同时，发达国家开放其敏感产业部门，或者发展中国家为获得发达国家市场准入机会而接受其边界内措施改革的代价都较大，因此WTO多哈回合达成“一揽子”协议的可能性较低。尽管如此，成员国数量众多、市场准入地位不可替代以及争端解决机制拥有较强的国际约束力等特征都决定了WTO将继续存在。

中期内，伴随多边贸易谈判一定程度上的停滞，各国将继续以区域经济合作作为推动经贸发展的手段，未来全球贸易投资格局亦将变得更加多元化。如果如果TPP甚至TTIP顺利完成谈判并得以实施，发达国家集团在多边贸易体系内的整体实力和谈判地位将得到提高，美国有可能将TPP内的部分规则推动成为新一轮多边贸易谈判的模板。从规则上来看，多哈回合谈判未能推动的议题，如政府采购、竞争政策（包括国有企业）、部分投资规则等将有可能入围新一轮多边贸易谈判，而服务贸易、环境、知识产权等超WTO议题也可能得到进一步深化。

如果TPP、TTIP未能成功缔结或实施，或者WTO的决策机制未能实现改革，以美国为代表的发达国家将有可能按照部门开放的思路，对投资、服务贸易等内容独立发起谈判，形成多边性质的协定。例如，在服务贸易方面部分TPP服务贸易条款可能将直接并入服务贸易协定（TiSA），TPP投资条款和多个与美国签署的双边投资协定（BIT）合并进而演变为多边投资协定（MAI），进一步推动和强化多边环境协定，而竞争政策、劳工条款等规则的部分内容可能被分散体现在TiSA或MAI内容中。这样，最终WTO将继续作为处理货物贸易问题的多边机制，TiSA和MAI等将可能上升为类似于政府采购协议和信息技术协议等WTO框架下的诸边协议。

长期来看，伴随美国经济实力的相对衰落，美国对多边贸易体系的掌控力将会不断下降，该国推动包括WTO所有成员达成“一揽子”多边贸易谈判的努力会变得越来越困难。即使美国和欧盟成功结成贸易集团，但是如果不能与中国、印度、巴西等新兴经济体达成妥协，那么新的区域贸易规则仍难以成为真正意义上的全球贸易新规则。可以预见，只有当中国经济完成工业化并实现经济结构转型，而印度等新兴经济体开始规模工业化后，需要开拓全球新市场的新兴经济体贸易集团才可能与发达国家真正展开新一轮的“一揽子”多边贸易谈判（所谓的“北京回合”或“新德里回合”）。

总之，随着新兴经济体的群体性崛起，发达国家“抱团”加强区域经济合作

的趋势将越来越强，无论中期内 TPP、TTIP 是否谈判成功，未来国际经贸规则都可能会被改写，区别仅在于一种可能是以 WTO 框架下 TiSA 和 MAI 等诸边协议的形式出现，仅部分改变目前国际经贸规则；另一种可能则是一轮全新的多边贸易谈判，结果表现为彻底改写目前的国际经贸规则。

第六章　中国面临的挑战及政策建议

中国通过参与多边贸易体系获得了快速的经济发展，然而该体系却面临着新一轮的重构，国际新规则对中国的参与和经济发展形成诸多挑战，但是也提供了新的机遇。中国应该利用新规则制定的过程，一是要加快国内经济体制的改革，加大开放力度进一步推动改革；二是要积极寻求参与的平台，参与和影响新规则的制定，在新的一轮经济竞争中取得主动，为经济发展方式转型和可持续发展提供新的环境。

一、TPP 对中国经济影响的福利分析

一般而言，可计算一般均衡（CGE）模型的福利分析能够实现预测功能，在自由贸易协定的可行性分析中得到了较为广泛的应用，但是由于数据基期有一定的时滞，模型假设、变量等与现实情况也存在差异，因此测算结果有时并不能很好地与经济指标实际值对应。即使基于相同的数据，如果采用不同的 CGE 模型，或者模型假设、弹性系数、投入—产出数据等有所不同，得到的模拟结果也可能会有显著差异。更重要的是，CGE 模型通常使用关税这一核心变量来模拟分析自由贸易协定的福利效应，利用 CGE 模型对 TPP、TTIP 等自由贸易协定进行福利分析是存在缺陷的，因为 TPP、TTIP 并非传统自由贸易协定，上述自由贸易协定旨在规范服务贸易、投资、知识产权等边界内措施和议题，即使将 TPP 和 TTIP 涉及的服务贸易自由化或非关税壁垒等通过关税等价物的形式实现关税化，也只是解决了部分问题，因此基于 CGE 模型拟合的 TPP、TTIP 福利分析结果可能与未来的实际情况并不相符。尽管如此，由于该模型分析考虑到国际贸易带

来的各种可能影响，能够灵活地分析由贸易协定引起的国际贸易价格和数量变化，以及由此产生的福利变化等，为贸易政策和贸易制度变化提供了良好的分析工具,① 因此 CGE 模型对于分析贸易政策影响力、贸易开放的产业冲击等还是有意义的。

（一）模型与数据说明

基于全球贸易分析项目（GTAP）数据库的 CGE 模型，在多国、多部门投入产出数据基础上，利用各国基础经济运行数据和贸易数据对不同国家和产品进行重新组合，达到政策模拟的目的。② 自 1992 年以来，GTAP 模型就被广泛应用于农业、能源、减排与贸易等政策模拟应用领域。这里以 GTAP 8.0 版本数据库为基础，采用比较静态多国可计算一般均衡模型，测算 TPP 和 TTIP 对中国可能产生的影响。

GTAP 模型由产业部门（或生产者）、家庭（或消费者）、政府和跨国全球部门组成；生产要素包括熟练劳动力、非熟练劳动力、土地、资本和自然资源，其中劳动力和资本可以在不同部门间自由流动，土地和劳动力不能跨国流动。模型假设市场是完全竞争的，不存在规模经济（或规模报酬不变），生产者实现了成本最小化，产品的生产采用嵌套的常系数替代弹性（Constant Elasticity of Substitution，CES）的生产函数。政府和消费者的行为都实现了效用最优化，其中政府的效用函数采用柯布—道格拉斯函数（Cobb-Douglas Function）形式；消费者的效用函数采用固定差异弹性（Constant Difference of Elasticity，CDE）函数形式，从而产品和要素投入全部出清。在一国经济模型构建完成的基础上，各国和地区通过国际贸易商品和资金流动得以联系，从而形成多国可计算一般均衡模型。值得注意的是，由于进口产品与国内产品存在着替代关系，贸易政策通过影响进口产品相对价格而对整个模型产生影响，因此进口产品与国内产品的替代率是影响 GTAP 模型拟合结果的关键因素。此处采用阿明顿假设，假设进口产品与国内产品之间不能完全替代，以常系数替代弹性估算替代关系。

模型以 2008 年为基期，包括 129 个国家和地区，涉及 57 个产业部门的数

① 余振：《东亚区域贸易安排：福利效应与中国的参与战略》，科学出版社，2009 年版，第 82 页。

② Thomas W. Hertel，Global Trade Analysis：Modeling and Applications，Cambridge and New York：Cambridge University Press，1997.

据，根据研究需要，这里将上述129个国家和地区以及57个产业部门加总为18组国家和地区、10类产业部门。如表6-1、表6-2所示。

表6-1 GTAP数据库国家和地区分组

分组	国家或地区	分组	国家和地区
中国	中国	日本	日本
美国	美国	新加坡	新加坡
欧盟	欧盟27国	马来西亚	马来西亚
加拿大	加拿大	越南	越南
墨西哥	墨西哥	其他东亚国家	其他全部东亚国家和地区
智利	智利	南亚	8个南亚国家
秘鲁	秘鲁	拉丁美洲	其他全部拉丁美洲国家和地区
澳大利亚	澳大利亚	撒哈拉以南非洲	全部撒哈拉以南非洲国家和地区
新西兰	新西兰	世界其他国家	其他全部国家和地区

资料来源：根据GTAP 8.0数据库加总。

表6-2 GTAP数据库产业部门分类

产业分类	具体产业部门
农作物	水稻、小麦、其他谷物、蔬菜水果和坚果、油料作物、糖料作物、其他农作物
肉类	牛羊马牲畜、生奶、水产品、牛马羊肉制品
自然资源	林业、煤、石油、天然气、矿物、黑色金属、有色金属
加工食品	植物油脂、糖、加工大米、食物制品及其他、饮料及烟草制品、动物制品及其他、肉制品及其他、奶制品
纺织业	植物纤维、毛及丝制品、纺织品、服装
轻制造业	皮革制品、木制品、纸制品及印刷品、机动车及零配件、其他制造业
重制造业	石化及煤制品、化学品橡胶及塑料制品、矿产制品及其他、金属制品、电子设备、机械设备及其他、交通运输设备及其他
水电设施	水、电力、天然气制造及零售、居住
交通通信	贸易、交通及其他、海运、空运、通信
其他服务业	金融及其他、保险、商务服务及其他、娱乐及其他、公共管理、国防、教育、医疗、建筑

资料来源：根据GTAP 8.0数据库加总。

以关税为冲击变量，不考虑非关税壁垒等，假设TPP和TTIP成员国对其他国家的关税壁垒不变，世界其他国家和地区的关税壁垒也保持不变，人口增长默

认保持不变。在上述假设前提下，对 18 组国家和地区以及 10 个部门的数据进行福利分析。

（二）拟合结果分析

假设两种情景，即情景 1：TPP 12 完成谈判，并且全部货物贸易实现零关税；情景 2：美国和欧盟完成 TTIP 谈判，全部货物贸易实现零关税。

模型拟合结果显示，如果 TPP12 完成谈判并实施，中国经济可能会遭受一定程度的冲击，这是因为 TPP 中包括了日本、越南、马来西亚等东亚国家，这些国家的不少产品与中国产品在 TPP 市场上存在着竞争。福利分析表明，TPP 将致使中国的进口下降 0.29%，出口下降 0.11%，贸易条件恶化 0.15%。TPP12 如果实现零关税，中国的福利水平将减少约 21 亿美元，实际 GDP 将下降 0.2%。同理，其他未参加 TPP 的东亚国家或地区，也会遭受一定程度的贸易侵蚀。如表 6–3 所示。

表 6–3　TPP 的关税削减效应

国家和地区	福利效应（百万美元）	实际 GDP 变动（%）	贸易条件（%）	出口变化（%）	进口变化（%）
中国	–2097.63	–0.2	–0.15	–0.11	–0.29
美国	530.5	–0.03	0.02	0.52	0.32
欧盟	–1820.04	–0.1	–0.03	0.04	–0.05
加拿大	319.09	–0.05	–0.03	0.11	0.09
墨西哥	214.48	0.16	0.11	0.08	0.13
智利	76.78	0.15	0.14	0.09	0.22
秘鲁	178.9	1.03	0.78	0.65	1.94
澳大利亚	1410.48	0.51	0.39	0.88	1.98
新西兰	324.6	1.07	0.84	0.5	1.7
日本	6594.81	0.58	0.5	0.77	1.93
新加坡	288.42	0.28	0.14	0.2	0.37
马来西亚	847.59	0.12	–0.05	1.09	2.1
越南	2078.68	4.45	1.27	4.06	7.18
其他东亚国家	–2020.09	–0.21	–0.15	–0.06	–0.28
南亚	–505.1	–0.17	–0.11	0.02	–0.17
拉丁美洲	–581.35	–0.18	–0.09	0.06	–0.22
撒哈拉以南非洲	–89.63	–0.11	–0.02	0	–0.11
世界其他国家	–201.57	–0.07	–0.01	0	–0.06

资料来源：Mohammad Masudur Rahman and Shen Minghui，“Implications of TTIP and TPP on Chinese Economy”，Working Paper，2014.

北京大学国家发展研究院中国经济研究中心、中国科学院数学与系统科学研究院以及美国国际贸易委员会三方合作，以 GTAP 模型为基础，收集整理全球 39 个主要国家和地区 48 个部门的投入产出数据库，构建了适用于分析国际经济合作的全球多部门 CGE 模型，即 GMCGE 模型。该模型拟合结果表明，TPP12 将使得中国的进口下降 0.24%，出口下降 0.25%，实际 GDP 水平下降约 0.32%。[①] 张伯伟等也基于 CGE 模型就 TPP 对中国的福利效应影响进行了测算，其研究结果表明，TPP 生效后将对中国经济产生一定程度的冲击，一是中国的实际 GDP 增长率将在潜在增长率水平上下降 0.14 个百分点，相当于遭受 82.3 亿美元的国内生产总值损失；二是整体福利水平减少约 40.58 亿美元；三是出口和进口增长速度分别下降 0.32 个百分点和 0.53 个百分点，贸易条件也有小幅恶化。[②] 如表 6–4 所示。

表 6–4　TPP12 对中国经济的影响效应比较

指标	李欣（2014）		张伯伟（2013）
	2015 年	2020 年	
实际 GDP 变化（%）	–0.28	–0.32	–0.14
出口变化（%）	–0.21	–0.25	–0.32
进口变化（%）	–0.21	–0.24	–0.53
贸易条件（%）			–0.22
福利变化（亿美元）			–40.58

资料来源：吴涧生、曲凤杰等：《跨太平洋伙伴关系协定趋势影响及战略对策研究》，中国计划出版社，2014 年版，第 204–208 页。赵晋平等：《跨太平洋伙伴关系协定：经济影响与对策》，中国财政经济出版社，2013 年版，第 119–123 页。

如果美国与欧盟成功缔结 TTIP，那么仅货物贸易实现零关税就会在全球范围内产生影响，并对东亚、南亚、墨西哥、加拿大等国家和地区的影响较大。由于墨西哥和加拿大与美国签署实施了北美自贸区，当欧盟与美国缔结 TTIP 后，显然过去由加拿大和墨西哥独占的美国市场遭到了来自欧盟国家产品的竞争，因此加拿大和墨西哥将会遭受贸易侵蚀。另外，长期受益于普惠制的南亚地区以及作为全球制造业中心的东亚地区，也会不同程度地受到 TTIP 的负面影响。具体

① 吴涧生、曲凤杰等：《跨太平洋伙伴关系协定趋势影响及战略对策研究》，中国计划出版社，2014 年 12 月版，第 204–208 页。

② 赵晋平等：《跨太平洋伙伴关系协定：经济影响与对策》，中国财政经济出版社，2013 年 12 月版，第 119–123 页。

来看，中国经济体量巨大，因此遭受的以绝对值衡量的福利损失也较大。TTIP导致中国的进口下降0.1%，而出口受到的影响较小，下降约0.01%，贸易条件恶化约0.04%。同时，TTIP将导致中国福利损失约11.6亿美元，中国的实际GDP将下降0.14%。如表6–5所示。

表6–5 TTIP的关税削减效应

国家和地区	福利效应（百万美元）	实际GDP变动（%）	贸易条件（%）	出口变化（%）	进口变化（%）
中国	–1159.12	–0.14	–0.04	–0.01	–0.1
美国	6061.48	0.23	0.26	1	1.07
欧盟	1051.01	0.05	0	0.17	0.16
加拿大	–793.05	–0.18	–0.16	–0.05	–0.34
墨西哥	–435.92	–0.18	–0.16	–0.01	–0.34
智利	–44.81	–0.12	–0.06	0	–0.11
秘鲁	–21.78	–0.12	–0.06	0.01	–0.16
澳大利亚	–129.9	–0.11	–0.04	0.05	–0.11
新西兰	–21.39	–0.11	–0.04	0.03	–0.1
日本	–596.01	–0.13	–0.06	–0.12	–0.13
新加坡	–76.34	–0.11	–0.02	–0.03	–0.09
马来西亚	–69.38	–0.12	–0.03	–0.02	–0.09
越南	–45.61	–0.19	–0.04	–0.04	–0.13
其他东亚国家	–583.92	–0.12	–0.03	–0.01	–0.09
南亚	–271.04	–0.12	–0.04	–0.01	–0.1
拉丁美洲	–516.3	–0.14	–0.07	–0.05	–0.18
撒哈拉以南非洲	–155.08	–0.12	–0.03	–0.02	–0.11
世界其他国家	–1081.91	–0.11	–0.03	0	–0.09

资料来源：Mohammad Masudur Rahman and Shen Minghui，“Implications of TTIP and TPP on Chinese Economy”，Working Paper，2014.

陈虹等（2013）也就TTIP对中国的经济影响进行了测算，其研究设置了两种情景，即情景1：假设农产品和加工食品关税削减50%，其他产品实现零关税，非关税壁垒削减10%~20%的水平；情景2：假设全部货物贸易实现零关税，非关税壁垒削减20%~30%的水平。在此基础上进行的CGE模型拟合结果表明，TTIP造成中国的进口下降约0.3%~0.4%，出口下降约0.2%，贸易条件恶化0.1%，整体福利水平下降了约0.1%，而实际GDP则下降约0.3%~0.4%。胡再勇等（2015）也采用了类似的思路和方法，对情景假设进行了更为精密的安排，即情景 1：美欧将农产品关税削减 30%，非农产品关税削减 98%，货物贸易和服务贸易的非关税壁垒削减 10%；情景 2：美欧将农产品关税削减 50%，非农产品关税削减 100%，货物贸易和服务贸易的非关税壁垒削减 25%；情景 3：美欧将农产品关税和非农产品关税削减为零，同时，货物贸易和服务贸易的非关税壁垒削减 50%。其研究结果显示，TTIP 非关税壁垒的削减对美、欧经济的刺激作用明显。尽管 TTIP 的签署恶化了中国的贸易环境和宏观经济水平，然而 TTIP 并未显著影响中国的出口，这表明中国的出口竞争力优势仍比较明显。上述研究表明，无论是否考虑非关税壁垒，TTIP 对中国的短期经济影响都比较有限。如表 6–6 所示。

表 6–6　TTIP 对中国经济的影响效应比较

	陈虹等（2013）		胡再勇等（2015）		
指标	情景 1	情景 2	情景 1	情景 2	情景 3
实际 GDP（%）	–0.32	–0.41	–0.45	–0.46	–0.48
出口变化（%）	–0.2	–0.24	0.66	1.03	1.38
进口变化（%）	–0.32	–0.4	–2.01	–2.61	–3.25
贸易条件（%）	–0.09	–0.1	–0.33	–0.46	–0.60
福利变化	–0.08%	–0.10%	–313.9 亿美元	–319.4 亿美元	–350.9 亿美元

资料来源：陈虹、韦鑫、余珮：《TTIP 对中国经济影响的前瞻性研究——基于可计算一般均衡模型的模拟分析》,《国际贸易问题》，2013 年第 12 期，第 83–85 页。胡再勇、李博：《TTIP 对美国、欧盟和中国经济影响的预测研究》,《首都经济贸易大学学报》，2015 年第 1 期，第 52 页。

从产业部门的产出和进出口贸易情况来看，不同产业受到 TPP 或 TTIP 的影响差异较大。总的来看，TPP 和 TTIP 对中国产业部门的影响都比较有限，其中 TPP 对中国各产业部门的影响较 TTIP 的影响更为广泛，对特定产业部门的影响也更为明显。仅考虑关税壁垒的多国静态 CGE 模型拟合结果表明，如果 TPP12 签署实施，中国的农产品，加工食品，纺织服装以及水电公用设施等行业将遭受产业冲击。结合 Petri 等（2015）以及彭支伟和张伯伟等（2013）的研究，可以确认的是，TTP 将对中国农业造成一定程度的冲击，这是因为美国、澳大利亚、新西兰等国都是农业强国，中国的农产品出口不可避免地会遭受来自上述国家的贸易侵蚀。受到 TPP 负面影响最大的产业部门是纺织服装鞋类行业，Petri 等（2015）和彭支伟等（2013）的研究都表明，该产业的产出下降程度是全部产业中最显著的，达到了 1%~2%的降幅。可见，如果 TPP12 国之间完全开放纺织服装市场准入机会，那么在美国市场上，越南、墨西哥等国的相关产品竞争力会大

幅提高，中国的纺织服装产业显然会遭受冲击。此外，汽车等交通设备行业也会遭受贸易转移效应的影响，由于 Rahman 和 Shen（2014）将机动车及零配件行业归类为轻制造业，可能其他行业的福利收益掩盖了该行业，不过该研究中轻制造业的产出增幅仅 0.02%，理论上可能是受到了机动车及零配件行业的拖累。总之，在 TPP12 国中，日本、美国等国都是汽车交通设备制造强国，一旦签署实施 TPP，上述国家的产品将冲击中国产品的国际市场份额。如表 6-7 所示。

表 6-7　TPP、TTIP 对中国产业部门产出增加值的影响（%）

产业部门	TPP	TTIP
农作物	–0.18	0.01
肉类	–0.31	0
自然资源	0.1	0.01
加工食品	–0.21	–0.02
纺织业	–0.09	–0.08
轻制造业	0.02	0.01
重制造业	0.15	0.01
水电设施	–0.04	–0.04
交通通信	0.06	0.01
其他服务业	0	0

资料来源：Mohammad Masudur Rahman and Shen Minghui，“Implications of TTIP and TPP on Chinese Economy”，Working Paper，2014.

如果美、欧实现货物贸易零关税，基于多国静态 CGE 模型的拟合结果显示，TTIP 对中国产业的影响程度没有 TPP 那么显著，虽然农业方面未出现产出下降，但是在加工食品、纺织业和水电设施等公共服务行业出现了产出下降。陈虹等（2013）与胡再勇等（2015）的研究表明，化学塑料橡胶行业、运输设备等行业将遭受比较明显的负面影响，产出有一定程度的下降。中国在化学、机动车、运输设备等资本密集型产业上不具备国际竞争优势，如果 TTIP 实现了货物贸易零关税并有效地削减了非关税壁垒，那么美、欧之间的相关贸易将得以增长，中国在上述产业上将遭遇比较明显的贸易转移效应等负面影响。值得注意的是，这一结果表明，TTIP 将可能成为有助于发达国家实现“再工业化”的政策工具。由于未考虑非关税壁垒，Rahman 和 Shen（2014）的研究未能充分测算 TTIP 对化学、汽车以及运输设备等行业的影响，但是研究结果从侧面也部分印证了上述结论，比如重制造业的产出增幅仅 0.01%，可能是受到了化学、汽车以及运

表 6-8 TPP、TTIP 对中国主要产业部门的影响分析

	陈虹等（2013）				胡再勇等（2015）				Petri 等（2015）				彭支伟、张伯伟（2013）			
	TTIP 情景 1		TTIP 情景 2			TTIP，净出口			TPP				TPP			
产业部门	产出	出口	产出	出口	产业部门	情景 1	情景 2	情景 3	产业部门	出口	进口	产出	产业部门	出口	进口	产出
初级产业	0	0.25	-0.01	0.15	食品烟草	0.19	0.21	-0.16	稻米	-2.7	-0.5	-0.5	谷物	1.52	-3.65	0.12
加工食品	0.06	0.26	0.07	0.32	植物产品	0.97	1.15	1.32	小麦	-25.4	-1.7	-0.4	动物产品	-20.17	-2.68	-1.16
纺织品	0.09	0.1	0.16	0.25	植物油脂	0.37	0.51	0.60	其他农产品	-1.5	-0.9	-0.4	林渔牧产品	1.43	-1.73	-0.16
服装	0.12	0.19	0.19	0.36	动物及制品	1.26	1.61	1.94	矿业	0.3	-0.5	-0.2	其他农产品	-0.18	-1.54	-0.14
木制品	0.28	0.85	0.33	0.98	纺织服装	0.45	0.84	1.43	食品饮料	-3.0	-1.0	-0.4	纺织品	-3.0	-1.35	-1.25
纸制品	0.15	0.85	0.18	0.94	皮革制品	0.02	0.07	0.39	纺织品	-0.9	-1.1	-1.0	服装	-1.99	-0.71	-0.90
化学制品	-0.04	-0.7	-0.09	-1.15	纸制品	2.98	3.88	4.71	服装鞋类	-6.1	0.4	-1.9	皮革制品	0.32	-0.41	0.47
金属制品	0.08	0.4	0.12	0.49	木制品	2.79	3.56	4.28	化学品	-0.3	-0.9	-0.3	化工	-0.08	-0.60	0.14
其他制成品	-0.19	-0.46	-0.24	-0.6	化工橡胶塑料	-0.84	-0.91	-0.57	金属	0.0	-1.4	-0.4	钢铁	0.15	-0.56	0.06
电子设备	0.51	0.64	0.6	0.76	矿产能源	0.24	0.46	0.43	电子设备	-1.1	-0.9	-0.9	有色金属	1.01	-0.67	0.66
机械设备	-0.04	-0.28	0.08	0.11	矿产制品	-0.40	-0.39	-0.47	机械设备	-0.9	-1.7	-0.5	金属制品	-0.27	-0.78	0.02
汽车	-0.09	-0.41	-0.14	-0.75	金属及制品	1.25	1.80	2.41	交通设备	-2.3	-0.2	-0.9	汽车	-1.96	-0.93	-0.45
其他运输设备	-0.16	-1.19	-0.37	-2.24	机电产品	0.72	1.16	1.42	其他制成品	0.2	-1.6	-0.2	电子设备	1.13	0.27	1.01

续表

	陈虹等（2013）				胡再勇等（2015）				Peri 等（2015）				彭支伟、张伯伟（2013）			
	TTIP 情景 1		TTIP 情景 2			TTIP，净出口			TPP				TPP			
服务业	–0.03	–0.46	–0.03	–0.51	运输设备	–1.41	–1.45	–1.12	贸易交通通信	1.0	–1.4	–0.3	机械设备	–0.17	–0.76	0.09
									建筑	0.9	–1.7	–0.6	其他制成品	0.09	–0.77	0.12
									水电设施	0.0	–0.6	–0.4				
									私人服务	0.6	–1.5	–0.4				
									公共服务	0.2	–0.8	–0.5				

资料来源：陈虹、韦鑫、余珮：《TTIP 对中国经济影响的前瞻性研究——基于可计算一般均衡模型的模拟分析》，《国际贸易问题》，2013 年第 12 期，第 83–85 页。胡再勇、李博：《TTIP 对美国、欧盟和中国经济影响的预测研究》，《首都经济贸易大学学报》，2015 年第 1 期，第 52 页。http://asiapacifictrade.org/。彭支伟、张伯伟：《TPP 和亚太自由贸易区的经济效应及中国的对策》，《国际贸易问题》，2013 年第 4 期。

输设备等行业的拖累。

综上，仅从货物贸易角度看，无论TPP还是TTIP，对中国的中短期影响都比较有限，即使考虑非关税壁垒等因素，上述结论仍然有效。尽管不少研究均表明TPP和TTIP对中国产业部门的整体影响较小，但是TPP和TTIP对不同行业的影响差异较大，特别是TPP对中国各产业部门的影响较TTIP的影响更为广泛，对特定产业部门的影响也更为明显。TPP对中国的负面影响集中于农业、纺织服装等行业，TTIP的负面影响则更集中于资本密集型行业。另外，无论是TPP还是TTIP，都会对中国的机动车、运输设备等行业产生负面影响。值得注意的是，正如美国学者Petri所说，TPP的竞争力更多地体现在规则方面，全面认识TPP对中国的影响需要进一步研究国际新规则对中国的影响。

二、国际新规则对中国的潜在影响

如果中国被排除在TPP之外，意味着中国企业将在其最重要的传统市场上遭受歧视待遇，面对来自其他国家的不公平竞争，这无疑会对中国经济产生负面影响。更重要的是，全球贸易体系已经进入新一轮重构，这次重构是在新兴经济体群体性崛起与美国等传统发达国家的相对衰落背景下进行的，TPP、TTIP无疑会使发达国家集团在多边贸易谈判中地位将得到提高，有助于美国将自由贸易协定内的区域规则推广为多边贸易规则。包括服务贸易、投资条款、知识产权、竞争政策（包括国有企业条款）、政府采购等一系列新议题都已提上日程，这些新议题将对未来多边贸易谈判产生重大影响，进而将全面影响中国经济发展。

（一）国际新规则对中国的潜在影响

TPP服务贸易谈判要求全面给予外资国民待遇，采用“负面清单”方式实施部门开放，不得限制外资在金融、证券、法律服务等领域的控股比例和经营范围，不得设定约束性业绩条款等。鉴于服务贸易和投资条款本身密不可分，TPP的相关服务贸易条款和投资条款将会对中国的服务业和对外投资等产生深刻影响。第一，中国的金融业和电信业等服务业可能会面临更为激烈的竞争，长期以

来我国金融业受保护程度较高，正面临强大的开放压力。第二，负面清单方式在我国过去的区域经济合作中使用较少，这种方式意味着开放的潜在风险较大，即未来出现的任何新部门都不受到保护；除列在负面清单内的行业或领域外，其他所有限制措施都必须削减或取消。第三，准入前国民待遇在中国以往的区域经济合作中从未赋予过任何国家，即任何国家在中国境内投资，其国际投资均需接受事前审查，而非事后备案。总的来看，目前我国正在中国—韩国 FTA 和中美 BIT 谈判中承诺将在负面清单和准入前国民待遇基础上进行谈判；至于服务业部门的开放程度，则以上海自由贸易试验区作为实验平台对金融业开放进行了探索。鉴于中国正处于“走出去”的重要阶段，而且服务业也是未来中国经济增长的重要源泉，尽管中国在服务贸易和投资条款上面临的挑战较大，但是中国在新一轮的对外开放中应更具开拓精神，应以上海自由贸易试验区、中国—韩国 FTA 和中美 BIT 为起点，逐步探索服务贸易开放路径，为未来服务业发展创造更良好的制度环境。

TPP 代表的知识产权条款对中国的潜在冲击非常大，具体而言可能涉及：首先，中国的仿制药行业可能会遭受极大的冲击。据统计，中国的仿制药占全部药品比重约 97%，如果 TPP 知识产权的内容上升为国际规则，根据专利权、实验数据保护等条款的要求，中国的仿制药行业可能会遭受严重冲击。其次，中国的互联网行业将受到严重影响，中国计算机行业发展迅速，但是软件知识产权保护意识薄弱，特别是软件盗版问题仍比较突出。按照 TPP 知识产权条款要求，企业或个人被赋予更大的追究盗版行为的权利，一旦成为国际规则，中国的互联网行业将可能遭受大范围影响。最后，美国的高科技企业利用其先进技术在全球进行技术专利注册，如果按照严格的专利保护要求，将严重影响中国的技术模仿和引进，虽然目前中国正在强调技术创新的重要性，但是研究表明，过度的保护并不利于技术创新。因此，尽管中国有必要加强知识产权保护力度以促进创新，但是改革方向并不应该以 TPP 知识产权条款为导向。

另外，TTP、TTIP 以及 OECD 都在全面推动针对国有企业（或者竞争中立）等约束性条款，该方面的内容上升为国际规则是有可能的。中国国有企业将在未来面临着全新的国际经营环境，强调公平竞争的国有企业条款有可能会在一定程度上削弱中国国有企业的国际竞争力，并可能在一定时期内影响中国经济的发展。

以国有企业问题为例，近年来透明度问题导致了美国对中国国有企业的不信任，推动了美国对中国国有企业进一步实施规制。2013年10月8日，美中贸易全国委员会发布了《2013年中国商业环境调查结果》。调查结果显示，美国企业在中国面临的前十大挑战分别是：成本上升、与中国企业的竞争、行政许可、人才招聘与留用、知识产权保护、不公正执法、国民待遇、透明度、标准与合格评定、对外国投资的限制。其中"与中国企业的竞争"是在华美国公司感受到的除成本上升以外的最大挑战。该调查还显示，34%的美国公司确信与其处于竞争地位的中国国有企业从中国政府那里获得了外资企业无法获得的实际利益；64%的美国公司怀疑中国国有企业从中国政府获得了实际利益；只有2%的美国公司认为与其竞争的中国国有企业未从中国政府获得实际利益。

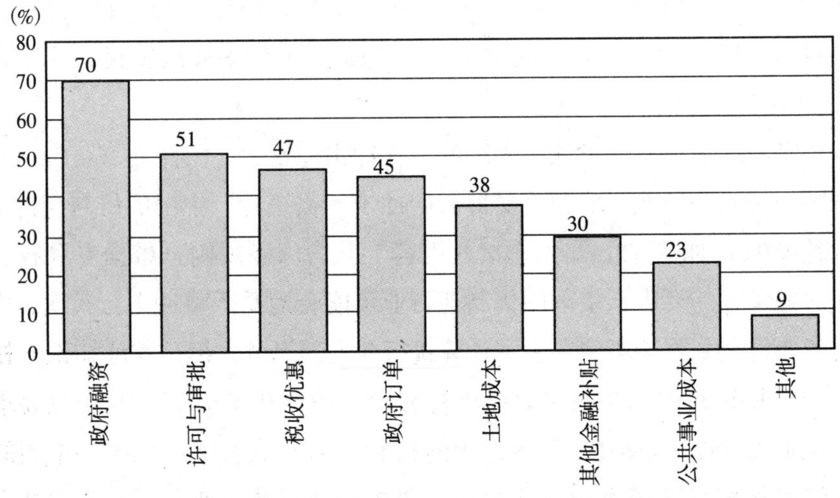

图6-1　在华美国公司认为的中国国有企业的不平等竞争优势

资料来源：USCBC，2013 China Business Environment Survey Results：Tempered Optimism Continues Amid Moderating Growth，Rising Costs，and Persistent Market Barriers，2013，p.10.

问卷调查显示（见图6-1），70%的美国公司认为中国国有企业从政府获得了融资方面的好处，51%的美国公司认为中国国有企业在行政许可与审批方面处于有利地位，47%的美国公司认为中国国有企业在税收优惠方面获得了好处，另外它们还认为中国国有企业在获得政府订单、土地成本、其他金融补贴、公共事业成本和其他方面获得了优惠地位或待遇。尽管上述问卷调查结果更多地反映的是一种心理认知，很多判断可能缺乏事实证据，但是多数美国公司的认知足以促使美国政府更强力地推动TPP国有企业条款的谈判。

未来，国有企业条款将可能通过两个途径来规范国有企业竞争优势并实现竞争中性的目的。一是通过补充、修订竞争法和反垄断法，减少对公共服务等的豁免条款适用，明确将国有企业或者其行为纳入竞争法管辖体系内，从制度上取消国有企业可能获得的不公平竞争优势。未来中国国有企业“走出去”的过程中，不仅会受到一般意义上的竞争法和反垄断法的规制，还将在投资前期阶段受到竞争法的“准入前”规制，即对中国国有企业提出系列改革要求，中国企业必须满足其要求方可进入对方市场。二是根据国有企业条款要求，建立相关的申诉或仲裁机制，确保国有企业在经营过程中能够始终保持竞争中立状态，任何由于国有企业违反竞争中立而遭受损失的市场主体均有权向申诉或仲裁机构提起申诉。根据澳大利亚的实践，该国联邦申诉机构为 AGCNCO（Australian Government Competitive Neutrality Complaints Office），隶属于生产力委员会，负责接收并调查与联邦国有企业相关的竞争中立案件，各州也有相关投诉机构。具体而言，AGCNCO 在收到投诉并确认被投诉主体违反了竞争中立原则后，将建议被投诉主体履行竞争中立义务，改正其市场扭曲行为。如果该建议未能达到目标，该投诉则进入调查环节，90 天内 AGCNCO 将向财政部门出具调查报告，财政部门需在收到报告 90 天内做出反馈。针对一些复杂的案件，财政部门将启动公开听证程序。需要注意的是，AGCNCO 没有执法权力，而是向政府财政部门提交调查报告，并建议可采取的合理措施，最终由政府部门执行。①

根据这一做法，未来 TPP 成员国有可能在其国内推动建立有关“竞争中立”的投诉/仲裁机构和机制，以维护私营企业的利益。如果未来该规则在其他国家进一步推广，那么中国国有企业对外投资活动将不可避免地遭遇东道国其他竞争主体的起诉，这将引发较大的挑战。目前来看，如果 TPP 国有企业条款得以顺利推进，无论中国是否参加 TPP，中国国有企业的对外投资活动都会或多或少地受到该条款的规制。目前，除了中、美两国正在谈判的 BIT 之外，中美战略与经济对话和美中贸易全国委员会都是处理中、美两国贸易问题的渠道。从上述三个谈判渠道涉及的议题来看（见表 6-9），国有企业议题是少数几个被同时覆盖的议题，表明美国对该条款非常重视，可见国有企业或竞争中立议题将成为未来美国

① http://www.pc.gov.au/about/core-functions/competitive-neutrality；唐宜红、姚曦：《竞争中立：国际市场新规则》，《国际贸易》，2013 年第 3 期，第 54-58 页。

在国际贸易领域强力推动的重要议题，中国必须高度重视该问题。

表 6-9 美国对中国的主要利益诉求

利益诉求	中美 BIT	中美战略与经济对话	美中贸易全国委员会
国民待遇	○	○	○
最惠国待遇	○		
国有企业	○	○	○
投资保护	○		
资本转移	○		
业绩条款	○		○
知识产权	○	○	○
透明度	○	○	○
标准	○	○	○
环保条款	○	○	
劳工标准	○		○
争端解决	○		
市场准入	○	○	○
行政许可与审批			○
法制环境		○	○

资料来源：姚枝仲：《如何应对中美双边投资协定的实质性谈判》，《国际经济评论》，2013 年第 6 期，第 64 页。

尽管 TPP 谈判极力推动环境条款、劳工条款等内容，但是从多哈回合谈判进程来看，中期内这些议题仍然可能继续停留在区域规则层面。按照这个逻辑，中国企业仅在赴 TPP 国家投资时才会受到相应条款的影响，当然从经济角度来看，这些条款都会增加中国企业对外投资的经营成本。例如，未来中国企业赴越南、马来西亚等 TPP 国家投资时，中国企业将受到 TPP 环境和劳工条款的约束，将会面临投资东道国当地提起相关仲裁的挑战。具体而言，TPP 劳工条款允许劳工问题适用争端解决机制，这意味着中国在当地投资的企业将可能因为劳工问题受到相关利益者发起的行政、准司法、司法或劳动仲裁诉讼，这将严重限制中国企业在 TPP 内发展中国家投资的竞争力。同时，TPP 国家会组建成立由政府高级官员组成的劳工事务委员会，审查劳工条款执行情况以及其他劳工合作机制下的活动，由此也相应会对中国企业对外投资行为形成挑战。

理论上，TPP 环境条款要求成员方承诺履行各自已经参加的保护濒危野生动

植物、消耗臭氧层物质、船舶污染等多边环境协定的义务。根据此条款，美国要求所有缔约方均建立相关的环境仲裁机构，[①] 并允许企业以环境问题为由提起针对其他企业或者国家的贸易仲裁。未来，这可能会引发大量针对投资于能源、矿产资源领域的中国企业的仲裁诉讼，进而增加中国企业的成本投入并导致其竞争力下降。

从中国经济发展阶段的角度来看，环境和劳工问题在中长期内将成为影响中国经济发展的挑战因素。一方面，中国的劳动年龄人口（15~64 岁）将在 2015 年左右发生重大变化，即达到峰值水平（以 15~59 岁计算劳动年龄人口，中国早在 2011 年就达到了峰值水平 9.2 万亿人），中国人口老龄化趋势越发明显，人口结构变化将会对提高劳工保障提出新要求。另一方面，中国的环境问题已经变得非常迫切，加强国际环境合作、推动企业社会责任建设都是源自中国经济发展的内在要求。当然，鉴于中国经济发展水平，中国可以分阶段地参与劳工条款和环境条款，并逐步与国际规则接轨。

无论从哪个角度来看，TPP 都可能会对中国经济产生深远影响，但是中国除了直面挑战外没有退路。中国需要积极主动地参与构建国际新规则，扩大对外开放赢得全球更多、更大的市场准入机会，更好地发挥进出口贸易对中国经济的推动作用。更为重要的是，通过积极参与这一轮的规则构建，以适度的外部开放压力推动中国内部经济改革的步伐，推动边界内措施的进一步改革，在强调维护中国利益的前提下，有步骤、有计划地调整、简化、放松制约中国经济发展的制度约束，全面调整涉及国有企业、投资、服务贸易、竞争政策、政府采购、环境等多个方面的政策，将新一轮国际规则重构机会为我所用，变害为利，把外部开放压力转变为内部改革动力。

（二）“边界内议题”的合理性分析

尽管 TPP 对中国的潜在影响比较大，但是中国当前的经济现实却表明中国需要类似的边界内措施改革。以中国为例，世界银行 2015 年营商环境（Doing

---

① Joshua P. Meltzer，“The Trans-Pacific Partnership Agreement，the Environment and Climate Change”，in Tania Voon（ed.），Trade Liberalisation and International Cooperation：A Legal Analysis of the Trans-Pacific Partnership Agreement，Edward Elgar Pub，2014，http://www.brookings.edu/research/papers/2013/09/trans-pacific-partnership-meltzer.

Business）报告显示，在全部 189 个国家中，中国的总体商业环境排名为第 90 位，[①] 该排名与中国在世界经济中的地位极不对称。具体而言，中国在开设企业、获得建筑许可、保护投资者、税收等方面的排名都在 100 名开外，国际贸易相关的跨境贸易排名第 98 位。更为重要的是，与 2008 年中国的排名相比，中国仅在开设新企业、获得信贷和纳税三项排名有所提高；其他包括获得建筑许可、财产登记、保护投资者、跨境贸易、执行合同、关闭企业等指标的排名都出现了不同程度的下滑，造成中国总体营商环境排名从第 83 位下降至第 90 位。

上述数据直白地反映出中国企业从事国际贸易的商业环境要比从事国内贸易的商业环境更为便利的事实，即由于中国国内营商环境不佳，中国企业更愿意从事国际贸易而非国内贸易，这一现状与主流贸易理论正好相反。目前中国的现实是，将近 40%的中国企业完全从事纯出口业务，仅 18%的中国企业从事纯国内生产销售业务；而美国从事纯出口业务的企业仅占 0.7%，高达 66%的美国企业从事国内生产销售业务，德国的情况与美国类似。[②] 究其根源，一方面，中国国内营商环境不够理想，造成企业经营成本高。研究表明，中国国内开设新企业的手续每增加一个环节，企业出口额占总销售额的比重就要增加 0.4 个百分比。另一方面，中国物流成本高，迫使企业放弃国内市场，转而选择国际市场。近年来，中国物流成本占 GDP 的比重为 18%，而美国约为 10%，德国为 7.2%。而研究表明，企业离铁路越远，国内贸易物流成本就越高，企业就越不愿意进行内贸。企业与铁路的距离每增加 1 公里，企业出口占总销售额的比重就提高 0.6%。[③] 事实上，正是基于上述原因，形成中国严重依赖出口与庞大的海外代购现象并存的“悖论”，即国内生产与消费不能很好地匹配，这也严重阻碍了中国经济转型的进程。

从微观角度看，TPP 强调的“下一代”贸易规则中的不少内容，都是用来规范边界内措施的，例如协调统一各国千差万别的标准与法规制度，限制政府对市

① The World Bank, Doing Business 2015: Going Beyond Efficiency, Washington, D.C.: the World Bank, http://www.doingbusiness.org/~/media/GIAWB/Doing%20Business/Documents/Annual-Reports/English/DB15-Full-Report.pdf.

② Dan Lu, “Exceptional Exporter Performance? Evidence from Chinese Manufacturing Firms”, University of Chicago Job Market Paper, Nov. 2010, p.6.

③ 蔡洪滨：《建设整合高效的全国统一市场：“十二五”时期经济转型的关键》，《比较》，2012 年第 1 期，第 8-11 页。

场的过度干预，增加政府采购透明度并防止腐败，减少或禁止对电子商务征税以推动电子商务发展，保护知识产权以推动企业创新，优化供应链管理以推动国际生产网络发展等。这些问题正是当前中国亟须处理的问题，即一方面只有妥善地处理涉及企业财产登记、信贷融资、保护投资者、纳税、跨境贸易、执行合同、关闭企业等一系列关于企业投资活动的规制问题，才能创造更好的投资环境，企业才会更愿意在中国投资经营，同时也更愿意从事国内贸易，进而为未来的中国经济转型做准备。另一方面，在未来国际贸易领域，如关税等边界措施已经不再是影响国际贸易的主要障碍，国际贸易将越来越受制于边界内措施，因此下一阶段全球价值链构造不仅有赖于自由开放的关境，更有赖于关境后统一的或能够实现相互认可的规章制度，中国如果不能在新一轮的国际规则重构中迎难而上，就会被未来统一的全球市场和价值链所抛弃，其后果很难设想。例如，当前中国正逐步成为对外投资净输出国，需要从制度上保障未来中国企业的对外投资，因此中国有必要对外缔结投资协定，而非简单的投资保障协定，这其中就会涉及大量的外资法规、竞争政策、当地财税法规等，如果中国想在“走出去”的过程中更好地维护自己的利益，那么中国也就必然需要以同样的条件改革自身的投资环境。

从宏观角度看，中国经济潜在增长率已经进入下降通道，人口增长率将从目前的0.5%降为0甚至-0.2%，而资本增长率将从目前水平下降25%~50%，即从13.1%降至7.8%，未来中国增长潜力将更加依赖全要素增长率。然而研究表明，中国的全要素增长率呈现出下降趋势，高路易等学者将1978~2005年中国的经济增长进行分解，发现中国1993~2005年的全要素增长率为2.8%，低于1978~1993年的3.3%。与此同时，中国的全要素增长率的提高越来越体现为技术进步的结果，而非单纯的要素转移导致的效率提高，如劳动力转移带来的效率提高对全要素生产率的贡献已经从GDP的1.3%下降至1.1%。[①] 但是伴随着中国经济的赶超，技术进步中通过模仿和引进的难度越来越大，全要素生产率提高越来越依赖于技术创新，即依赖进一步的技术相关体制改革、企业管理水平的提高以及以知识经济为基础的技术创新。总之，中国未来经济增长如果希望维持较高增速，在人口和资本贡献率迅速下降的同时，只能尽量维持全要素增长率，而全要素增长率有

---

① Jianwu He and Louis Kuijs, “Rebalancing China's Economy-Modeling a Policy Package”, World Bank China Research Paper No.7, September 2007, pp.4-5.

赖于技术创新，这就要求中国在保护营商环境环境、公平竞争、知识产权等方面做出改革。

因此，无论从微观“盘活”企业营商环境角度，还是从宏观中国经济可持续增长角度来看，未来中国经济增长都离不开处理一系列边界内措施，甚至可以说大部分经济改革要求都集中在这一领域。应该说，这一轮的国际规则重构与中国新一轮改革从本质上是相通的，其区别仅在于“度”的把握。因此，中国并不能以新一轮边界内措施改革是由美国推动的为由，而简单地对 TPP 甚至全部边界内措施改革内容进行否定，而应该从自身可持续发展和维护发展中国家长远利益的角度上，积极参与制定新一轮的国际经贸规则。

三、结论及政策建议

TPP 以及 TTIP 引发的全球贸易体系新一轮重构对中国经济的影响是全面深远的，不仅涉及经济层面，更有政治、战略等方面的影响，中国需要从战略高度加以应对。从操作层面看，中国需要统筹考虑区域经济合作与多边贸易体系的关系，并对谈判顺序与时机进行策略性安排，以达到最优政策配置，取得最大的贸易利益：

（1）短时间内中国加入 TPP 不现实。国内学界关于中国是否应该加入 TPP 的争论非常激烈，相当一段时间内未达成明确的共识。结合中国加入 WTO 的经验教训，也许参与 TPP 谈判才能保证所谓的“21 世纪”贸易规则更好地符合中国的利益。[①] 尤其是一旦 TPP 谈判完毕，后进入者将会丧失参与制定规则的权力，这样中国也许会面临更大的谈判代价，因此应该越早加入越好。[②] 甚至借助 TPP 的一些开放条款，可以推动中国的经济体制改革，乃至政治体制改革。[③] 郑永年

① 何帆、杨盼盼：《中国不应缺席 TPP》，《金融时报》（中文网），2013 年 6 月 18 日版，http://www.ftchinese.com/story/001050933? full=y。

② 须明：《中国尽早加入 TPP 利大于弊》，《开放导报》，2013 年第 5 期。

③ 财新网：《TPP 阴谋论不足信》，http://opinion.caixin.com/2011-11-14/100326161.html；财新网：《以对 WTO 的态度对 TPP》，http://magazine.caixin.com/2011-11-18/100329192.html。

也指出，中国改革开放的动力往往来自于外力，而自从中国加入 WTO 以来，中国国内改革缓慢，需要借助 TPP 再次推动改革进程。[①] 但是也有不少学者反对所谓的以 TPP 促改革之说，认为如果在目前中国经济面临转型的时候加入 TPP，将使得发达国家全面控制中国的高端产业，彻底根除中国转变经济发展方式的可能。[②] 事实上，目前越来越多的研究倾向于谨慎对待 TPP，例如，从外部风险和农业稳定的角度看，中国在短期内不应谋求加入 TPP；[③] 或者横向议题对中国现行政治经济体制是潜在威胁，中国需要谨慎对待加入 TPP 的问题。[④]

对于是否加入 TPP 而产生的上述严重分歧，至少与目前关于中国加入 TPP 的成本收益计量分析结论未被多数人认可有关。有学者以中日韩 FTA 和 TPP 为模拟对象，设立了五种情景，计量结果显示中日韩 FTA 失败，而 TPP 成功的情景下，中国的损失最大，约为 GDP 的 0.23%；而 TPP 失败，中日韩 FTA 成功的情景下，中国收益最大，约为 GDP 的 0.33%。[⑤] 而万璐在三种 TPP 情景假设基础上，测算出中国遭受的福利损失约为 GDP 的 0.06%~0.31%。[⑥] 同样基于可计算一般均衡模型，Petri 等将非关税壁垒、投资效应等纳入模型之中，并考虑到自由贸易协定利用率水平，在亚洲轨道和跨太平洋轨道两个基础假设前提下，以不同时间段划分了更加详细的情景假设，测算出无论是 TPP12 还是 TPP16 的情景下，中国短期内的福利损失都非常有限，约为 GDP 的 0.2%，即使考虑到 TPP 得以充分实施，中国的福利损失也仅限于 0.5%左右。[⑦] 区别于上述方法，有的研究也考虑到非关税壁垒等问题，发现中国不加入 TPP 的福利损失为 GDP 的 0.05%~0.26%；而中国加入 TPP 的话，福利收益在 0.3%~1.0%。[⑧]

根据这些计量结果，我们可以得到一些初步的共性结论：第一，短期内中国

---

① 郑永年：《中国应当加入 TPP 等新型国际组织》，http://finance.qq.com/a/20130629/005685.htm。

② 贾根良：《中国为什么要远离“请君入瓮”的 TPP》，《探索与争鸣》，2013 年第 9 期，第 72 页。

③ 徐长文：《TPP 的发展及中国应对之策》，《国际贸易》，2011 年第 3 期，第 39-40 页。

④ 蔡鹏鸿：《TPP 横向议题与下一代贸易规则及其对中国的影响》，《世界经济研究》，2013 年第 7 期，第 45 页。

⑤ 杨立强、鲁淑：《TPP 与中日韩 FTA 经济影响的 GTAP 模拟分析》，《东北亚论坛》，2013 年第 4 期，第 39-47 页。

⑥ 万璐：《美国 TPP 战略的经济效应研究——基于 GTAP 模拟的分析》，《当代亚太》，2011 年第 4 期，第 67-68 页。

⑦ http://asiapacifictrade.org/.

⑧ Chunding Li and John Whalley, “China and the Trans-Pacific Partnership: A Numerical Simulation Assessment of the Effects Involved”, The World Economy, 2014, pp.169-191.

不加入TPP遭受的福利损失有限；第二，短期内推动东亚合作带来的福利收益比较可观，能够弥补不加入TPP的损失；第三，长期内中国不加入TPP的负面影响大于短期内的负面影响。其他的结论就比较难从计量结果中得到，或者说其他结论可能存在较大偏差。这是因为，上述各模型的情景假设各不相同，有的包括非关税壁垒，有的不包括；有的是静态模型，有的则是动态模型，因此长期影响效果的横向比较意义不大。更为重要的是模型本身的限制，我们都知道TPP的竞争力主要来自贸易新规则，但是很多规则如竞争政策、知识产权、环境标准却难以找到衡量指标，即使替代变量或等价变量都难以估计，而这一天生缺陷在很大程度上制约了目前TPP拟合结果的有效性。正如Petri指出的那样，对于中国或者美国这样的经济大国，短期内从自由贸易协定中获得的福利收益远没有它们对未来贸易体系造成的影响大。①

就利用开放推动改革而言，中国加入TPP也许具有一定的积极意义。但是短期内加入TPP未必是最优选择，这是因为：一方面，通过TPP获得的货物贸易市场准入机会有限，然而中国在诸如知识产权、环境条款、劳工条款、服务贸易、国有企业、电子商务等很多方面中国基本处于谈判守势，需要甄别、开放、调整、改革的内容不少，尤其是短期内TPP服务贸易、政府采购等市场准入开放程度过高，对不少部门或产业的短期风险和冲击较大。值得注意的是，TPP的部分规则如电子商务、国有企业、环境及劳工条款等内容，已经涉及政治安全等非经济领域，未明确研究或试验而加入恐怕风险过大。另一方面，在谈判策略上，长期以来，东亚合作进展缓慢，RCEP来之不易，中国贸然宣布加入TPP，未必能获得参与TPP规则制定的权力，更严重的是可能会对各国参与东亚合作的信心造成严重打击，这样可能会导致一个最劣的结果，即中国既未获得TPP中的规则制定权，又丧失了东亚合作机制平台。从这个角度看，即使中国最终会选择加入TPP，也应该是在构建RCEP之后。

另外，美国的态度是影响中国在短期内是否能够加入TPP的关键因素。客观地说，如果中国加入TPP，将对TPP本身和美国在TPP谈判中的地位造成重大影响。美国学者Petri和Schott设想了一种新的贸易情景，即中国成为TPP的第17

① Peter A. Petri and Michael G. Plummer, “The Trans-Pacific Partnership and Asia-Pacific Integration: Policy Implications”, PIIE Policy Brief, No. 12-16, June 2012, p.2.

个成员国，研究表明这将大幅提高 TPP 成员国的福利收益，美国的 GDP 将提高 1.6%，而中国的 GDP 甚至将提高 4.7%。[①] 这一情景将带来一种革命性的贸易格局变化，因为 TPP17 不仅有望成为 FTAAP 的贸易模板，甚至将成为未来的全球贸易标准，同时还将吸引越来越多的国家甚至广大的发展中国家加入 TPP。[②] 然而，从成员、谈判条款和目标等多个角度看，TPP 的要求都远高于目前亚洲国家签署的多数 FTA 条款，[③] 中国目前签署实施的 FTA 的自由化水平也远低于 TPP 的要求。正因为如此，也许中国目前很难接受 TPP 的条款，同时美国也很担心中国的加入会使得当前的 TPP 谈判变得更加复杂，[④] 美国尤其担心中国可能会在 TPP 谈判中严重干扰美国的谈判议程设置，不利于美国继续主导谈判的方向，因此美国并不认为当前是接纳中国加入 TPP 的最佳时机。事实上，中短期来看，美国普遍认为中国目前很难接受 TPP 的规则，例如环境条款、国有企业、知识产权等多个方面。另外，一个中国—美国 FTA 对两个国家而言都具有挑战性，一方面需要中国进行全方位的开放和改革，另一方面需要美国改变对待中国的态度以及建立充分的互信关系，而这些都不太可能在短期内完成，甚至可能需要一个相当长的时间过渡。[⑤] 尽管美国认为中美重启双边投资协定（BIT）谈判和中国启动上海自由贸易试验区为中国最终加入高标准的 FTA 奠定了基础，[⑥] 但是现实中美国仍然坚持为中国加入 TPP 设定门槛，例如，2014 年初美国贸易代表（USTR）就指出，

---

① Peter A. Petri, Michael G. Plummer and Fan Zhai, "The TPP, China and the FTAAP: The Case for Convergence", in Tang Guoqiang and Peter A. Petri (eds.), New Directions in Asia-Pacific Economic Integration, Honolulu: East-West Center, 2014, p.84.

② Jeffrey J. Schott, "Asia-Pacific Economic Integration: Projecting the Path Forward", in Tang Guoqiang and Peter A. Petri (eds.), New Directions in Asia-Pacific Economic Integration, Honolulu: East-West Center, 2014, pp.250-251.

③ Shujiro Urata, "A Stages Approach to Regional Economic Integration in Asia Pacific: the RCEP, TPP and FTAAP", in Tang Guoqiang and Peter A. Petri (eds.), New Directions in Asia-Pacific Economic Integration, Honolulu: East-West Center, 2014, pp.120-125.

④ Peter A. Petri, Michael G. Plummer and Fan Zhai, "The Trans-Pacific Partnership and Asia-Pacific Integration: A Quantitative Assessment", East-West Center Working Papers, Economics Series, No. 119, October 24, 2011, p.46.

⑤ Peter A. Petri, Michael G. Plummer and Fan Zhai, "The TPP, China and the FTAAP: The Case for Convergence", in Tang Guoqiang and Peter A. Petri (eds.), New Directions in Asia-Pacific Economic Integration, Honolulu: East-West Center, 2014, p.87.

⑥ Matthew P. Goodman, "U.S. Economic Strategy in the Asia-Pacific Region: Promoting Growth, Rules, and Presence", in Tang Guoqiang and Peter A. Petri (eds.), New Directions in Asia-Pacific Economic Integration, Honolulu: East-West Center, 2014, p.175.

中国需要先解决中美BIT谈判，再讨论TPP等问题。因此，从美国角度来看，无论是理论上还是现实中，中国加入TPP都将是一个中长期的话题，短期内美国没有考虑接受中国加入TPP。长期来看，即使中国愿意加入TPP，这个过程也可能是比较复杂的，需要中美两国做出充分准备和国内调整，毕竟中国最终是否加入TPP将取决于很多因素，而不仅仅是贸易谈判或政治意愿。

（2）积极推动以RCEP为代表的东亚合作进程。短期内，为了规避或减小TPP可能对中国产生的贸易转移效应，中国需要加快实施自贸区战略，目前积极参与和推动RCEP就是最佳选择之一。中长期内，鉴于美国在战略上希望以国际新规则约束中国，那么中国将在区域层面特别是全球层面，面临着来自发达国家贸易集团越来越紧迫的谈判压力。在这一国际环境下，中国能够做到的最有效应对措施，就是类似欧盟的做法，即通过RCEP形成贸易集团，加强在多边贸易谈判中的整体谈判实力，有选择地、渐进地接受国际新规则，为中国经济崛起争取时间。

基于东亚地区各经济体处于不同经济发展阶段的现实，RCEP的指导原则文件已经表明RCEP不太可能会在贸易自由化方面取得重大突破，[①] 当然这并不否定RCEP仍然是该地区最为重要的自由贸易协定之一，因为RCEP不仅能够整合分散的“东盟+1”FTA，而且在一定程度上有助于克服本地区存在的“意大利面条碗效应”，更为重要的是RCEP能够进一步理顺东亚生产网络和改善地区投资环境，为下一阶段地区增长提供动力。鉴于RCEP的重要性，有必要以明确的RCEP框架尽快推进RCEP谈判进程。

如果将整合五个“东盟+1”FTA作为推动RCEP的主要方式，那么RCEP的框架设计至少需要解决两个方面的问题：第一，什么议题需要进入RCEP谈判议程，这一点至关重要，特别是目前TPP正在谋划推动“下一代”贸易规则，此时RCEP如果能在东亚范围内建立统一的贸易规则，将进一步规范本地区的自由贸易协定，并形成东亚自身的贸易规则。第二，RCEP谈判议题的深度，即贸易自由化程度的确定。这个问题不仅决定了RCEP的经济效益，而且也会影响具体谈

① Murray Hiebert and Liam Hanlon, “ASEAN and Partners Launch Regional Comprehensive Economic Partnership”, East Asia Forum, December 7, 2012, http://csis.org/publication/asean-and-partners-launch-regional-comprehensive-economic-partnership.

判的难度。如表 6-10 所示，对“东盟+1”FTA 结构做横向比较，可见各“东盟+1”FTA 在议题结构方面存在较大差异。不难发现，但凡两个“东盟+1”FTA 中同时出现的贸易议题，均已经明确出现在 RCEP 指导原则文件中了，即未来 RCEP 谈判必然涉及的谈判议题，如海关措施、知识产权、竞争政策、电子商务、经济技术合作等条款。如果按照这一逻辑，不难推导出 RCEP 的可能谈判框架。

表 6-10 “东盟+1”FTA 结构比较

		东盟—中国	东盟—韩国	东盟—日本	东盟—印度	东盟—澳新	RCEP
货物贸易							
	关税减让	○	○	○	○	○	○
	原产地规则	○	○	○	○	○	○
	技术壁垒	○	○	○	○	○	○
	海关措施	*	*	○		○	○
	检验检疫	○	○	○	○	○	○
	贸易救济	○	○	○	○	○	○
	投资						
	投资前国民待遇		○	○		○	○
	投资前最惠国待遇	○	○	○		○	○
	业绩要求条款		○	○		○	○
服务贸易		○	○	○		○	○
	知识产权	*	*	○		○	○
	政府采购			○			
	竞争政策			○		○	○
	电子商务	*	*	○		○	○
	劳工标准						
	环境政策	*	*	○			
	经济技术合作	○	○	○		○	○
制度规定							
	争端解决	○	○	○	○	○	○

注：○表示有相关条款；*表示属于“合作”或者“便利化”内容；RCEP 部分属于预测。
资料来源：各自贸协定协议文本。

根据 RCEP 指导原则文件，RCEP 自由化程度将超过目前的“东盟+1”FTA，因此有必要先行确定上述五个“东盟+1”FTA 中贸易自由化最高水平的自由贸易协定。就自由化水平角度而言，东盟—澳新 FTA 的自由化程度很高，这是因为：①从货物贸易自由化角度看，东盟—澳新 FTA 规定澳新与东盟相互间最终将实现约 100%的商品零关税，这在全部“东盟+1”FTA 中自由化水平最高；②在服务贸易领域，东盟—澳新FTA规定的相互开放的水平承诺和部门承诺自由化水平都较高，基本与东盟—日本CEP处于同一水平；③从投资条款角度看，东盟—澳新FTA的相关条款也表现出了最高的自由化水平。另外，就全面性而言，东盟—澳新FTA采取了“一揽子”协议的形式，对货物贸易、服务贸易、投资、经济合作、知识产权、竞争政策、电子商务等多个议题进行了较为全面的规定，比较注重自由贸易协定的全面性，特别是在边界内措施方面，其要求水平较高。因此，从自由化水平和全面性两个角度来看，东盟—澳新FTA在五个“东盟+1”FTA中均处于领先地位。

相对而言，虽然东盟—日本CEP的平均自由化程度高于东盟—中国FTA、东盟—韩国FTA和东盟—印度FTA，但是东盟—日本CEP的贸易自由化水平表现得不均衡。总体而言，在货物贸易自由化方面，它比较接近东盟—中国FTA、东盟—韩国FTA，甚至在某些商品上保护程度非常高；在服务贸易和投资方面，日本与东盟7国签订的CEP与东盟—澳新FTA水平接近；而在FTA的全面性方面，则明显强于东盟—中国FTA、东盟—韩国FTA，甚至在政府采购、知识产权等领域超过了东盟—澳新FTA的水平。但需要指出的是，尽管东盟—日本CEP的部分条款标准很高，但是日本为了保护国内特定部门利益而强调通过双边协议的方式与不同国家取得了不同程度的妥协，所以东盟—日本CEP整体表现并不如东盟—澳新FTA的自由化水平高。因此，RCEP的自由化基准在理论上宜选取东盟—澳新FTA。

确定了谈判议题和自由化程度后，就可以对RCEP谈判做出设计。从理论上来看，“东盟+1”FTA的横向比较分析已经表明，五个“东盟+1”FTA在投资条款上的差异最小，因此RCEP可能在投资方面最易达成一致。具体而言，RCEP谈判的主要焦点将集中于中国未放开准入前国民待遇和业绩要求条款，而其他国家在该领域谈判中面临的困难较小，因此可以预期RCEP谈判比较容易取得进展的可能就是投资条款，尽管该领域内中国面临着较强的谈判压力。

在货物贸易方面，货物贸易市场准入谈判的困难在于对敏感商品目录的有效约束，从“东盟+1”FTA横向比较中不难发现，除了东盟—澳新FTA外，其他“东盟+1”FTA在关税减让方面都比较保守，特别是敏感商品目录过长，这显然限制了“东盟+1”FTA的作用。有鉴于此，RCEP的货物贸易市场准入谈判的关键在于控制敏感商品目录。另外，深化东亚生产网络，要求RCEP建立一套简化的、有效的原产地规则，改变目前该地区内复杂的、多重原产地规则，使东亚生

产网络的贸易、生产活动运行更加畅通、有效率。绝大多数“东盟+1”FTA采用了选择性的原产地规则标准，即任意选择40%的RVC标准或CTC标准的“二选一”原产地规则，因此如果希望将RCEP打造成为进一步理顺东亚生产网络的工具，那么实施简单的原产地规则是RCEP的唯一选择。可以预期，RCEP的原产地规则很可能采用这种“二选一”方式，事实上，这一标准也广受企业界期待，对企业调查的数据支持了这种选择性的原产地规则。[①] 值得注意的是，深化的区域生产网络取决于交易成本的有效降低，这体现在较低的交通成本，较为简单的海关手续，较为便利的人员往来和签证，产品标准、行业规范、法律法规等的相互认可等方面，这需要RCEP通过贸易投资便利化措施加以规范。中国是东亚生产网络的受益者，因此有必要为深化东亚生产网络做出贡献，从这个角度看，中国在RCEP谈判中，在原产地规则、海关、贸易便利化等领域的谈判方面需要做出积极表率，甚至可以领衔工作组谈判。

在服务贸易方面，虽然“东盟+1”FTA都做出了超WTO水平的承诺，但是部门承诺各不相同，因此该领域的谈判可能比较复杂。在服务贸易谈判中，也许RCEP采取特定部门渐进开放的方式比较合适，如果选取具体开放部门时以开放部门带来的福利收益是否迅速且丰厚为标准，那么旅游业可能成为首选。[②] 另外，东盟经济共同体（AEC）蓝图文件指出，除了旅游业外，航空运输、电子、医疗保健和物流服务是其优先领域。显然，以东盟为“中心”的RCEP，在开放服务部门时必然会将上述部门纳入谈判。而发达经济体热衷的运输、通信、金融等部门是否纳入，或者在多大程度纳入谈判，将取决于谈判各国的态度。

而其他方面的条款，RCEP已经明确将竞争政策、电子商务、经济合作等方面的内容纳入谈判议程。但是在政府采购、环境条款等问题上，RCEP指导原则未加以说明，鉴于这些议题目前仍存在较大争议，也许将它们纳入经济合作章节是一个不错的选择。

在RCEP谈判中充分尊重东盟的“中心”地位，加强与东盟的沟通与协调，提前就RCEP可能涉及的谈判议题和自由化程度与东盟国家尽可能达成共识，对

① 河合正弘、加乃山·维格那拉加主编：《亚洲的自由贸易协定：企业如何应对》，王震宇等译，社会科学文献出版社，2012年版，第41–42页。

② Sanchita Basu Das，“Asia's Regional Comprehensive Economic Partnership”，East Asia Forum，August 27，2012，http://www.eastasiaforum.org/2012/08/27/asias-regional-comprehensive-economic-partnership/.

于减少谈判过程中的冲突和压力十分重要。鉴于中国在东亚生产网络中极为重要的分工地位及其与日俱增的经济实力，中国的积极参与已经成为影响RCEP谈判成败的关键。RCEP不仅为中国提供了更为广阔的亚洲市场，使得东亚各经济体的经济联系更为紧密，有助于中国获得稳定的周边发展环境；而且RCEP作为一种外部动力，有助于中国进一步深化自身的改革开放。因此，中国有必要以积极的态度推动RCEP谈判进程。

从原则角度看，RCEP的生命力和活力不仅体现在它的贸易自由化上，而在于它应该是一个面向未来亚洲经济可持续发展的综合安排。也就是说，RCEP谈判绝不应该仅限于货物贸易、服务贸易和投资，而应该重在设计如何深化东亚生产网络，以及如何提高地区的经济活力。为此，中国应该在RCEP谈判中，积极支持采用灵活的原产地规则，而不必一再坚持过去的40%的RVC标准；积极在东亚地区内推动完成商品税目的统一，以便进一步推动贸易便利化；积极推动RCEP范围内的互联互通建设，把构建统一的东亚地区市场作为RCEP的终极目标；推动先进国家对后进国家进行能力建设和展开经济技术合作，以改善东亚地区的整体营商环境，为地区经济增长和繁荣提供动力。从谈判角度看，RCEP的谈判不可避免地会涉及准入前国民待遇和业绩要求条款、负面清单的可行性、服务部门开放程度、货物贸易自由化程度以及敏感产品目录、新议题的设置等一系列问题。对中国而言，如何通盘考虑需要详细的成本收益分析，以便达到利益最大化。

作为东亚地区的经济核心，中、日、韩的决定对本地区的区域经济合作的发展方向具有至关重要的影响。理论上而言，中日韩FTA谈判如果能够与RCEP同时推进，那将会对RCEP起到极大的推动作用，毕竟占东亚经济总量大部分的经济体达成一体化共识后，继续推动RCEP将会相对简单。因此，应该同样以积极的态度对待中日韩FTA的谈判，特别需要高度重视中国—韩国FTA的后续谈判，以此作为撬动中日韩FTA的支点。总的来说，中国需要具备开放思想和开拓精神，将RCEP、中日韩FTA和中国—韩国FTA通盘考虑，可以考虑同时给予准入前国民待遇和负面清单模式作为谈判基础，并加以推进，以“竞争性开放”达到相互促进的效果。

(3) 从战略高度重视美国的区域经济合作行为。以TPP为代表的“21世纪”条款中涉及的多数内容，如投资、服务贸易、竞争政策、知识产权、环境、政府采购、电子商务等条款都属于边界内措施，虽然美国推动的国际规则标准高，对

中国而言挑战较大，但是这些议题从本质上来看，与中国当前面临的新一轮改革内容存在一定程度的重合。因此，中国应积极利用外部开放压力，化压力为动力，促进服务业发展、规范国有企业、改善投资环境、进一步开放和规范政府采购市场等，结合东亚合作（中日韩 FTA、RCEP 等）谈判和国内自由贸易试验区试点（上海自由贸易试验区及其他多地推广），在这些领域分阶段、有侧重地"先行先试"，摸索出符合中国利益的国际新规则，适应全球贸易体系的新一轮重构。

作为世界第一大和第二大经济体，守成大国的美国和崛起挑战者的中国之间充满着复杂的竞合关系。一方面，宏观层面上，中国的经济崛起速度太快，而美国认为中国加入 WTO 的部分承诺却没有得到很好的落实。微观层面上，中国国有企业在全球范围内的国际直接投资增长迅速，特别是对原材料等资源的投资令美国担忧。尤其是 2008 年国际金融危机后，发达国家普遍经济低迷，而中国仍然保持了相对较高的增速，这令美国不得不试图对中国的行为进行全面约束，以维护美国企业的国际竞争力，进而维护美国的全球利益。TPP 和 TTIP 等区域经济合作行为只是目前美国通过"国际造法"实践撬动多边贸易规则的工具之一。美国推动 TPP 和 TTIP 的深层原因在于希望达到类似于关贸总协定东京回合谈判约束日本的效果，在国际规则层面通过区域经济合作诱发新一轮多边贸易谈判，进而约束以中国为代表的新兴经济体。伴随着中国经济继续崛起和中日韩 FTA、RCEP 等谈判的进行，美国的区域经济合作行为势必会进一步加强，未来中美两国在国际经贸规则领域的竞争也会越来越激烈。

另一方面，中美两国之间的经济依赖非常明显，从货物流层面中国依赖美国市场，到资本流层面美国依赖中国对其国债的投入，两国之间的利益交叉已经非常深入。尤其是国际贸易领域，中国为美国提供了大量价廉物美的商品，在满足美国市场需求的同时，帮助美国有效地抑制了物价上涨；而中国甚至整个亚洲的出口都依赖美国市场，可以说亚洲地区相当程度的经济增长动力来源于对美出口。中美两国之间谁也离不开谁，两国在符合共同利益的基础上加强合作是有基础的，例如，近年 APEC 达成的环境产品清单以及 ITA 扩围谈判正是中美合作推动的结果。理论上，上述做法有可能适用于多边贸易谈判，即多边框架下合作推动货物贸易甚至服务贸易等内容的贸易自由化进程。

值得注意的是，TPP、TTIP 等北—北型自由贸易协定强调的"下一代"贸易规则的很多内容都是用来规范边界内措施的。例如，统一各国的标准与相关法规、限制政府对市场的干预、改善商业投资环境、规范国有企业、优化供应链管理等，即使在这些领域，中美两国之间也是存在合作基础的。不仅如此，当中国逐渐进入对外投资净输出国的阶段，中国也需要从制度上保障中国企业的海外投资，因此中国有必要对外缔结投资协定，而非简单的投资保障协定。伴随着中国经济发展水平的提高，未来中国经济增长将越来越需要开拓服务业市场，中国不仅需要对外加强服务贸易谈判，同时还需要加强知识产权保护等机制建设。

事实上，中国自身在投资、服务贸易甚至规则一致性、国有企业等议题上，也都有着通过对外开放促进改革的迫切性。中美两国不仅在货物贸易领域存在环境产品清单等合作基础，而且在上述超 WTO 议题甚至国际贸易新议题上都存在不同程度、不同侧重的合作基础。可以做出判断的是，中长期内，作为全球综合实力第一大国的美国会在全球范围内持续推动全球贸易体系的新一轮重构。而中国将根据自身改革和实现经济可持续增长的需要，对不同的区域经济合作倡议采取区别对待的方式，有选择地加入，并建设性地参与构造国际新规则。

（4）逐步推进中美双边投资协定谈判。现有信息表明（见表 6-11），TPP 的投资条款内容与美国的 BIT 2012 年范本内容基本相同，主要包括准入前国民待遇、准入前最惠国待遇和业绩条款等投资自由化条款；以及高水平的投资保护条款；还涉及其他贸易协定较少涉及的环境条款和劳工条款等。就条款全面性而言，BIT 较 TPP 投资条款毫不逊色，BIT 2012 年范本内容超出了 TPP 投资条款内容，如透明度、不减损、公布投资法规与决议、基本安全、信息披露、金融服务、税收等条款，在 TPP 投资条款中均未涉及；而且在特定条款上，BIT 的自由化水平强于 TPP。可以说，如果一国与美国以 BIT2012 年范本为基础完成 BIT 谈判，那么该经济体充分满足了 TPP 投资条款的相关要求，即缔结 BIT 是参加 TPP 投资条款的充分条件。

表 6-11　TPP 投资条款与 BIT 2012 年范本的比较

TPP 投资条款	BIT 2012 年范本	条款比较
第 4 条：国民待遇	第 3 条：国民待遇	一致
第 5 条：最惠国待遇	第 4 条：最惠国待遇	一致
第 6 条：最低待遇标准	第 5 条：最低待遇标准	一致，尽管 BIT 2012 年范本未指定武装冲突条款
第 6.1 条：武装冲突或国内动乱		
第 7 条：业绩要求	第 8 条：业绩要求	基本一致，TPP 稍详细

续表

TPP 投资条款	BIT 2012 年范本	条款比较
第 8 条：高级管理人员及董事会	第 9 条：高级管理人员及董事会	一致
第 9 条：不符措施	第 14 条：不符措施	一致
第 11 条：资金转移	第 7 条：资金转移	一致
第 12 条：征收及补偿	第 6 条：征收及补偿	一致
第 12-9 条：代位		BIT 2012 年范本无此条款
第 13 条：特殊程序与信息要求	第 15 条：特殊程序与信息要求	一致
第 14 条：利益否定	第 17 条：利益否定	一致
第 15 条：健康安全与环保措施	第 12 条：投资与环境	TPP 条款稍简略
第 16 条：企业社会责任	第 13 条：投资与劳工	条款精神基本一致
	第 11 条：透明度	TPP 投资条款无此内容
	第 16 条：不减损	
	第 10 条：公布投资法规与决议	
	第 18 条：基本安全	
	第 19 条：信息披露	
	第 20 条：金融服务	
	第 21 条：税收	
B 节：投资者—国家争端解决机制	B 节：投资者—国家争端解决机制	结构基本一致，但细节稍有差别
	C 节：缔约国之间争端解决机制	TPP 投资条款无此内容

资料来源：笔者整理。

目前，虽然中国未加入 TPP，但是中美战略与经济对话已经重启了 BIT 谈判，有观点认为如果中国提出加入 TPP，中美 BIT 可能会成为申请加入的先决条件之一。目前来看，短期内完成中美 BIT 谈判仍有挑战。具体而言，从中国对外自由贸易协定谈判实践看，投资条款方面与亚洲其他国家相比存在明显落后（见表 6-12），落后的主要方面是：①未开放准入前国民待遇；②未明确规范业绩条款；③有限使用负面清单方式等。如果中国要完成中美 BIT 谈判，那么除了需要克服上述三个方面的问题外，还需额外完成环境、劳工、金融服务、国有企业等方面的谈判。

表 6-12 投资条款比较

内容	东盟—中国	东盟—韩国	东盟—日本	东盟—澳新	TPP	中美 BIT
1. 投资前最惠国待遇	○	○	○	–	○	○
2. 投资后最惠国待遇	○	○	○	–	○	○
3. 投资前国民待遇	–	○	○	○	○	○
4. 投资后国民待遇	○	○	○	○	○	○

续表

内容	东盟—中国	东盟—韩国	东盟—日本	东盟—澳新	TPP	中美 BIT
5. 投资待遇	○	○	○	○	○	○
6. 补偿	○	○	○	○	○	○
7. 资金转移	○	○	○	○	○	○
8. 业绩要求条款	–	○	○	○	○	○
9. 征收	○	○	○	○	○	○
10. 不符措施	○	○	–	*	○	○
11. 代位	○	○	○	○	○	○
12. 投资者—国家争端解决	○	○	○	○	○	○
13. 投资促进	○	–	○	–	–	–
14. 投资便利化	○	–	○	–	–	–
15. 透明度	○	○	○	○	–	○
16. 投资与环境	–	–	**	–	○	○
17. 高级管理及董事会	–	–	–	–	○	○
18. 投资与劳工	–	–	–	–	○	○
19. 金融服务业	–	–	–	–	–	○

注：○表示“有”，– 表示“无”，* 文本中出现的是“保留措施”，** 文本中仅原则性声明。
TPP 采用 2012 年泄密版本；BIT 采用美国 2012 年版本。

当然，与东盟、新西兰等国的双边 FTA 中，中国已经开始采用了负面清单方式；中国已经在上海自由贸易试验区中采用负面清单和准入前国民待遇，而且中国已经同意在中美 BIT 谈判中就准入前国民待遇和负面清单问题进行谈判，这为中美 BIT 谈判取得成功奠定了一定基础。

未来，即使 TPP 谈判不顺利，TPP 谈判参与方有可能采用部门自由化方式独立签署相关投资协定，即所谓的多边性质的投资协定（MIT）。相应地，如果 MIT 参与方能够继续在 TPP 成员范围外实现扩容，将有可能发展成为事实上的多边投资协定（MAI），最终还有可能上升成为 WTO 框架下的诸边协议。

因此，未来中短期内，无论中国是否需要加入 TPP，都应该以更积极的态度对待中美 BIT 谈判。这是因为，如果 TPP 谈判成功，中美 BIT 能够顺理成章地成为连接 TPP 的桥梁；即使 TPP 谈判不成功，中美 BIT 也将为未来很有可能出现的多边投资协定做出战略准备和安排。当然，必须认识到中美 BIT 是一个系统工程，它绝不仅仅是一个简单的投资协定，其涉及的内容远远超过了过去中国与其他国家签署的投资保障协定。基于 BIT 2012 年范本的中美 BIT 谈判从内容上来看，除了不用考虑货物贸易市场准入外，中美 BIT 完全可以说是一个缩减版的中

美自由贸易谈判，因此中美 BIT 谈判可能并不会十分顺利。考虑到中国与加拿大谈判签署双边投资协定耗时 18 年，中美 BIT 谈判也许会漫长。当然这一过程将主要取决于中国未来的改革进程，中美 BIT 越早谈成，将越早对中美两国的经济发展发挥积极作用。

（5）积极主动地参与新一轮国际经贸规则制定。全球贸易体系正在经历新一轮重构，部分区域规则在未来有可能会上升为全球规则。无论 TPP、TTIP 等巨型自由贸易协定谈判是否成功，未来全球贸易体系大致会出现两类情景：情景 1，TPP 和 TTIP 顺利完成，在发达国家形成新的贸易集团的强大压力下，新一轮多边贸易谈判开始，以美国为代表的发达国家推行的区域规则全面上升为国际规则。情景 2，TPP 和 TTIP 未能顺利完成，部分规则以部门开放形式成为多边贸易体系下的诸边协议。无论哪种情景，服务贸易、投资条款、电子商务、竞争政策等贸易新议题或标准都有可能逐步上升为全球规则，客观来看，这一趋势是不可阻挡的。

鉴于中国、印度等新兴经济体尚有众多未开放部门，特别是服务贸易、政府采购、电子商务等领域具有巨大的潜在市场，因而从经济角度而言美国不可能一直将中国、印度等新兴大国排除在新一轮的规则重构之外。但是从谈判策略角度来看，相对于以中国和印度为代表的新兴贸易集团，美国在 TPP 甚至在 FTAAP 内形成贸易集团的相对实力仍不够强大。从美国区域经济合作战略角度来看，只有在全球层面与欧盟结成更强大的贸易集团，美国才可能在多边贸易谈判中成功推动国际新规则。从中国角度来看，中国经济的潜在增长率进入下行通道，为了更好地应对中国经济面临的困难和挑战，中国需要以更高水平的对外开放为中国企业开拓国际新市场，为中国经济发展提供新动力。具体而言，加快实施自由贸易区战略，以亚洲区域经济合作为基础推动中国新一轮对外开放，积极扩大服务业开放，加快投资条款、竞争政策、知识产权、电子商务等新议题谈判，以更高质量的对外开放参与国际经贸规则制定，争取全球经济治理制度性权力，在新一轮的国际规则制定中发出更多中国声音、注入更多中国元素。可以断言，多边贸易体系将在以中国为代表的新兴经济体集团与以美国为代表的传统发达国家集团博弈的基础上，得到一定程度的复兴（而不是衰落），因此中国应该在多边贸易体系的复兴中抢占先机、赢得主动。

对于中国而言，区域经济合作和多边贸易体系都是推动经济发展的工具，中国目前仍处于以制造业为主的国际分工阶段，货物贸易仍是中国国际贸易的主体，这一特征决定了中国离不开多边贸易体系。以WTO为代表的多边贸易体系仍是迄今为止容纳成员最多、优惠关税（MFN）使用率最高、争端解决机制拥有全球效力的贸易安排。尽管中国可以通过区域经济合作获得新的市场准入机会，但是中长期内中国的国际分工地位决定了WTO仍然是中国主要的利益所在。鉴于中美之间达成双边自由贸易协定的难度很大（除了缺乏政治互信外，双边谈判涉及的部门利益远超过其他任何自由贸易协定），WTO可能是目前为止能够较为舒适地容纳中美两个大国的贸易谈判平台，因此中国在利用区域经济合作获得新的市场准入机会和扩大对外开放的过程中，维护和推动多边贸易体系发展仍然是中国的重要利益所在，中长期内中国有必要同时积极推进区域经济合作和多边贸易体系。

总之，目前美国推动的TPP和TTIP是面对以中国为代表的新兴经济体群体性崛起而做出的战略性应对，旨在通过新一轮国际规则制定，将代表国际贸易新特征的新兴经济体重新纳入国际贸易体系中，对此中国应有清醒的认识。相应地，中国在短期内应放弃对TPP的幻想，脚踏实地地推进RCEP谈判，将周边环境打造得更为牢固。中期内，应加强国内市场化改革，迎接新一轮的多边贸易谈判。特别需要指出的是，中国在新一轮谈判中必须从战略高度努力推动多边贸易谈判成功，而不是作为阻碍者拖延谈判，否则以美国为代表的发达国家集团将持续通过其区域经济合作谋求约束中国。长期内，中国需要坚定不移地实现经济发展方式转变，同时积极开拓国际新市场，摆脱对欧美市场的高度依赖，实现经济可持续发展。

参考文献

[1] ADB, Asian Economic Integration Monitor-November 2014, Mandaluyong City, Philippines: Asian Development Bank, 2014.

[2] ADB, Emerging Asian regionalism: A Partnership for Shared Prosperity, Mandaluyong City, Phil.: Asian Development Bank, 2008.

[3] ADB, Institutions for Regional Integration: Toward an Asian Economic Community, Mandaluyong City, Phil.: Asian Development Bank, 2010.

[4] ADB, Methodology for Impact Assessment of Free Trade Agreements, Mandaluyong City, Phil.: Asian Development Bank, 2010.

[5] Amy Searight, "The United States and Asian Economic Regionalism: On the Outside Looking In?", in Mark Borthwick and Tadashi Yamamoto (eds.), A Pacific Nation: Perspectives on the US Role in an East Asia Community, Washington DC: the Brookings Institution, 2010.

[6] Andre Sapir, "Regionalism and the New Theory of International Trade: Do the Bells Toll for the GATT?", The World Economy, Vol.16, No.4, 1993.

[7] Andrey Stoyanov, "Trade Policy of a Free Trade Agreement in the Presence of Foreign Lobbying", Journal of International Economics, Vol.77, 2009.

[8] Anne Krueger, "Are Preferential Trading Arrangements Trade-Liberalizing or Protectionist?", Journal of Economic Perspectives, Vol.13, No.4, 1999.

[9] Annette O. Pelkmans-Balaoing and Miriam Manchin, "Rules of origin and the Web of East Asian Free Trade Agreements", World Bank Policy Research Working Paper Series 4273, 2007.

[10] Antonio Capobianco and Hans Christiansen, "Competitive Neutrality and State-Owned Enterprises: Challenges and Policy Options", OECD Corporate

Governance Working Papers No.1, 2011.

[11] Arvind Panagariya, "The Free Trade Area of the Americas: Good for Latin America?", The World Economy, Vol. 19, September 1996.

[12] Arvind Panagariya, "The Regionalism Debate: An Overview", The World Economy, Vol.22, No. 4, 1999.

[13] Arvind Subramanian, "A Muscular Multilateralism to Engage China on Trade", Testimony Before the Joint Economic Committee of the United States Congress, hearing on "Manufacturing in the USA: How Trade Policy Offshores Jobs", September 21, 2011.

[14] Australian Department of Foreign Affairs and Trade, Gillard Government Trade Policy Statement: Trading Our Way to More Jobs and Prosperity, 2011, p3.

[15] Australian Department of Foreign Affairs and Trade, Review of Bilateral and Regional Trade Agreements, April 2010.

[16] Baybars Karacaovalia and Nuno Limão, "The Clash of Liberalizations: Preferential vs. Multilateral Trade Liberalization in the European Union", Journal of International Economics, Vol.74, No.2, 2008.

[17] Bela Balassa, The Theory of Economic Integration, Homewood, Illinois: Richard D. Irwin, 1961.

[18] Biswa N. Bhattacharyay, "Understanding the Latest Wave and Future Shape of Regional Trade and Cooperation Agreements in Asia", CESifo Working Paper Series 1856, 2006.

[19] Bjorn Hettne and Fredrik Söderbaum, "Theorizing the Rise of Regionness", New Political Economy, Vol.5, No.3, 2000.

[20] Bjorn Hettne and Fredrik Söderbaum, "Towards Global Society Theory, Journal of International Development", Special Issue: Rethinking Development Theory, Vol.1, No.4, 1999.

[21] C. Fred Bergsten and Jeffrey J. Schott, "Submission to the USTR in Support of a Trans-Pacific Partnership Agreement|", Paper Submitted to the United States Trade Representative on the Trans-Pacific Partnership Agreement, January 25, 2010.

[22] C. Fred Bergsten, "Fifty Years of Trade Policy: The Policy Lessons", The World Economy, Vol.24, No.1, 2001.

[23] C. Fred Bergsten, "A Renaissance for US Trade Policy?", Foreign Affairs, Vol. 81, No. 6, 2002.

[24] C. Fred Bergsten, "America's Two-Front Economic Conflict", Foreign Affairs (March/April), 2001.

[25] C. Fred Bergsten, "Embedding Pacific Asia in the Asia Pacific: The Global Impact of an East Asian Community", Speech at the Japan National Press Club, Tokyo, September 2, 2005.

[26] C. Fred Bergsten, "Towards a Tripartite World", The Economist, July 15, 2000.

[27] Carlo Perroni and John Whalley, "The New Regionalism: Trade Liberalization or Insurance?", NBER Working Paper No.4626, 1994.

[28] Caroline Freund, "Multilateralism and the Endogenous Formation of Preferential Trade Agreements", Journal of International Economics, Vol.52, No. 2, 2000.

[29] Carsten Kowalczyk and Ronald J. Wonnacott, "Hubs and Spokes and Free Trade in the Americas", NBER Working Paper No. 4198, 1992.

[30] Christopher Findlay, "Walking and Chewing Gum at the Same Time: Australia's Free Trade Area Strategy", The Australian Journal of Agricultural and Resource Economics, Vol.46, No.4, 2002.

[31] Christopher Hemmer and Peter J. Katzenstein, "Why is There No NATO in Asia? Collective Identity, Regionalism, and the Origin of Multilateralism", International Organization, Vol.56, No.3, 2002.

[32] Christopher M. Dent, East Asian Regionalism, New York and London: Routledge, 2008.

[33] Chul Chung et al., Production Networks and Economic Cooperation in the Asia Pacific Region, KIEP Policy Analysis 13-12, 2013.

[34] Chunding Li and John Whalley, "China and the Trans-Pacific Partnership: A Numerical Simulation Assessment of the Effects Involved", The World Economy,

2014.

[35] Claude Barfield, “CJK Economic Trilateralism: The Prospects and Perils of a New FTA: The U.S. Perspective”, in Gilbert Rozman (ed.), Asia's Uncertain Future: Korea, China's Aggressiveness, and New Leadership, Joint US-Korea Academic Studies, Vol.24, 2013.

[36] Claude Barfield, “The Trans-Pacific Partnership: A Model for Twenty-First-Century Trade Agreements?”, American Enterprise Institute for Public Policy Research International Economic Outlook No.2, June 2011.

[37] Claude Barfield, “The United States and Asian Regionalism: The Long Road to the Trans-Pacific Partnership”, Paper Prepared for the ELSNIT Conference Revisiting Regionalism, St. Gallen, Switzerland, October 21-22, 2011.

[38] Claude Barfield, “US Trade Policy: The Emergence of Regional and Bilateral Alternatives to Multilateralism”, Intereconomics, Vol.42.

[39] Constantinos Deltas, Klaus Desmet and Giovanni Facchini, “Hub-and-spoke Free Trade Areas: Theory and Evidence from Israel”, Canadian Journal of Economics, Vol.45, No.3, 2012.

[40] Craig VanGrasstek, “The Political Economy of Services in Regional Trade Agreements”, OECD Trade Policy Working Papers, 2011.

[41] Dan Lu, “Exceptional Exporter Performance? Evidence from Chinese Manufacturing Firms”, University of Chicago Job Market Paper, November, 2010.

[42] David Lake, “Anarchy, Hierarchy, and the Variety of International Relations”, International Organization, Vol.50, No.1, 1996.

[43] David Mardin Jones and Michael L. R. Smith, “Making Process Not Progress”, International Security, No. 1, 2007.

[44] Deborah Elms, “Getting from Here to There: Stitching Together Goods Agreements in the Trans-Pacific Partnership (TPP) Agreement”, RSIS Working Paper No.235, 17 April, 2012.

[45] Donghyun Park and Kwanho Shin, “Can Trade with the People's Republic of China be an Engine of Growth for Developing Asia?”, ADB Economics Working Paper Series No. 172, 2009.

[46] Drusilla K. Brown, Kozo Kiyota and Robert M. Stern, Computational Analysis of the Free Trade Area of the Americas (FTAA), RSIE Discussion Paper No.528, February 2005.

[47] Economist Intelligence Unit, Country Report Vietnam, November, 2011.

[48] Edward D. Mansfield and Eric Reinhardt, "Multilateral Determinants of Regionalism: The Effects of GATT/WTO on the Formation of Preferential Trading Arrangements", International Organization, Vol.57, No.4, 2003.

[49] Edward Gresser, "The Emerging Asian Union? China Trade, Asian Investment, and A New Competitive Challenge", Progressive Policy Institute Policy Report, May 13, 2004.

[50] Eggerand Larch, "Interdependent Preferential Trade Agreement Memb-erships: An Empirical Analysis", Journal of International Economics, Vol.76, No. 2, 2008.

[51] Ellen L. Frost, Asia's New Regionalism, Boulder, Colorado: Lynne Rienner Publishers, 2008.

[52] Emanuel Ornelas, "Trade Creating free Trade Areas and the Undermining of Multilateralism", European Economic Review, Vol.49, No.7.

[53] Eric W. Bond and Constantinos Syropoulos, "The Size of Trading Blocs Market Power and World Welfare Effects", Journal of International Economics, Vol. 40, No.3-4, 1996.

[54] Faezel Forouitan, "Does Membership in a Regional Preferential Trade Arrangement Make a Country More or Less Protectionist?", The World Bank Policy Research Working Paper 1898, 1998.

[55] Finn E. Kydland and Edward C. Prescott, "Rules Rather Than Discretion: The Inconsistency of Optimal Plans", Journal of Political Economy, Vol.85, No. 3, 1977.

[56] Flynn Sean, Aidan Hollis and Mike Palmedo, "An Economic Justification for Open Access to Essential Medicine Patents in Developing Countries", Journal of Law, Medicine and Ethics, Vol.37, 2009.

[57] Flynn Sean, Margot Kaminski, Brook Baker and Jimmy Koo, Public

Interest Analysis of the US TPP Proposal for an IP Chapter, Draft Version 1.3, December 6, 2011.

[58] Ganeshan Wignaraja, "The Regional Comprehensive Economic Partnership: An Initial Assessment", in Tang Guoqiang and Peter A. Petri (eds.), New Directions in Asia-Pacific Economic Integration, Honolulu: East-West Center, 2014.

[59] Gary C. Hufbauer and Jeffrey J. Schott, "Strategies for Multilateral Trade Liberalization", in G. Feketekuty and B. Stokes (eds.), Trade Strategies for a New Era: Ensuring US Leadership in a Global Economy, New York: Council on Foreign Relations and the Monterey Institute of International Studies, 1998.

[60] Gerald L. Curtis, "East Asia, Regionalism, and U.S. National Interests: How Much Change?", American Foreign Policy Interests, Vol.26, No.3, 2004.

[61] Gerald Segal, "How Insecure is Pacific Asia?", International Affairs, Vol.72, No.2, 1997.

[62] Gianluca Orefice and Nadia Rocha, "Deep Integration and Production Networks: An Empirical Analysis", WTO Staff Working Papers ERSD-2011-11, 2011.

[63] Gonzalo Escribano-Francés, "An International Political Economy View of EU-GCC Ppartnership", Paper presented at the International Conference on Challenges of Economic Development for the GCC Countries, Kuwait City, 29-31 January, 2005.

[64] Hidetaka Yoshimatsu, "Japan's Keidanren and Political Influence on Market Liberalization", Asian Survey, Vol.38, No.3, 1998.

[65] Hiro Lee and Ken Itakura, "TPP, RCEP, and Japan's Agricultural Policy Reforms", Osaka School of International Public Policy Discussion Paper No. 14E003, Osaka University, June 5, 2014.

[66] Hiroshi Mukunoki and Kentaro Tachi, "Multilateralism and Hub-and-Spoke Bilateralism", Review of International Economics, Vol.14, No.4, 2006.

[67] Ian Fergusson and Bruce Vaughn, "The Trans-Pacific Strategic Economic Partnership Agreement", Congressional Research Service Report R40502, 2009.

[68] Inkyo Cheong, "Negotiations for the Trans-Pacific Partnership Agreement: Evaluation and Implications for East Asian Regionalism", ADBI Working Paper Series Negotiations No. 428, July 2013.

[69] Inkyo Cheong, "Korea's Policy Package for Enhancing Its FTA Utilization and Implications for Korea's Policy", ERIA Discussion Paper Series ERIA-DP-2014-11, 2014.

[70] Inkyo Cheong, "South Korea's Recent FTA Policy", in Tang Guoqiang and Peter A. Petri (eds.), New Directions in Asia-Pacific Economic Integration, Honolulu: East-West Center, 2014.

[71] Jagdish Bhagwati and Arvind Panagariya, "The Theory of Preferential Trade Agreements: Historical Evolution and Current Trends", American Economic Review, Vol. 86, No.2, 1996.

[72] Jagdish Bhagwati, "Regionalism and Multilateralism: An Overview," in Jaime de Melo and Arvind Panagariya (eds.), New Dimensions in Regional Integration, Cambridge, Great Britain: Cambridge University Press, 1993.

[73] Jagdish Bhagwati, "U.S. Trade Policy: The Infatuation with Free Trade Areas", in Jagdish Bhagwati and Anne O. Krueger (eds.), The Dangerous Drift to Preferential Trade Agreements, Washington, D.C.: AEI Press, 1995.

[74] Jaime de Melo, Arvind Panagariya and Dani Rodrik, "The New Regionalism: A Country Perspective", The World Bank Policy Research Working Paper Series 1094, 1993.

[75] Jeffrey Frankel, Ernesto Stein and Wei Shang-jin, "Trading Blocs and the Americas: The Natural, the Unnatural, and the Super-natural", Journal of Development Economics, Vol. 47, No.1, 1995.

[76] Jeffrey J. Schott and Murrary Gordon Smith, The Canada-United States Free Trade Agreement: The Global Impact, Washington: Institute for International Economics, 1988.

[77] Jeffrey J. Schott, "Assessing US FTA Policy", in Jeffrey J. Schott (eds.), Free Trade Agreements: US Strategies and Priorities, Washington D.C.: Institute for International Economics (IIE), 2004.

[78] Jeffrey J. Schott, "Asia-Pacific Economic Integration: Projecting the Path Forward", in Tang Guoqiang and Peter A. Petri (eds.), New Directions in Asia-Pacific Economic Integration, Honolulu: East-West Center, 2014.

[79] Jeffrey J. Schott, Barbara Kotschwar and Julia Muir, Understanding the Trans-Pacific Partnership, Policy Analyses in International Economics 99, 2013.

[80] JETRO, Survey on International Operations of Japanese Firms (FY2008), 2009.

[81] Jianwu He and Louis Kuijs, "Rebalancing China's Economy-Modeling a Policy Package", World Bank China Research Paper No.7, September, 2007.

[82] Jiro Okamoto, "Australia's FTA Policy: From Defensive Response to Competitive Liberalization?", in Jiro Okamoto and Tatsushi Ogita (eds.), Whither Free Trade Agreements?: Proliferation, Evaluation and Multilateralization, Chiba: IDE-JETRO, 2003.

[83] John Ravenhill, APEC and the Construction of Pacific Rim Regionalism, Cambridge: Cambridge University Press, 2002.

[84] Jong-Wha Lee and Kwanho Shin, "Does Regionalism Lead to More Global Trade Integration in East Asia?", MPRA Paper No.706, November, 2006.

[85] Jose Campa and Timothy L. Sorenson, "Are Trade Blocs Conducive to Free Trade?", Scandinavian Journal of Economics, Vol.98, No.2, 1996.

[86] Joseph Grieco, "Systemic Sources of Variation in Regional Institutionalization in Western Europe, East Asia, and the Americas", in Edward D. Mansfield and Helen V. Miner (eds.), The Political Economy of Regionalism, New York: Columbia University Press, 1997.

[87] Joshua P. Meltzer, "The Trans-Pacific Partnership Agreement, the Environment and Climate Change", in Tania Voon (ed.), Trade Liberalisation and International Cooperation: A Legal Analysis of the Trans-Pacific Partnership Agreement, Edward Elgar Pub, 2014.

[88] Katsuhide Takahashi and Shujiro Urata, "On the Use of FTAs by Japanese Firms: Further Evidence", RIETI Discussion Paper Series 09-E-028, 2009.

[89] Kent Calder, "Japanese Foreign Economic Policy Formation: Explaining

the Reactive State", World Politics, Vol.40, No.4, 1988.

[90] Kyle Bagwell and Robert Staiger, " Will Preferential Agreements Undermine the Multilateral Trading System? ", Economic Journal, Vol.108, No. 449, 1998.

[91] Lawrence H. Summers, "Regionalism and the World Trading System", in Jagdish Bhagwati, Pravin Krishna and Arvind Panagariya (eds.), Trading Blocs: Alternative Approaches to Analyzing Preferential Trade Agreements, Cambridge, Massachusetts: The MIT Press, 1999.

[92] Lee Chang Jae, ed., Rationale for Korea-China-Japan FTA and Its Effects on Korean Economy, Seoul: KIEP, 2005.

[93] Lee Junkyu, "Korea's Trade Structure and its Policy Challenges", Part II: the Future of Korean Trade Policy, KEI Korea's Economy, 2012.

[94] Louis Kuijs, "China Through 2020-A Macroeconomic Scenario", World Bank China Research Paper No.9, 2009.

[95] Masahiro Kawai and Ganeshan Wignaraja, " Asian FTAs: Trends and Challenges", ADBI Working Paper Series No. 144, August 2009.

[96] Masahiro Kawai and Ganeshan Wignaraja, " Free Trade Agreements in East Asia: A Way toward Trade Liberalization?", ADB Briefs No.1, June 2010.

[97] Masahiro Kawai and Ganeshan Wignaraja, "Regionalism as an Engine of Multilateralism: A Case for a Single East Asian FTA", ADB Working Paper Series on Regional Economic Integration No.14, February 2008.

[98] Masahiro Kawai and Ganeshan Wignaraja, "The Asian 'Noodle Bowl': Is It Serious for Business?", ADBI Working Paper Series No. 136, April 2009.

[99] Masahiro Kawai, " East Asian Economic Regionalism: Progress and Challenges", Journal of Asian Economics, Vol.16, 2005.

[100] Matthew P. Goodman, "Five Myths About TPP", Global Economics Monthly, Vol.2, April 2013, http: //csis.org/publication/global-economics-monthly-five-myths-about-tpp.

[101] Matthew P. Goodman, "U.S. Economic Strategy in the Asia Pacific Region: Promoting Growth, Rules, and Presence", in Tang Guoqiang and Peter A.

Petri (eds.), New Directions in Asia-Pacific Economic Integration, Honolulu: East-West Center, 2014.

[102] Maurice Schiff and Alan Winters, "Regional Integration as Diplomacy", World Bank Economic Review, Vol. 12, No.2, 1998.

[103] Meredith Lewis, "The Trans-Pacific Partnership: New Paradigm or Wolf in Sheep's Clothing?", Boston College International and Comparative Law Review, Volume 34, Issue 1, 2011.

[104] Michael Gasiorek, Patricia Augier and Charles Lai-Tong, "Multilateralising Regionalism: Relaxing the Rules of Origin or Can Those PECS be Flexed?", CARIS Working Paper No.31, 2007.

[105] Mignonne M. J. Chan, "US Trade Strategy of 'Competitive Liberalization'", Tamkang Journal of International Affairs, Vol.8, No.3, 2005.

[106] Min Gyo Koo, "South Korea's FTAs: Moving from an Emulative to a Competitive Strategy", Paper Presented at the International Symposium "Competitive Regionalism", Ibuka International Conference Hall, Waseda University, Tokyo, Japan, May 30 to 31, 2008.

[107] Mohamed Hedi Bchir and Michel Fouquin, "Economic Integration in Asia: Bilateral Free Trade Agreements Versus Asian Single Market", CEPII Working Paper No.15, 2006.

[108] Mona Haddad, "Trade Integration in East Asia: The Role of China and Production Networks", World Bank Policy Research Working Paper 4160, March 2007.

[109] Murray Hiebert and Liam Hanlon, "ASEAN and Partners Launch Regional Comprehensive Economic Partnership", East Asia Forum, December 7, 2012, http://csis.org/publication/asean-and-partners-launch-regional-comprehensive-economic-partnership.

[110] Naesh Kumar, "Asian Economic Community: Toward Pan-Asian Economic Integration", in Asian Economic Cooperation and Integration: Progress, Prospects, Challenges, Asian Development Bank, 2005.

[111] Nakgyoon Choi and Young Gui Kim, "East Asian Value Chains and

Economic Effects of Free Trade Agreements", KIEP Policy Analysis 13-01, 2013.

[112] Naoko Munakata, "Whither East Asian Economic Integration?", RIETI Discussion Paper Series 02-E-007, 2002.

[113] Nathalie Aminian, K.C. Fung and Francis Ng, "Integration of Markets vs. Integration by Agreements", The World Bank Policy Research Working Paper 4546, March 2008.

[114] Norman D. Palmer, The New Regionalism in Asia and Pacific, Mass: Lexington Books, 1991.

[115] Nuno Limão, "Are Preferential Trade Agreements with Non-trade Objectives a Stumbling Block for Multilateral Liberalization?", The Review of Economic Studies, Vol.74, No.3, 2007.

[116] OECD, Competitive Neutrality: Maintaining a Level Playing Field between Public and Private Business, 2012.

[117] Pascal Lamy, "Stepping Stones or Stumbling Blocks? The EU's Approach Towards the Problem of Multilateralism vs Regionalism in Trade Policy", The World Economy, Vol.25, No.10, 2002.

[118] Paul Krugman, "The Hub Effect: Or, Threeness in International Trade", in Wilfred Ethier, Elhanan Helpman and James Peter Neary (eds.), Theory, Policy and Dynamics in International Trade: Essays in Honor of Ronald Jones, Cambridge: Cambridge University Press, 1993.

[119] Paul Krugman, "The Move Toward Free Trade Zones", Economic Review, Issue Nov, 1991.

[120] Paul Krugman, "Regionalism Versus Multilateralism: Analytical Notes", in Jaime de Melo and A. Panagariya (eds.), New Dimensions in Regional Integration, Cambridge: Cambridge University Press, 1993.

[121] Paul M. Evans, Studying Asian Pacific Security: The Future of Research Training and Dialogue Activities, Ontario: University of Toronto-York University, 1994.

[122] Percy Mistry, "New Regionalism and Economic Development", in Fredrik Söderbaum and Timothy Shaw (eds.), Theories of New Regionalism,

London: Palgrave, 2003.

[123] Peter A. Petri and Michael G. Plummer, "The Trans-Pacific Partnership and Asia-Pacific Integration: Policy Implications", PIIE Policy Brief, No. 12-16, June 2012.

[124] Peter A. Petri, Michael G. Plummer and Fan Zhai, "The Trans-Pacific Partnership and Asia-Pacific Integration: A Quantitative Assessment", East-West Center Working Papers, Economics Series, No. 119, October 24, 2011.

[125] Peter A. Petri, Michael G. Plummer and Fan Zhai, "The TPP, China and the FTAAP: The Case for Convergence", in Tang Guoqiang and Peter A. Petri (eds.), New Directions in Asia-Pacific Economic Integration, Honolulu: East-West Center, 2014.

[126] Peter Egger and Mario Larch, "Interdependent Preferential Trade Agreement Memberships: An Empirical Analysis", Journal of International Economics, Vol.76, No.2, 2008.

[127] Peter Robson, The Economics of International Integration, London: Allen & Unwin, 1980.

[128] Raquel Fernandez and Jonathan Portes, "Returns to Regionalism: An Analysis of Nontraditional Gains from Regional Trade Agreements", The World Bank Economic Review, Vol.12, No.2, 1998.

[129] Richard Baldwin and Masahiro Kawai, "Multilateralizing Asian Regionalism", ADBI Working Paper Series No. 431, 2013.

[130] Richard Baldwin, "Multilateralising Regionalism: Spaghetti Bowls as Building Blocs on the Path to Global Free Trade," The World Economy, Vol.29, No.11, 2006.

[131] Richard Baldwin, "The Spoke Trap: Hub and Spoke Bilateralism in East Asia", NCCR Trade Working Paper No2009/28, 2009.

[132] Richard Baldwin, "What Caused the Resurgence of Regionalism?", Swiss Journal of Economics and Statistics, Vol. 131 (III), 1995.

[133] Richard Baldwin, "A Domino Theory of Regionalism", NBER Working Paper Series No.4465, 1993.

[134] Richard Baldwin, "Managing the Noodle Bowl: The Fragility of East Asian Regionalism", ADB working paper No.7, 2007.

[135] Richard Baldwin, "The Causes of Regionalism", The World Economy, Vol. 20, No.7, 1997.

[136] Richard E. Feinberg, "The Political Economy of United States′ Free Trade Arrangements", The World Economy, Vol. 26, No. 7, July 2003.

[137] Richard E. Feinberg, Summitry in the Americas: A Progress Report, Washington D.C.: Institute for International Economics, 1997.

[138] Richard L. Armitage and Joseph S. Nye Jr., "The U.S.-Japan Alliance: Getting Asia Right through 2020", CSIS Report, Washington DC: Center for Strategic and International Studies, 2007.

[139] Robert B. Zoellick, "American Trade Leadership: What is at Stake", Paper Presented at The Institute for International Economics, September 24, 2001.

[140] Robert Gilpin, The Political Economy of International Relations, Prin-ceton: Princeton University press, 1987.

[141] Robert Scollay, "Preliminary Assessment of the Proposal for a Free Trade Area of the Asia-Pacific (FTAAP)", An Issues Paper for the APEC Business Advisory Council (ABAC), 2004.

[142] Rodolfo C. Severino, "Politics of Association of Southeast Asian Nations Economic Cooperation", Asian Economic Policy Review, No.6, 2011.

[143] Ronald Wonnacott, "Trade and Investment in a Hub-and-Spoke System Versus a Free Trade Area", The World Economy, Vol.19, No.3, 1996.

[144] Sanchita Basu Das, "Asia's Regional Comprehensive Economic Partn-ership", East Asia Forum, August 27, 2012, http: //www.eastasiaforum.org/2012/08/27/asias-regional-comprehensive-economic-partnership/.

[145] Shiro Patrick Armstrong, "Australia and the Future of the Trans-Pacific Partnership Agreement", East Asian Bureau of Economic Research Working Paper No. 71, December 9, 2011.

[146] Shujiro Urata, "A Stages Approach to Regional Economic Integration in Asia Pacific: The RCEP, TPP and FTAAP", in Tang Guoqiang and Peter A. Petri

(eds.), New Directions in Asia-Pacific Economic Integration, Honolulu: East-West Center, 2014.

[147] Shujiro Urata, "Japan's New Trade Policy: From GATT and the WTO to FTAs", GIARI Working Paper Vol. 2010-E-8, 2010.

[148] Simon J. Evenett and Michael Meier, "An Interim Assessment of the US Trade Policy of Competitive Liberalization", The World Economy, Vol. 31, No. 1, 2008.

[149] Sonya Chum, "The Impact of Japan's Rivalry with China on Its Willingness to Pursue Free Trade Agreements", Journal of East Asian Economic Integration, Vol. 18, No. 3, 2014.

[150] Taiji Furusawa and Hideo Konishi, "A Welfare Decomposition in Quasi-Linear Economies", Boston College Working Papers in Economics 569, 2003.

[151] Takashi Terada, "The Origin of ASEAN+6 and Japan's Initiatives: China's Rise and the Agent-Structure Analysis", Global Institute for Asian Regional Integration (GIARI) Working Paper 2009-E-3, 2009.

[152] Tatsushi Ogita, "Japan as a Late-coming FTA Holder: Trade Policy Change for the Asian Orientation?", in Jiro Okamoto (ed.), Whither Free Trade Agreements?, IDE/JETRO, 2003.

[153] The World Bank, Doing Business 2015: Going Beyond Efficiency, Washington, D.C.: the World Bank, 2015.

[154] Thomas W. Hertel, Global Trade Analysis: Modeling and Applications, Cambridge and New York: Cambridge University Press, 1997.

[155] Tubagus Feridhanusetyawan, "Preferential Trade Agreements in the Asia-Pacific Region", IMF Working Paper 05149, 2005.

[156] U.S. Department of Defense, United States Security Strategy for the East Asia-Pacific Region, February 27, 1995.

[157] USTR, Bilateral and Regional Negotiations and Agreements, President's 2008 Annual Report on the Trade Agreements Program, 2008.

[158] Victoria Curzon, The Essentials of Economic Integration: Lessons of EFTA experience, London: Macmillan, 1974.

[159] Vinod Aggarwal and Kun-Chin Lin, "APEC as an Institution", in Richard E. Feinberg and Ye Zhao (eds.), Assessing APEC's Progress: Trade, Ecotech, and Institutions, Singapore: ISEAS, 2001.

[160] Vinod Aggarwal and Kun-Chin Lin, "Strategy Without Vision: The U.S. and Asia-Pacific Economic Cooperation", in Jürgen Rüland, Eva Manske and Werner Draguhn (eds.), APEC: The First Decade, London: Curzon Press, 2002.

[161] Vinod Aggarwal, "Reluctance to Lead: U.S. Trade Policy in Flux", Business and Politics, Vol.11, No.3, 2009.

[162] Walter Mattli, The Logic of Regional Integration: Europe and Beyond, New York: Cambridge University Press, 1999.

[163] Wilfred J. Ethier, "The New Regionalism", The Economic Journal, Vol. 108, Issue.449, 1998.

[164] William E. James, "Rules of origin in emerging Asia-Pacific Preferential Trade Agreements: Will PTAs Promote Trade and Development?" ARTNeT Working Paper Series No. 19, 2006.

[165] William H. Cooper, "Free Trade Agreements: Impact on U.S. Trade and Implications for U.S. Trade Policy", CRS Report for Congress RL31356, April 19, 2006.

[166] World Bank, Trade Issues in East Asia: Preferential Rules of Origin, Policy Research Report, East Asia and Pacific Region, Poverty Reduction and Economic Management, 2007.

[167] WTO, World Trade Report 2011 The WTO and Preferential Trade Agreements: From Co-Existence to Coherence, 2011.

[168] Xinshen Diao, Eugenio Díaz-Bonilla and Sherman Robinson, "Scenarios for Trade Integration in the Americas", International Food Policy Research Institute Discussion Paper No.90, February 2002.

[169] Zhang Yunling, Designing East Asian FTA: Rationale and Feasibility, Beijing: Social Sciences Academic Press, 2006.

[170] 北原淳、西口清胜等:《东南业的经济》(中译本),厦门大学出版社,2004 年版。

[171] 蔡洪滨：《建设整合高效的全国统一市场："十二五"时期经济转型的关键》，《比较》，2012 年第 1 期。

[172] 蔡鹏鸿：《TPP 横向议题与下一代贸易规则及其对中国的影响》，《世界经济研究》，2013 年第 7 期。

[173] 曹亮、谷克鉴等：《东亚区域经济一体化组织难以形成的原因研究》，《财贸经济》，2009 年第 1 期。

[174] 陈雅莉：《美国的"再平衡"战略：现实评估和中国的应对》，《世界经济与政治》，2012 年第 11 期。

[175] 陈勇：《新区域主义与东亚经济一体化》，社会科学文献出版社，2006 年版。

[176] 崔兑旭：《韩国自由贸易协定（FTA）的推进战略》，《当代韩国》，2006 年春季号。

[177] 邓慧慧、桑百川：《FTA 网络化发展中的"轮轴—辐条"模式：福利效应与中国的参与战略》，《财贸经济》，2012 年第 7 期。

[178] 邓炜：《轮轴—辐条型自由贸易协定的产业区位效应——基于流动资本模型的分析》，《世界经济研究》，2008 年第 1 期。

[179] 东艳：《区域经济一体化新模式——轮轴—辐条双边主义的理论与实证分析》，《财经研究》，2006 年第 9 期。

[180] 杜兰：《美国力推跨太平洋伙伴关系战略论析》，《国际问题研究》，2011 年第 1 期。

[181] 樊永明：《从国际公共产品到区域性公共产品——区域合作理论的新增长点》，《世界经济与政治》，2010 年第 1 期。

[182] 高强、彭超：《日本农协改革的最新趋势及展望》，《农民日报》，2015 年 1 月 24 日第 3 版。

[183] 宫占奎：《亚太贸易投资自由化目标的实现路径》，载张蕴岭、沈铭辉主编：《东亚、亚太区域合作模式与利益博弈》，经济管理出版社，2010 年版。

[184] 郭定平主编：《东亚共同体建设的理论与实践》，复旦大学出版社，2008 年版。

[185] 何永江：《竞争性自由化战略与美国的区域贸易安排》，《美国研究》，2009 年第 1 期。

［186］河合正弘、加乃山·维格那拉加主编，王震宇等译：《亚洲的自由贸易协定：企业如何应对》，社会科学文献出版社，2012 年版。

［187］贺平：《美日 FTA/EPA：进程、焦点、前景》，《东北亚论坛》，2009 年第 5 期。

［188］贺平：《日本的东亚合作战略评析——区域性公共产品的视角》，《当代亚太》，2009 年第 5 期。

［189］贺双荣：《欧盟与拉美的关系》，《拉丁美洲研究》，2000 年第 4 期。

［190］黄粤、周磊：《区域经济一体化过程中的轮轴—辐条结构研究》，《长春大学学报》，2009 年第 7 期。

［191］黄志瑾：《国际造法过程中的竞争中立规则——兼论中国的对策》，《国际商务研究》，2013 年第 5 期。

［192］贾根良：《中国为什么要远离“请君入瓮”的 TPP》，《探索与争鸣》，2013 年第 9 期。

［193］姜文学：《国际经济一体化的新特征与大国战略》，东北财经大学出版社，2009 年版。

［194］李德旺：《美洲自由贸易区的构想与前景》，《外向经济》，1998 年第 1 期。

［195］李俊久：《日本 FTA 战略论析》，《当代亚太》，2009 年第 2 期。

［196］李巍：《东亚经济地区主义的终结》，《当代亚太》，2011 年第 4 期。

［197］李文韬：《东盟参与“TPP 轨道”合作面临的机遇、挑战及战略选择》，《亚太经济》，2012 年第 4 期。

［198］李向阳：《东北亚区域经济合作的非传统收益》，《国际经济评论》，2005 年第 5 期。

［199］李向阳：《东亚区域经济合作中的中国与日本》，《中外科技信息》，2002 年第 8 期。

［200］李向阳：《国际经济规则的形成机制》，《世界经济与政治》，2006 年第 9 期。

［201］李向阳：《跨太平洋伙伴关系协定：中国崛起过程中的重大挑战》，《国际经济评论》，2012 年第 2 期。

［202］李向阳：《区域经济合作中的小国战略》，《当代亚太》，2008 年第 3 期。

[203] 李向阳：《全球化时代的区域经济合作》，《世界经济》，2002 年第 5 期。

[204] 李向阳：《新区域主义与大国战略》，《国际经济评论》，2003 年第 4 期。

[205] 李向阳等：《国际金融危机与国际贸易、国际金融秩序的发展方向》，《经济研究》，2009 年第 11 期。

[206] 廖小健、廖新年：《韩国的 FTA 战略》，《外交评论》，2005 年第 5 期。

[207] 刘昌黎：《东亚双边自由贸易研究》，东北财经大学出版社，2007 版。

[208] 刘昌明、孙云飞：《国内关于"跨太平洋伙伴关系协议"研究综述——兼论 TPP 研究的结构选择视角》，《理论学刊》，2013 年第 9 期。

[209] 刘晨阳：《"跨太平洋战略经济伙伴协定"与美国的亚太区域合作新战略》，《国际贸易》，2010 年第 6 期。

[210] 刘鸣：《奥巴马政府东亚战略调整及其对中国的影响》，《现代国际关系》，2011 年第 2 期。

[211] 刘学成：《东亚共同体构想与美国的东亚战略》，《亚非纵横》，2009 年第 6 期。

[212] 刘中伟、沈家文、宋颖慧：《跨太平洋伙伴关系协议：中国与亚太区域合作的新机遇》，经济管理出版社，2013 年第 1 版。

[213] 刘重力、盛玮：《中日韩 FTA 战略比较研究》，《东北亚论坛》，2008 年第 1 期。

[214] 陆建人：《APEC20 年：回顾与展望》，《国际贸易问题》，2010 年第 1期。

[215] 陆建人：《从东盟一体化进程看东亚一体化方向》，《当代亚太》，2008 年第 1 期。

[216] 陆建人：《简析东盟的区域合作战略》，《创新》，2007 年第 2 期。

[217] 陆建人：《论亚洲经济一体化》，《当代亚太》，2006 年第 5 期。

[218] 陆建人：《美国加入 TPP 的动因分析》，《国际贸易问题》，2011 年第 1 期。

[219] 吕铀、崔岩：《日本推动 TPP 谈判的动因及制约因素》，《现代日本经济》，2013 年第 3 期。

[220] 马荣升：《美国在东亚一体化中的角色——以区域主义为视角》，《国际论坛》，2007 年第 5 期。

[221] 马勇：《李光耀的美国观》，《东南亚》，1996 年第 4 期。

[222] 梅平主编:《中国与亚太经济合作——现状与前景》，世界知识出版社，2008 年版。

[223] 倪月菊:《日本参加 TPP 谈判的动因、前景及影响》,《中国市场》，2013 年第 15 期。

[224] 彭支伟、张伯伟:《TPP 和亚太自由贸易区的经济效应及中国的对策》,《国际贸易问题》，2013 年第 4 期。

[225] 全毅、方颖:《美国与东亚经济失衡及东亚区域合作构想》,《和平与发展》，2011 年第 4 期。

[226] 沈铭辉:《东亚合作中的美国因素——以“泛太平洋伙伴关系协定”为例》,《太平洋学报》，2010 年第 6 期。

[227] 沈铭辉:《构造区域全面经济伙伴关系协定——走向统一的地区架构》,《东北亚论坛》，2013 年第 4 期。

[228] 沈铭辉:《跨太平洋伙伴关系协议（TPP）的成本收益分析：中国的视角》,《当代亚太》，2012 年第 1 期。

[229] 沈铭辉:《美国的区域合作战略：区域还是全球？——美国推动 TPP 的行为逻辑》,《当代亚太》，2013 年第 6 期。

[230] 沈铭辉：《未来 10 年中国经济增长展望》，载李向阳主编，《亚太蓝皮书：亚太地区发展报告（2014）》，社会科学文献出版社，2014 年版。

[231] 沈铭辉:《应对“意大利面条碗”效应——兼论东盟在东亚合作中的作用》,《亚太经济》，2011 年第 2 期。

[232] 盛斌：《美国视角下的亚太区域一体化新战略与中国的对策选择》,《南开学报（哲学社会科学版）》，2010 年第 4 期。

[233] 盛斌:《亚太区域合作的新动向：来自竞争性构想的洞察》,《国际经济评论》，2010 年第 3 期。

[234] 斯蒂芬·M.沃尔特著，郭盛、王颖译：《驯服美国权力：对美国首要地位的全球回应》，上海人民出版社，2008 年版。

[235] 孙玉红:《比较优势与轮轴—辐条结构 FTA 成员的利益分配》,《世界经济研究》，2008 年第 7 期。

[236] 孙玉红：《多国博弈视角下 TPP 谈判引发的政策互动和中国的战略选择》，对外经济贸易大学出版社，2014 年版。

[237] 孙玉红：《论全球 FTA 网络化》，中国社会科学出版社，2008 年版。

[238] 谭红梅、李军：《美国东亚政策评估与展望——亚太在平衡战略与东亚秩序的重构》，《辽东学院学报》，2014 年第 4 期。

[239] 唐奇芳：《东盟国家 TPP 政策探析》，《和平与发展》，2012 年第 4 期。

[240] 唐宜红、姚曦：《竞争中立：国际市场新规则》，《国际贸易》，2013 年第 3 期。

[241] 田丰：《中美双边投资协定对中国经济的影响——基于美国双边投资协定范本（2004）的分析》，《当代亚太》，2010 年第 3 期。

[242] 万璐：《美国 TPP 战略的经济效应研究——基于 GTAP 模拟的分析》，《当代亚太》，2011 年第 4 期。

[243] 王传剑：《从“东进战略”的实施看印度的东亚合作政策》，《南洋问题研究》，2007 年第 1 期。

[244] 王冬：《美国多规制贸易政策的动因分析及对我国的启示》，《当代经济》，2011 年 9 月上半期。

[245] 王胜今、于潇：《从中日关系的深层矛盾看“东亚共同体”的未来——兼论东亚合作中的矛盾与竞争》，《东北亚论坛》，2005 年第 6 期。

[246] 王婷：《竞争中立：国际贸易与投资规则的新焦点》，《国际经济合作》，2012 年第 9 期。

[247] 王勇辉：《浅析中国在东亚区域合作中提供公共产品的若干问题》，《东南亚研究》，2005 年第 5 期。

[248] 王玉主：《RCEP 倡议与东盟“中心地位”》，《国际问题研究》，2013 年第 5 期。

[249] 王玉主：《显性的双框架与隐性的双中心——冷和平时期的亚太区域合作》，《世界经济与政治》，2014 年第 10 期。

[250] 王玉主：《小国集团的能动性——东盟区域合作战略研究》，《当代亚太》，2013 年第 3 期。

[251] 王志民、熊李力等：《东亚区域经济合作的政治因素及中国的对策》，世界知识出版社，2009 年版。

[252] 魏磊、张汉林：《美国主导跨太平洋伙伴关系协议谈判的意图及中国对策》，《国际贸易》，2010 年第 9 期。

[253] 吴涧生、曲凤杰等:《跨太平洋伙伴关系协定趋势影响及战略对策研究》，中国计划出版社，2014 年版。

[254] 吴凌燕、李众敏:《美国参与东亚区域合作对中国的影响研究》,《财贸研究》，2007 年第 6 期。

[255] 须明:《中国尽早加入 TPP 利大于弊》,《开放导报》，2013 年第 5 期。

[256] 徐长文:《TPP 的发展及中国应对之策》,《国际贸易》，2011 年第 3 期。

[257] 徐世澄:《美洲自由贸易区的提出》,《瞭望》，1995 年第 3 期。

[258] 徐世澄:《评布什的“开创美洲事业倡议”》,《拉丁美洲研究》，1990 年第 6 期。

[259] 杨立强、鲁淑:《TPP 与中日韩 FTA 经济影响的 GTAP 模拟分析》,《东北亚论坛》，2013 年第 4 期。

[260] 杨思灵:《试析印度自由贸易区战略及前景》,《外国问题研究》，2011 年第 2 期。

[261] 殷勤、汪威毅:《东亚区域一体化的轮轴—辐条结构难题与中国的对策》,《国际贸易问题》，2006 年第 5 期。

[262] 余振:《东亚区域贸易安排：福利效应与中国的参与战略》，科学出版社，2009 年版。

[263] 张圣翠:《NAFTA 投资规则及其影响》,《政治与法律》，2005 年第 2 期。

[264] 张小济:《符合三国长远利益——中日韩构筑经济合作制度框架的选择》,《国际贸易》，2003 年第 12 期。

[265] 张学良:《国外新区域主义研究综述》,《外国经济与管理》，2005 年第 5 期。

[266] 张蕴岭:《地区架构制度性分裂：中国的自贸区战略与复兴 APEC》,《亚太经济》，2014 年第 2 期。

[267] 张蕴岭:《东北亚格局的新历史重构与美国》,《美国研究》，2014 年第 6 期。

[268] 张蕴岭:《东亚合作需要创新》,《国际经济评论》，2010 年第 1 期。

[269] 张蕴岭:《东亚合作之路该如何走?》,《外交评论》，2009 年第 2 期。

[270] 张蕴岭:《如何看待和应对 TPP 的挑战》,《全球化》，2012 年第 2 期。

[271] 张蕴岭:《如何认识和理解东盟——包容性原则与东盟成功的经验》,

《当代亚太》，2015年第1期。

［272］张蕴岭：《政治战略以区域为重点，经济发展靠全球市场》，《国际经济评论》，2011年第5期。

［273］张蕴岭：《中国的周边区域观回归与新秩序构建》，《世界经济与政治》，2015年第1期。

［274］赵放：《日本FTA战略的困惑》，《当代亚太》，2010年第1期。

［275］赵晋平等：《跨太平洋伙伴关系协定：经济影响与对策》，中国财政经济出版社，2013年版。

［276］郑先武：《新区域主义的核心特征》，《国际观察》，2007年第5期。

［277］周茂荣：《论“美加自由贸易协定”对美国经济的影响》，《美国研究》，1992年第2期。